本书受到云南省哲学社会科学学术著作出版专项经费资助

19世纪英国中产阶级自愿社团研究

袁飞朋◎著

中国社会科学出版社

图书在版编目(CIP)数据

19 世纪英国中产阶级自愿社团研究/袁弋胭著.—北京：中国社会科学出版社，2017.6

ISBN 978-7-5203-0439-9

Ⅰ.①1… Ⅱ.①袁… Ⅲ.①社会团体—研究—英国—19 世纪
Ⅳ.①D756.164

中国版本图书馆 CIP 数据核字(2017)第 101113 号

出 版 人 赵剑英
责任编辑 李炳青
责任校对 郝阳洋
责任印制 李寡寡

出　　版 中国社会科学出版社
社　　址 北京鼓楼西大街甲 158 号
邮　　编 100720
网　　址 http://www.csspw.cn
发 行 部 010-84083685
门 市 部 010-84029450
经　　销 新华书店及其他书店

印　　刷 北京明恒达印务有限公司
装　　订 廊坊市广阳区广增装订厂
版　　次 2017 年 6 月第 1 版
印　　次 2017 年 6 月第 1 次印刷

开　　本 710×1000 1/16
印　　张 19.5
插　　页 2
字　　数 304 千字
定　　价 85.00 元

目　　录

图表目录

导　　论

一　研究缘起

19世纪是英国现代化进程中的重要发展时期。这一时期，经济领域的工业化、政治领域的民主化、社会领域的城市化、文化领域的理性化以及个人的主体平等参与意识等相互交织合理互动，构筑了英国现代化的强劲动力和社会发展的繁荣景象。现代化进程在深度上的拓进，使英国历史上形成的思想观念、政治制度和阶级结构发生了全方位的适应性变迁。19世纪，英国社会阶级结构的变化之一是中产阶级的崛起。西方中产阶级理论认为，中产阶级是在社会经济发展中形成的具有相近的自我评价、价值取向、生活方式和心理特征的社会阶层和群体，对社会主导价值观有较强认同感，是促进社会发展、具有稳定功能的主体力量。① 不同的理论取向则认为：在利益主体、价值取向多元化的现代化发展过程中，中产阶

---

① 亨廷顿、米尔斯、高德索普、丹尼尔·贝尔等学者认为，中产阶级是平衡官僚主义和平民主义的重要力量，在一定的条件下有稳定社会的功能。如，亨廷顿认为，随着商业化的、官僚化的中间阶层的逐渐壮大，中间阶层的保守倾向将越来越明显，如果这时现代法治民主政治也取得一定的成就，中间阶层的保守性就成为法治民主政治的稳定力量。（[美] 塞缪尔·亨廷顿：《变动社会的政治秩序》，张岱云等译，上海译文出版社1989年版，第50页。）德国学者贝克认为，中产阶级“是不同阶级总体平衡中的一支主要的稳定力量。作为阶级平衡的重要因素，他们使自由资本主义社会得以延续下去。他们的发展将阻止无产阶级化的蔓延，在劳资间起缓冲作用——他们是阶级利益的平衡器和稳定器，是给社会带来和谐的使者”（[德] 贝克：《没有劳动的资本主义》，转引自张世鹏、殷叙彝《全球化时代的资本主义》，中央编译出版社1998年版，第119页）。

级的成员构成和社会属性充满了矛盾性、异质性和复杂性，并非一个自为的阶级。因此，中产阶级与社会秩序稳定并不一定存在正相关关系，而是社会秩序稳定和发展中的一个重要变量。①

就英国的历史情境而论，“中产阶级缔造了现代英国”，这个拥有“独创性、进取心和坚韧”的阶级，不仅是英国能成为“18 世纪贸易帝国以及进行之后工业革命的源泉”，而且“还把自己的伦理道德观也镌刻在了这个首个实现工业化国家的人民心中：由它决定国家应该以何种形式，依照哪些原则来统治自己”，“为这个国家提供了秩序、方向和动力”②。英国中产阶级之所以拥有管理国家事务的权力，其中一个重要原因在于，18 世纪至 19 世纪初，英国已经逐渐形成了比较成熟的、独立于政治国家的私人自主领域——市民社会。英国中产阶级借助于市民社会的实体性组织——社团，构建起公共领域，自由讨论诸如济贫法改革、战争预算、议会改革、城市改革等问题，通过内部的意见交流形成理性的公共舆论；通过请愿、集会、出版、宣传等和平方式表达其经济、政治诉求；积极参与政治民主化进程及国家与社会良性互动关系的构建。社团组织虽不是市民社会的全部，但市民社会通过社团内部的自治管理和自我协调，形成了组织化的存在状态，并以集约化方式积累社会资本，对国家、政府产生不容忽视的影响力，市民社会的政治参与也更具实效。中产阶级社团的组织活动有助于从集体利益的角度对分散的个体利益进行整合，因此，社团的利益诉求相对于散落的个体利益有着更强的合理性和紧迫性。中产阶级通过社团组织进

---

① 美国学者李普塞特认为，法西斯主义基本上是中产阶级的运动，它代表着既对资本主义也对社会主义，既对大企业也对大工会的抗议。（［美］西摩·马丁·李普塞特：《政治人——政治的社会基础》，刘钢敏等译，商务印书馆 1993 年版，第 100—101 页。）K. 罗伯茨等学者在《破碎的中产阶级结构》一书中提出“破碎的中产阶级”观点，认为中产阶级会越来越走向破碎化，会分化为不同阶级，这样分裂、破碎的阶级本身矛盾重重，难以具有社会稳定功能的力量。（李强：《关于中产阶级的理论与现状》，《社会》2005 年第 1 期，第 28—42 页。）

② ［英］劳伦斯·詹姆斯：《中产阶级史》，李春玲、杨典译，中国社会科学出版社 2015 年版，第 1、513 页。

行合理的、有序的政治参与表达其利益诉求，有助于国家在决策时的利益权衡中充分考虑中产阶级的利益需求，从而能够在制度层面、现实层面回应中产阶级的利益诉求。同时，英国中产阶级的社团活动及其内部争论，形成了异常活跃的传播思想与自由论辩的“公共领域”，中产阶级为其价值理念和利益诉求呼吁呐喊，在英国历史发展进程中充分表达其自由之声和改革之声，这既是英国市民社会发育成长的标志，同时又有力地推动了市民社会的发展与成熟。中产阶级与政治国家之间通过社团组织及市民社会理性而有效地沟通，有利于促进英国的政治稳定和政治体制的良性运作。

20 世纪 80 年代末以来，随着全球性市民社会思潮的复兴和社团革命的到来，“市民社会”这个源自西方的政治哲学概念，在当代理论与现实语境中，作为“现代政治哲学的中心问题”[①]而备受关注，其内涵涵盖经济、政治、社会、文化等多个领域，是一个丰富而完整的社会系统。而现代化作为一个“涉及了人类思想和活动的所有领域里的变化”的“多方面的进程”[②]，其基本内涵包括：经济上的工业化、专业化和规模化；政治上的民主化、法制化、科层化；社会方面逐步实现城市化、福利化、流动化和大众传播；个人获得更大的自由和自主权，个人的开放性、参与性、独立性、平等性和创新性不断增强；文化方面逐渐实现宗教的世俗化、观念理性化以及中等教育的普及等。基于这些特征，“市民社会”与“现代化”在内涵层面有着较高的契合性和内在关联性，市民社会的发育及其成熟程度与现代化发展水平之间互相影响。这种内在关联性和深刻影响力，在进行现代化研究的学者们的著作中体现得非常充分。如，以英国、美国、法国、德国的现代化道路为对照组的比较

① John Ehrenberg, *Civil Society The Critical History of an Idea*, New York: New York University Press, 1999, p. 219.

② ［美］塞缪尔·亨廷顿：《变动社会的政治秩序》，张岱云等译，上海译文出版社 1989 年版，第 35 页。

分析频繁进入历史学家和政治学家的视野中，托克维尔[①]和巴林顿·摩尔[②]等学者的著作无一例外地提到了市民社会的因素。所以，研究有关 19 世纪英国现代化的问题，市民社会的发育程度是检验现代化水平的重要窗口，而中产阶级自愿社团则是分析和考察市民社会的载体，其不仅提供了研究的切入点，也提供了中产阶级活动的场域。

因而，本书在 19 世纪英国现代化进程的宏观历史背景中，以市民社会理论为分析视角和话语体系，以 19 世纪英国中产阶级自愿社团为切入点，考察英国市民社会与政治国家以及中产阶级之间的关系。这对于认识和理解英国中产阶级公共领域的构建过程及其内涵，揭示市民社会与英国现代化之间的内在关联性有着重大意义。

二　研究概况综述

（一）国外研究概况

19 世纪英国中产阶级自愿社团是与英国工业化和城市化进程相伴而生的。当时一些敏锐的社会观察家和学者已开始对自愿社团的发展状况进行记录和研究，见证了大量中产阶级自愿社团的形成。如，伦敦书商桑普森·洛（Sampson Low, Junior）考察了伦敦约 600 个慈善组织，并于 1850 年整理出共计六卷的《伦敦慈善组织》名录。至 1861 年名录再版时，伦敦新增慈善组织 144 个。[③] 法国思想家、历史学家依波利特·A. 丹纳（Hyppolyte A. Taine）在 19 世纪 60 年代游历英国后也列出一大批社团的目的和宗旨，如：

---

① ［法］托克维尔：《论美国的民主》，董果良译，商务印书馆 1988 年版。

② ［美］巴林顿·摩尔：《民主和专制的社会起源》，拓夫等译，华夏出版社 1987 年版。

③ David Owen, *English Philanthropy*, 1660 – 1960, Cambridge: Belknap Press, Harvard University Press, 1964, pp. 347 – 364.

> 救助生命……传播圣经，促进科学进步……保护动物……抑制犯罪……废除十一税……为工人阶级改善居住条件，银行储蓄……移民……传播知识，遵守安息日……反对酗酒，建立学校，等等。[①]

《英国国教禁酒记事》杂志于1887年评论道："现在是前所未有的社团时代"，并预言未来的历史学家将致力于"过去50年社团运动兴起和发展的研究"。[②] 这些关于19世纪英国自愿社团发展状况的记载为后世学者开展学术研究提供了基础和原始资料。

由于英国的经验是"国家只对社会服务负担最少的责任，而由个体公民和社群承担现代国家公共部门的大部分的职能"[③]，因而，各类慈善机构和互助组织就成为服务于公共福利的主要支柱。慈善机构依靠基金会、信托组织、社团等形式，以实现消除贫困、发展教育、促进宗教信仰和其他有利于社区生活的目的。20世纪50年代以来，在有关英国慈善事业发展的研究成果中不乏对各类自愿社团产生的历史背景、组织目的、性质、规模和成员资格、地位以及影响的讨论。如，赛米（M. B. Simey）的《19世纪利物浦的慈善活动》[④]；泰莱科特（M. Tylecote）的《1851年之前的兰开夏和约克郡技工社团》[⑤]；大卫·欧文（David Owen）的《英国慈善，

---

① Hyppolyte A. Taine, *Notes on England*, Translated by Edward Hyams, London, 1957, p. 168.

② S. Yeo, *Religion and Voluntary Organisations in Crisis*, London: Croom Helm, 1976, p. 57.

③ ［英］阿米·古特曼等：《结社：理论与实践》，吴玉章等译，生活·读书·新知三联书店2006年版，第407页。

④ M. B. Simey, *Charitable effort in Liverpool in the Nineteenth Century*, Liverpool: The Liverpool University Press, 1951.

⑤ M. Tylecote, *The Mechanics Institutions of Lancashire and Yorkshire before* 1851, Manchester: Manchester University Press, 1957.

1660—1960》[1]；戈斯登（P. H. J. H. Gosden）的《1815 至 1875 年英格兰的友谊社》[2]；约翰·伍德沃德（John Woodward）的《不要伤害病人：对 1875 年之前英国自愿捐助医院体系的研究》[3]；约（S. Yeo）的《转折时期的宗教和自愿社团》[4]；莱科（T. W. Laqueur）的《宗教与声望：1780—1850 年的主日学校和工人阶级文化》[5]，等等。

20 世纪 70 年代以来，国外学术界关于英国 19 世纪中产阶级社会史的研究有了相当大的进展，对英国城市中产阶级的关注成为社会史研究的重要课题，出版了一批较有分量的学术著作。如，利奥多·达维多夫和凯瑟琳·霍尔（Leonore Davidoff and Catherine Hall）的《家运：1780—1850 年英国中产阶级的男人与女人》[6]；R. J. 莫利斯（R. J. Morris）的《阶级、宗派和政党：英国中产阶级的形成：利兹，1820—1850》[7]；西奥多·科迪茨切克（Theodore Koditschek）的《阶级形成和城市工业社会：布雷德福德，1750—1850》[8]；M. 罗伯茨（M. J. D. Roberts）的《英国道德规范的形成：1787—1886 年英国的自愿社团和风化改革》[9]；美国历

---

① David Owen, *English Philanthropy, 1660 - 1960*, Cambridge: Belknap Press, Harvard University Press, 1964.

② P. H. J. H. Gosden, *The Friendly Societies in England, 1815 - 1875*, New York: Augusus M. Kelley, 1967.

③ John Woodward, *To Do the Sick No Harm, A Study of British Voluntary Hospital System to* 1875, London: Routledge, 1974.

④ S. Yeo, *Religion and Voluntary Organisations in Crisis*, London: Croom Helm, 1976.

⑤ T. W. Laqueur, *Religion and Respectability, Sunday Schools and Working Class Culture, 1780 - 1850*, Yale: Yale University Press, 1976.

⑥ Leonore Davidoff and Catherine Hall, *Family Fortunes: Men and Women of the English Middle Class 1780 - 1850*, London, New York: Routledge, 2002.

⑦ R. J. Morris, *Class, Sect and Party: The Making of the British Middle Class: Leeds, 1820 - 1850*, Manchester: Manchester University Press, 1990.

⑧ Theodore Koditschek, *Class Formation and urban Industrial Society: Bradford, 1750 - 1850*, Cambridge: Cambridge University Press, 1990.

⑨ M. J. D. Roberts, *Making English Morals: Voluntary Association and Moral Reform in England, 1787 - 1886*, Cambridge: Cambridge University Press, 2004.

史学家约翰·斯梅尔（John Smail）的《中产阶级文化的起源》[①]等。这些对英国中产阶级的形成、社会构成、社会关系和活动、思想意识、价值观念等进行深入而有益研究的著作，有效利用了许多新的史料，如，数量众多的有关文学和哲学社团、慈善社团、友谊会、禁酒社团、反奴隶制社团、政治同盟等自愿社团组织的记录。通过对英国社会中广泛存在的中产阶级自愿社团的研究，揭示了这些非官方组织在中产阶级的形成过程中，对其思想的发展、利益的表达、社交的建立以及加强中产阶级内部交往方面的决定性作用。

20 世纪 90 年代以来，在全球性市民社会思潮复兴和社团革命到来的宏观背景下，英国中产阶级自愿社团研究又有了进一步的拓宽和深入。新的理论方法和分析视角被应用于中产阶级自愿社团的研究之中。许多学者利用"市民社会""公共领域"的理论框架以及社会资本、政治文化的分析视角诠释英国中产阶级自愿社团的自我管理、政治参与功能以及对社会稳定和政治民主化的促进作用。如，著名的政治理论家威廉·海格（William Hague）、大卫·威利茨（David Willets）、克里斯·帕滕（Chris Patten）、大卫·布伦基特（David Blunkett）和戈登·布朗（J. Gordon Brown）等都赞同把英国独特的市民社会的历史传统和自愿社团的历史实践作为矫正当前社会弊病的良方。[②] 这一时期，英国还成立了关于市民社会研究的学术机构，如，1998 年成立的"市民社会研究所"（经济事务研究院的分支机构）以及 2000 年伦敦经济学院成立的"全球市民社会研究中心"等，都把其研究范围界定为对自愿自助行为进行基本

---

① ［美］约翰·斯梅尔：《中产阶级文化的起源》，陈勇译，上海人民出版社 2006 年版。

② David Willets, *Civic Conservatism*, London: Social Market Foundation, 1994; William Hague, *Speaking with Conviction*, Conservative Political Centre, 1998; Chris Patten, *Respect for the Earth: Sustainable Development*, London : Profile, 2000; David Blunkett, *Politics and Progress: Renewing Democracy and Civil Society*, Politico's : Demos, 2001; J. Gordon Brown, *Civic Society in Modern Britain*, Amersham: Smith Institute, 2001.

的历史分析和实践研究。

下面将对近年来国外学术界对 19 世纪英国中产阶级自愿社团的研究成果进行分类述评，以奠定本书的立论基础。

1. 关于自愿社团兴盛原因的研究

有些学者认为，19 世纪英国大量中产阶级自愿社团的建立和繁荣是与大工业的发展以及城市人口的增长相伴相随的。中产阶级通过组建社团开展自愿活动的原因在于，19 世纪二三十年代那些经济实力不断增长的城市精英集团感到城市危机威胁了经济发展和社会稳定。他们观察到工人阶级中日益增长的混乱倾向不仅反映在工人的政治行为和工会的行动上，而且还体现在导致城市道德败坏的一些社会弊病上，如，两性关系混乱、酗酒和犯罪。中产阶级的各种自愿组织构成的干预网对城市政权的巩固和社会的稳定发挥了重要作用。①

也有一些学者从政治、宗教和文化等角度研究 19 世纪中产阶级自愿社团兴起的原因。19 世纪初，随着中产阶级经济实力的增长和阶级意识的形成，他们必然产生要求政治变革、参加政权的愿望。然而，当时的英国社会并没有从组织形式上为这个阶级提供发挥他们自身影响并获得社会声望的现成条件，所以他们必须创立自己的机构。如，西奥多·科迪茨切克就认为："在一切事物之中，对精神救赎的心理渴望是追求世俗自助的象征。专注于天职通常表现为对现世成就的需求。因而，中产阶级宗教自愿主义文化不可避免地促进了直接追求现世成就的世俗社团文化的产生。与宗教文化构成的基础一样，这种世俗文化的发展也与两个独特但相互联系的目标密切相关。一方面，自愿社团是正在兴起的中产阶级满足其社

① Theodore Koditschek, *Class Formation and urban Industrial Society: Bradford, 1750 - 1850*, Cambridge: Cambridge University Press, 1990; M. J. D. Roberts, *Making English Morals: Voluntary Association and Moral Reform in England*, 1787 - 1886, Cambridge: Cambridge University Press, 2004; ［英］劳伦斯·詹姆斯：《中产阶级史》，李春玲、杨典译，中国社会科学出版社 2015 年版。

会和政治诉求的工具。另一方面，他们致力于塑造一个包括城市中所有不同社会团体的价值和抱负以及社会和政治自由结合的普遍的社会体制。”[①] 布莱恩·D. A. 刘易斯（Brian David Ashford Lewis）在其博士论文《中产阶级意识和秩序：1789—1851 年兰开夏中产阶级文化和政治》中指出，中产阶级社会图景中最突出的特征是自愿社团，它是一种把异质化的中产阶级联合起来参与经济、政治、社会和文化活动的组织形式。同情心、社会责任感、宗教热情和市民自豪感以及出于对自身利益的考虑和对社会动荡的忧惧是自愿社团兴起的原因。[②] 约翰·杰拉德（John Garrard）认为，城市中产阶级的三种文化特征对自愿社团的形成与发展意义重大：首先，中产阶级男性对自助、独立、教育和工作的热情有助于自愿社团的建立；其次，中产阶级生活方式和自觉意识中的宗教仪式的强制性特征；最后，中产阶级的家庭生活，中产阶级男性参与市民社会像他们致力于追求事业一样，依靠家庭的支持。他奉献于活跃的公共生活的基础，至少在直接的意义上，来自他的妻子、成年的女儿和女仆通过辛勤的工作为其提供的闲暇。[③]

2. 关于自愿社团性质、特征以及组织结构的研究

莫利斯在《1750—1914 年的英格兰和苏格兰城市社团：中产阶级的形成抑或市民社会的形成?》中指出：“自愿社团是独立于政府之外的团体组织形式，具有明确的宗旨目标和公开的规章制度。其成员自愿加入，为社团提供无偿服务，并可随时退出。”[④]

---

① Theodore Koditschek, *Class Formation and urban Industrial Society*: *Bradford*, *1750 - 1850*, Cambridge: Cambridge University Press, 1990, p. 293.

② Brian David Ashford Lewis, “Bourgeois ideology and order: Middle - class culture and politics in Lancashire, 1789 - 1851”, Ph. D. thesis, Harvard University, 1994, p. 507.

③ John Garrard, *Democratisation in Britain*: *Elites*, *Civil Society and Reform since* 1800, New York: Palgrave, 2002, pp. 125 - 126.

④ R. J. Morris, “Urban Associations in England and Scotland, 1750 - 1914: The Formation of the Middle Class or the Formation of a Civil Society? ” In Graeme Morton and R. J. Morris, eds., *Civil Society*, *Associations and Urban Places*: *Class*, *Nation and Culture in Nineteenth - Century Europe*, Burlington: Ashgate, 2005, p. 137.

布莱恩·D. A. 刘易斯认为，它们有许多可能性的目标与作用[①]：第一，为集体行动提供财力和组织支持，这是因为个人几乎没有能力或资源独自承担或组织较大规模的生产经营活动，而国家对此又犹豫不决。第二，起着在社会范围内重新分配资源的作用，通过介入当前社会经济的安全保障系统，避免破坏性的结构性变革。第三，以劝导方式在社会生活中灌输中产阶级价值观念。第四，弥合政党和教派分歧，并使小店主阶层投入到慈善事业中以消除其激进主义情绪。第五，通过与其他阶层的比较，重申中产阶级的伦理道德价值观：穷人的犯罪、失败和贫困在一定意义上是缺乏集体责任认同的结果。第六，建立基本的联系网络，以有利于商业信息、专业知识和文化的交流。

在《自愿社团和英国城市精英，1780—1850》一文中，莫利斯以利兹、纽卡斯尔、爱丁堡三个城镇为例考察了自愿社团的性质、特征以及组织结构。他认为，自愿社团的发展是处于快速社会经济变迁之中的城市精英持续兴起的一个重要标志，是碎片化的中产阶级的政治和社会经济文化组织形式，也是广泛的社会生活领域内中产阶级身份认同的基础。它们能够使中产阶级精英阶层在城市社会生活中显示其经济和文化权威，也能够使中产阶级明确其身份认同和阶级意识。[②] 这一时期的自愿社团有三个显著特征：首先，其成员主要来自于中产阶级，中产阶级在大多数社团内占主导地位。除非作为资助人，几乎没有乡绅或贵族成员参与社团组织。工资收入者很少参加此类的自愿社团，当他们确实需要加入社团时，一般最可能的就是加入互助会或友谊社。因为对于他们来说，参加社团组织最为重要的并不是能为他们带来较高

① Brian David Ashford Lewis, "Bourgeois ideology and order: Middle - class culture and politics in Lancashire, 1789 - 1851", Ph. D. thesis, Harvard University, 1994, pp. 507 - 508.

② R. J. Morris, "Voluntary societies and British urban elites, 1780 - 1850: an analysis", *Historical Journal*, Vol. 26, No. 1, 1983.

的社会地位，而是实际的帮助。① 其次，与英国 20 世纪的自愿社团在增强自己的社会行动能力的同时也倾向于扮演政府的压力集团的角色不同，这一时期社团组织的主要宗旨是在没有政府帮助和权威干涉的情况下，实现社会管理的目标。最后，这些自愿社团以城市为基础。同时，自治与自律的自我管理方式也是自愿社团的重要特征。

莫利斯的研究表明，19 世纪自愿社团的组织形式是捐助民主制（the Subscriber Democracy）。其经费来源于社团成员的募集，社团基金由委员会分配并用于组织活动，基金的管理者在年度大会上由捐助者选举产生。基本原则是一名捐助者有一票表决权，不能反对通过正常的选举程序产生的管理者。由于需要资金支持，在许多情况下，正直的有产者成为社团财产的托管人。社团主席一职通常由社会地位较高的当地名流担任，如，大工业家、有名望的专业知识分子等。社团秘书职务通常由律师担任，财务人员可能是当地的商人或银行家。社团委员会由工作认真负责的社团成员组成。自愿社团实行"透明化"管理，即通过举行年度会议、发布年度报告、公布捐助者名册、审查账目等方式与其成员和广大公众保持着密切的联系。②

社团的主要组织机构设置在非国教小教堂和酒馆（the public house）中。长期以来，这些小教堂和酒馆成为社团、贸易组织和其他利益团体的聚集之地，他们在此举行正式或非正式的集会与活动。如，1800 年，谢菲尔德的诺福克区教堂支持卫斯理宗图书馆

---

① T. Bottomore, "Social stratification in voluntary organizations", In D. V. Glass eds, *Social Mobility in Britain*, Routledge Taylor & Francis, Incorporated [Distributor], 2003, pp. 349 - 382; N. Babchuck and Alan Booth, "Voluntary association membership: a longitudinal analysis", *American Sociological Review*, Vol. 34, No. 1, 1969; James Curtis, " Voluntary association joining: A cross national comparative note", *American Sociological Review*, Vol. 36, No. 5, 1971.

② R. J. Morris, "Civil Society and the Nature of Urbanism: Britain, 1750 - 1850", *Urban History*, Vol. 25, No. 3, 1998.

的建设，为其教徒和慈善社团成立济贫基金。至 1830 年，这一教区先后成立了卫斯理宗收容所、对外传教社团和主日学校以及希望乐队等团体组织。[①] 19 世纪 40 年代的建筑社团和伦敦俱乐部也兴起于酒馆之中。自愿社团中数量最多的是友谊社。在许多大城镇成立了类似于秘密共济会的机构，酒馆仍然是其活动的场所。讨论社团、公共图书馆和捐助图书馆都起源于酒馆或代替了酒馆的某些功能。[②] 无论是公共场所还是私人空间，自愿主义文化都是 19 世纪英国城市中产阶级精英社会生活的一部分。

3. 关于自愿社团社会与民主功能的研究

研究英国中产阶级社会史的学者，通常强调自愿社团两个方面的功能：首先是慈善与公益。大卫·欧文、戈斯登、克里斯托弗·普罗姆（Christopher J. Prom）等学者对自愿社团的这种社会功能进行了全面的研究和探讨。[③] 大卫·G. 格林（David G. Green）对英国友谊社团也进行了相似的研究，他认为没有强权国家的介入，互助社团也能够形成完善的福利体制。格林的研究表明，互助社团的行动使社会形成了自助和个人主义的道德风尚，促使社团成员独立于济贫法的约束。[④] 其次，形成中产阶级的身份认同、阶级意识和文化价值观。安东尼·豪（Anthony Howe）、西奥多·科迪茨切克、罗伯特·莫利斯、约翰·斯梅尔、劳伦斯·詹姆斯等学者的研究都显示，自愿社团既为早期中产阶级的政治抱负的展示提供了基础，

---

① S. Yeo, *Religion and Voluntary Organisations in Crisis*, London: Croom Helm, 1976, p. 57.

② R. J. Morris, "Civil Society and the Nature of Urbanism: Britain, 1750 – 1850", *Urban History*, Vol. 25, No. 3, 1998.

③ David Owen, *English philanthropy*, 1660 – 1960, Cambridge: Belknap Press, Harvard University Press, 1964; P. H. J. H. Gosden, *Self – Help: Voluntary Associations in Nineteenth Century Britain*, London: Batsford, 1973; Christopher J. Prom, "For The Glorious Privilege of Being Independent: Friendly Societies And Mutual Aid In Great Britain, 1870 – 1910", PhD, University of Illinois at Urban – Champaign Graduate College, 2004.

④ David G. Green, *Reinventing Civil Society: The Rediscovery of Welfare Without Politics*, London: Civitas, 1993.

也为他们形成中的阶级意识和文化价值观提供了现实场域。[①]

关于自愿社团的政治参与、积累社会资本以及塑造政治文化等促进民主政治的功能，是政治哲学家和民主理论家研究的重点。自托克维尔观察到美国民主制度的源泉在于普通公民对社团行动和政治事务的积极参与时起，大量研究认为自愿社团成员积极参与政治生活有助于巩固民主体制和促进政治平等。[②] 如，沃伦认为，自愿社团能够增强政治效率，是政治信息的收集者、组织者和传播者；有助于克服教育水平较低者、低收入者和社会地位较低者参与民主政治的障碍；能够培养公民的参政能力和公民美德，以及社会信任和参与技巧；能够使民主体制变得更加透明和系统化。[③]

乔治·迈泽（George Moyser）和杰兰特·帕里（Geraint Parry）认为，自愿社团成员能够作为提高政治呼声的工具，如，社团成员能够利用他们的人数优势向政治家表达他们的政治观点以及在政策制定过程中体现他们的要求。[④] 正如托克维尔所指出的，社团成员

---

① Anthony Howe, *The Cotton Master*, 1830 - 1860, Oxford: Oxford University Press, 1984; Theodore Koditschek, *Class Formation and urban Industrial Society: Bradford, 1750 - 1850*, Cambridge: Cambridge University Press, 1990; R. J. Morris, *Class, Sect and Party: The Making of the British Middle Class: Leeds*, 1820 - 1850, Manchester: Manchester University Press, 1990;［美］约翰·斯梅尔：《中产阶级文化的起源》，陈勇译，上海人民出版社2006年版；［英］劳伦斯·詹姆斯：《中产阶级史》，李春玲、杨典译，中国社会科学出版社2015年版。

② ［法］托克维尔：《论美国的民主》，董果良译，商务印书馆1988年版；［美］加布里埃尔·A. 阿尔蒙德、西德尼·维伯：《公民文化——五国的政治态度和民主制》，徐湘林等译，华夏出版社1989年版；Simone Chambers, "A Critical Theory of Civil Society", In: Chambers and Kymlicka, eds, *Alternative Conceptions of Civil Society*, Princeton: Princeton University Press, 2002; Joshua Cohen and Joel Rogers, *Associations and Democracy*, London: Verso W. W. Norton & Company, 1995; Mark E. Warren, *Democracy and Association*, Princeton: Princeton University Press 2001, 2001; John Garrard, *Democratisation in Britain: Elites, Civil Society and Reform since* 1800, New York: Palgrave, 2002; Jose Harris, ed., *Civil Society in British History: Ideas, Identities, Institutions*, Oxford: Oxford University Press, 2003。

③ Mark E. Warren, *Democracy and Association*, Princeton: Princeton University Press, 2001.

④ George Moyser and Geraint Parry, "Voluntary Association and Democratic Participation in Britain", In: Jan W. van Deth eds, *Private Group and Public Life*, London and New York: Routledge, 2002, pp. 25 - 47.

是私人团体利益的最好代表，在一定意义上，人们组成并加入自愿社团有助于扩大和维持他们的政治影响和社会权利。实际上，各种类型的自愿社团在地方和国家的政治经济生活中都起着非常重要的作用。例如，商业社团为商人提供重要的私人集会以分享商业信息，协商贸易问题，影响政策制定，并形成特定的商业联盟。[①] 自愿社团通过自由表达其政治要求，采取政治行动和影响政治结果等方式塑造了市民社会的公共空间。

自愿社团有利于培养公民宽容和善于妥协的品质，能够促进政治参与，锻炼领导能力，并最终有利于健康的民主制度的发展。[②] 托克维尔的论述经常被作为这一观点的例证。为了说明平等和自由如何塑造了美国的政治和公共事务，在《论美国的民主》中，托克维尔把研究的重点放在了对介于国家和家庭之间的社会次级社团的考察上。托克维尔认为，众多的社团是“社会的独立之眼”，它们不仅是制约和监督现代的政治国家，避免其转化为专制权力的唯一堡垒，而且还使广大的人民在社团生活中养成了自治和参与政治的习惯。自愿社团将人们纯粹关心个人私有的利益引导到公共事业中，在公共事业中学会了心灵的习性，而心灵的习性有利于民主妥协和对于公共利益的关注。加布里埃尔·A. 阿尔蒙德（Gabriel A. Almond）等学者继承了托克维尔的传统，他们强调自愿社团对公民美德和社会信任形成的促进作用以及对民主体制建设的影响，认为自愿社团是政治民主和公民文化的基础。[③] 罗伯特·帕特南（Robert D. Putnam）认为，公民美德和社会信任能够使个人克服集体行动的缺陷，因而，自愿社团作为“公民美德的温床”或“民主体

① Nancy Burns, *The formation of American Local Government*, Oxford: Oxford University Press, 1994.

② Pamela Paxton, “Social Capital and Democracy: an Interdependent Relationship”, *American Sociological Review*, Vol. 67, No. 2, 2002.

③ ［美］加布里埃尔·A. 阿尔蒙德、西德尼·维伯：《公民文化——五国的政治态度和民主制》，徐湘林等译，华夏出版社 1989 年版。

制的学校”在解决集体行动问题上是奏效的。①

尽管自愿社团具有民主价值的思想非常盛行，但仍有一些学者质疑这种观点，他们认为自愿社团威胁了民主价值而不是稳定了民主制度。这种质疑起源于詹姆斯·麦迪逊（James Madison），他认为社团是政治派系斗争的社会根源和损害公共利益的显著因素。麦迪逊指出，由于自愿社团是围绕特殊的利益和情感，或者“宗派的恶作剧”而组织起来的，那么，社团纽带就不可能产生公民美德或社会信任。由于成员的社团活动和政治参与局限于他们的宗派利益，他们将会以私人利益和宗派内部的信任为出发点。更糟糕的是，由于成员只追求具有破坏性的个人利益，自愿社团将传播猜疑文化并最终危害民主制度。② 通过实践研究，许多学者也认为，自愿社团中密集网络的平行关系并不必然有助于培养公民美德和社会信任。因为与社会的或经济的以及政治组织的密切联系，虽然有助于社团成员培养个人品质和相互间的信任，但也易于产生对本社团以外其他社团的对立情绪和不信任的态度。③ 詹姆斯·S. 科尔曼（James S. Coleman）虽然承认社团网络之间的相互联系可能形成互惠和互信习惯，但是这些心理上的优势很可能在开始时就被抵消了。在一些情况下，自愿社团决定着公民美德和社会信任的发展，而在其他情况下则可能导致不符合民主原则的统治。④ 因此，在研究自愿社团与民主体制关系时，深入考察各国的社会历史文化情境是非常重要的。

---

① ［英］罗伯特·D. 帕特南：《使民主运转起来——现代意大利的公民传统》，王列、赖海榕译，江西人民出版社2001年版。

② James Madison, “Federalist Paper No. 10”, Clinton Rossiter, ed., *The Federalist Papers*, New York: New American Library, 2003.

③ ［美］丹尼尔·贝尔：《市民社会与公德》，载［英］阿米·古特曼《结社：理论与实践》，吴玉章等译，生活·读书·新知三联书店2006年版；Eric Uslaner and Richard S. Conley, “Civic Engagement and Particularized Trust: The Ties that Bind People to their Ethnic Communities”, *American Politics Research*, Vol. 31, No. 4, 2003。

④ James S. Coleman, “Social Capital in the Creation of Human Capital”, *American Journal of Sociology*, Vol. 94, Suppl., 1988.

4. **关于自愿社团与市民社会以及国家的关系的研究**

近年来，国外学术界对 19 世纪英国中产阶级自愿社团的价值和意义以及与国家的关系等方面做了不少有益的研究探索。剑桥大学出版的《城市史》（*Urban History*）在 1998 年第 3 期对这一问题进行了专题研究，数位知名学者就此展开了深入的讨论。在《市民社会和城市生活本质》一文中，罗伯特·莫利斯认为，有关城市史的理论研究表明，城市空间、城市生活以及市民社会和社团文化之间的关系并不是一种偶然的历史联系。尽管市民社会思想由于缺乏准确性和普适性而备受批评，但可以肯定的是，市民社会指处于国家和家庭之间的非强制性关系。这种关系与自由市场、法律规范和显著的自愿社团文化的存在密切相关。无论从理论体系还是历史事实的角度分析，市民社会都是城市空间的本质特征。自愿社团抵消了潜在的城市社会的疏离和无组织化，尤其是在社会变革和转型时期。同时，自愿社团的兴起也顺应了协调城市环境中重要的市民与国家关系的需要。① 在《市民社会、市政管理和国家》一文中，格雷厄姆·莫顿（Graeme Morton）认为，研究市民社会的重要意义在于利用它能够更好地理解地方的政治结构和跨阶级的社团活动。他在文中引入三个深层概念："珍视"（enshrinement）、"授权"（empowerment）、"合法化"（legitimacy），并认为每个概念都与英国议会的市政国家相关，19 世纪英国的正式国家体制通过议会与稳定的市民社会对社会事务进行协商管理。② 马丁·戈尔斯基（Martin Gorsky）以 19 世纪布里斯托尔的友谊社为例，通过对其起源与发展的研究，考察了友谊社在社会生活、交往和医疗中的作用，以及这种互助社团积累信任、团结、互惠等"社会资本"的功能与国家

---

① R. J. Morris, "Civil Society and the Nature of Urbanism: Britain, 1750 – 1850", *Urban History*, Vol. 25, No. 3, 1998.

② Graeme Morton, "Civil Society, municipal government and the state: enshrinement, empowerment and legitimacy, Scotland, 1800 – 1929", *Urban History*, Vol. 25, No. 3, 1998.

民主政治体制的关系。[1] 大卫·巴里（David Barrie）在《市民社会的治理》一文中，以苏格兰启蒙时期如何界定市民社会和公民美德为基础，考察了这些思想在多大程度上促进了1780—1833年苏格兰城镇治安管理的发展。大卫·巴里认为，市民社会和公民美德为城市治理、社会改革和社团文化提供了内容广泛的思想基础，而这些思想的形成和完善也受到国家对城市治理模式的影响。[2]

乔斯·哈里斯（Jose Harris）主编的《英国市民社会史》[3] 是1998—2001年由牛津现代历史学家和政治学理论家、社会学家组织的一系列专家研讨会的成果。这些成果集中反映了学者们多样化的研究方向，内容涉及政治思想、社会政策、城市历史、自愿社团理论与实践、阶级关系等领域。在承认不同民族和国家的不同时期和不同文化情境中市民社会有着不同的发展状况的基础上，参与研讨的学者以“市民社会”为研究视角，探讨了英国自愿社团文化与市民社会的历史特征。学者们认为，自18世纪末以来，英国中产阶级利用自愿社团这一组织形式，不但非常积极地参与了公共社会管理，还推动了英国的政治民主化进程。其原因在于，尊重多元价值的、理性的、宽容的社团文化和政治氛围，使英国的市民社会与政治国家实现了良性互动。

在《英国的民主化》中，约翰·杰拉德从市民社会与政治国家关系的视角探讨了英国政治民主化成功的原因。他指出，国家处理社会、政治和经济关系的适度而文明的方式以及国家与家庭之间的领域如何被社团组织填充，是成功的民主化进程的本质。他尤为强调众多健康和普遍发展的自愿社团对自由民主政治的重大影响。他认为，大量独立于国家之外的自愿社团有助于保护个人对抗国家对

---

① Martin Gorsky, “Mutual aid and civil society: friendly societies in nineteenth – century Bristol”, *Urban History*, Vol. 25, No. 3, 1998.

② David Barrie, “Police in civil society: Police, Enlightenment and civic virtue in urban Scotland, c. 1780 – 1833”, *Urban History*, Vol. 37, No. 1, 2010.

③ Jose Harris, ed., *Civil Society in British History: Ideas, Identities, Institution*, Oxford: Oxford University Press, 2003.

公民利益的侵害。同时，自愿社团自律和自治的特征，弱化了社会对国家保护的过分依赖。国家与社会之间适度而理性的关系使得英国民主制度的运行更为安全和有效。①

综上所述，国外学术界对 19 世纪中产阶级自愿社团的研究取得了相当大的进展，获得了丰硕的研究成果。他们利用丰富的自愿社团组织的档案记录和报刊媒介资料等原始文献，对中产阶级自愿社团进行了微观与宏观相结合的深入研究。首先，对某些问题虽然并非完全没有分歧，但大多数学者已形成了基本一致的认识。如，自愿社团的性质问题，有的学者认为在市民社会理论话语体系中，社团组织没有阶级性。但以英国特定的历史情境为基础，从自愿社团的领导者及成员构成的角度考察，发现在英国数量众多的社团组织中起主导作用的是中产阶级，因而多数学者认同自愿社团的中产阶级性质。其次，从研究的问题和涉及的范围来看，学者们关注的领域是广泛的，他们对中产阶级自愿社团的性质、特征、组织结构等方面进行了微观细致的分析和研究，并将自愿社团的社会和政治功能的研究置于英国现代化进程这一宏观历史背景中，运用多种理论，从视角进行深入探讨。这为本书的选题和思路提供了深厚的学术背景。

但是，这些研究也存在一定的不足。如，缺乏对自愿社团思想文化基础以及自愿社团发展与英国历史文化关系的深入研究，并且鲜有从整体上系统考察中产阶级自愿社团的研究，特别是缺乏关于自愿社团的整体综合性研究的专著。同时，由于大多数学者对中产阶级自愿社团的研究或在中产阶级社会史领域中展开，或在市民社会理论框架中探索，这就造成了不同学科和理论在同一研究对象上的话语系统和研究范式的差异。那么，如何在历史学的学科和理论背景中，实现历史学研究与其他人文社会科学研究领域的对话，无

① John Garrard, *Democratisation in Britain: Elites, Civil Society and Reform since* 1800, New York: Palgrave, 2002.

疑是一个需要重点突破的问题。这些研究的不足则为本书的创新提供了基础与可能。

（二）国内研究概况

相较于国外学术界丰富的研究成果，国内学术界对于这一问题的研究还处于起步阶段。至目前为止，笔者所了解的资料中还没有以 19 世纪英国中产阶级自愿社团为主体和对象的专题性研究成果。但这并不意味着相关研究的完全空白或缺失。陈勇教授的译著《中产阶级文化的起源》（John Smail, *The Origins of Middle - Class Culture: Halifax*, Yorkshire, 1660 - 1780, 1994 年版）及其主持的教育部人文社会科学 2006 年度规划项目“社团与英国近代社会转型”①，可谓国内关于英国中产阶级和近代社团组织的开创性研究成果。

国内英国史研究专家和知名学者在各自学术领域内的成果为本研究提供了有益启发。钱乘旦、陈晓律教授合著的《在传统与变革之间——英国文化模式溯源》为笔者认识和理解英国的自愿社团文化提供了广阔而深厚的历史文化背景。阎照祥教授的专著《英国政治制度史》和《英国政党政治史》“以独特的文本解释技术和知识话语生产体系”，“对英国政治现代化多元结构的状态、各政治单元的功能及其彼此的关系进行纵向历时维与横向共时维的交叉解读”②，对英国多元化的社会结构、价值观念和利益构成以及市民社会等因素在民主政治发展中的积极作用予以充分肯定，既为笔者融合利用多学科理论和多元化视角开展研究提供了典范，也为研究自愿社团的社会和政治功能提供了学术背景和思路方法。

一些青年学者从研究 19 世纪英国中产阶级在城市化和民主化

---

① 陈勇：《咖啡馆与近代早期英国的公共领域——哈贝马斯话题的历史管窥》，《浙江学刊》2008 年第 6 期。

② 徐奉臻：《英国政治现代化的进程及其特点——读阎照祥关于英国政治制度史的几本论著》，《史学月刊》2004 年第 10 期。

进程中作用和影响的角度，开始关注这一时期的中产阶级自愿社团的发展。陆伟芳的两篇论文《英国中产阶级与 19 世纪城市发展》和《中产阶级与近代英国城市郊区扩展》探讨了英国 18—19 世纪中产阶级的形成与城市化之间的关系，认为中产阶级的成长既是城市化的结果，又进一步推动城市化发展，促使城市功能形态变化，形成功能分区。在《中产阶级与近代英国城市郊区扩展》一文中，陆伟芳认为："正在形成中的英国中产阶级，不仅构成了一个中等收入群体，更建构了一种属于中间社会阶层的'公共领域'，小到公共生活空间、社团，大到议会政治，进而形成一种与其公共领域相称的生活方式和价值体系。他们在政治领域取得越来越多的发言权，从 19 世纪的市政改革到议会改革运动，无不由中产阶级呐喊扛鼎。"① 山东大学李济时博士的论文《英国民主制度建立的方式与条件研究》（2008）从政治学和民主转型理论的角度，论述了中产阶级社团及其领导的社会运动对英国民主制度建立的重大推动作用。东北师范大学魏建国博士的论文《自由与法治——近代英国市民社会形成的历史透视》（2004），为我们认识和理解英国市民社会的本质和中产阶级社团活动的公共空间提供了背景支持。浙江大学项松林博士的论文《苏格兰启蒙思想家的市民社会理论研究》（2009），有助于我们理解英国市民社会思想的历史传统和英国市民社会中学术社团的发展情况。此外，四川大学王晓焰博士的论文《18—19 世纪英国妇女的生活和工作状况研究》（2006），以社会性别理论的视野为我们展现了英国中产阶级妇女在慈善、教育和政治等公共领域的自愿行动及社团参与状况。

由于国内学术界对于英国市民社会和中产阶级社团的研究尚处于起步阶段，笔者相信尝试性的工作和努力是有价值的，也是必须进行的，这也是本书研究的目的和意义所在。

---

① 陆伟芳：《中产阶级与近代英国城市郊区扩展》，《史学理论研究》2007 年第 4 期。

三 相关概念的界定

（一）中产阶级

所谓中产阶级（mid - class 或 middle class），是指一定社会条件下按一定分层模式划分的、处于中间等级状态的社会群体。从社会发展实践而论，中产阶级的产生是与社会商品经济发展相伴而生的社会结构分层的结果。例如，法国布罗代尔在其著作《15—18世纪的物质文明、经济和资本主义》中详尽地论述了城市发展和市场化对社会中间阶层形成的重要意义。[①] 从政治思想文化而论，“阶级”概念在 18 世纪中后期一经提出，就进入英国社会语言体系并逐渐替代了“等级”“品级”等概念。“Middle class”（中产阶级，或称中等阶级、中间阶层）一词最早见于吉斯本发表在 1797 年《月刊杂志》上的《调查》一文之中。1812 年《牛津英语词典》（*Oxford dictionary*）也辑录了“Middle class”一词。[②] “阶级”及“中产阶级”概念在社会文化用语中频现，正是“中产阶级”开始在社会阶梯上崛起并形成社会文化氛围的反映。

“但是给中产阶级下个真正的定义却十分困难”，主要原因在于“中产阶级从来都没有形成一个各部分协调统一的整体。它一直处在一种不停的演化的状态中，就像一个向四周蔓延的、凌乱的有机体”[③]。特别是 19 世纪以来，随着“中产阶级”概念的流行，学术理论界对其关注度的日益增强以及理解各异而引发诸多争论。不同的学者根据不同的研究目的，往往会界定出不同的“中产阶级”概

---

① ［法］费尔南·布罗代尔：《15—18 世纪的物质文明、经济和资本主义》，顾良等译，生活·读书·新知三联书店 1992 年版。

② A. Briggs, “The Language of Class Early Nineteenth Century England”, In: Asa Briggs and John Saville, *Essays in Labor History*, Vol. 1, London: Sage Publications, 1960, pp. 50 - 52.

③ ［英］劳伦斯·詹姆斯：《中产阶级史》，李春玲、杨典译，中国社会科学出版社 2015 年版，第 2 页。

念。学术界用于界定中产阶级的指标很多，既有主观指标，也有客观指标。客观指标包括职业地位、收入水平、资本占用量、教育程度、社会声望、消费水准等。主观指标相对简单，可以分为他者的评定和自我的认同，前者来源于社会上的他人对某个具体人物是否属于“中产”的评定；后者属于某个具体人物对自己是否属于中产阶级的认同。经济学家往往用收入来界定人们是否属于中产阶级——把收入介于某个区间的人划归中产阶级的类别。社会学家则更多地从职业角度，将某些职业类别，即主要将那些脱离了体力劳动的、具有某种特别技术水平的社会劳动者划归中产阶级之列。因此，“中产阶级”是一个从内涵至外延都颇具模糊性和不确定性的概念。

如，以马克斯·韦伯多元社会理论为基础定义中产阶级概念的学者的观点也不尽相同：米尔斯在《白领：美国的中产阶级》一书中以职业为分层依据对新旧中产阶级进行了界定；[①] 格尔哈斯·伦斯基在其著作《权力与特权：社会分层的理论》中从工作条件出发对中产阶级进行界定。[②] 丹尼斯·吉尔伯特和约瑟夫·A. 卡尔以社会分层的九大变量：职业、收入、财产、声望、交往、社会化、权力、阶级意识和流动对中产阶级进行分析，从而认为中产阶级的主体为白领人员，这个群体具有充分的职业技能，有良好、舒适的社会生活环境，享受体面的主流生活方式；他们有相对稳定的社会地位，并渴望向上层流动。[③] 丹尼尔·贝尔在《后工业社会的来临》中认为中产阶级主要由知识分子、科学家构成，[④] 这表明时代发展

---

① ［美］C. 莱特·米尔斯：《白领：美国的中产阶级》，周晓虹译，南京大学出版社 2006 年版。

② ［美］格尔哈斯·伦斯基：《权力与特权：社会分层的理论》，关信平等译，浙江人民出版社 1987 年版。

③ ［美］丹尼斯·吉尔伯特、约瑟夫·A. 卡尔：《美国阶级结构》，彭华民等译，中国社会科学出版社 1992 年版。

④ ［美］丹尼尔·贝尔：《后工业社会的来临——对社会预测的一项探索》，高铦等译，新华出版社 1997 年版。

对阶层变化的界定标准有着一定程度的影响。霍布斯鲍姆在其《工人：劳动的世界》中指出，阶级的形成并不像建房子那样一次完成，阶级从来就没有完成过或者形成固定的形式，它永远都处在变化中。任何社会结构总是由不同的社会分层构成，而这种分层又是要受到社会经济和政治的发展变化影响发生重组。[①] 由此可见，中产阶级是一个历史进程中的动态性的发展概念，“在不同时期、不同国家和不同文化中含义不尽相同，具有文化上的不可通约性和社会结构变迁上的特异性”。[②]

“中产阶级”概念错综复杂、令人迷惑的原因之一，还在于如何认识和理解“中产阶级”与“资产阶级”（bourgeois 中文译为布尔乔亚）两个概念。[③] 如，于尔根·科卡在界定了中产阶级的成员构成之后，在另一篇关于 19 世纪资产阶级的文章里又非常肯定地指出：“属于资产阶级的阶层有：商人、工厂主、银行家、企业家与经理，这些阶层的社会地位符合‘经济资产阶级’或资本家、‘财产资产阶级’（Bourgeoisie）的原意。”[④]

对于“中产阶级”和“资产阶级”这两个概念的含义，雷蒙德·威廉斯做了这样的界定：“‘中产阶级’（middle - class）这个翻译词提供了 bourgeois 在 19 世纪前的大部分意涵，它指向同样阶层的人、其生活方式及观念态度。middle - class 所涵盖的意涵就是 bourgeois 及更早的 citizen，cit 及 civil 等词汇所指涉的意涵。18 世纪末之前 citizen 及 cit 为普遍通用的词汇，但 18 世纪末 middle - class 出现之后，就变得不那么普遍了。然而，middle - class 虽然是一个现代语汇，其所根据的是古老社会的三种区分——上层、中

---

① Eric Hobsbowm, *Workers*: *Worlds of Labor*, New York: Pantheon Books, 1984, p. 58.

② 李宝芳：《维多利亚时期英国中产阶级婚姻家庭生活研究》，博士学位论文，南开大学，2008 年。

③ K. G Davies, “The Mess of the Middle Class”, *Past and Present*, Vol. 22, No. 1, 1962.

④ ［德］于尔根·科卡：《19 世纪的资产阶级——欧洲模式与德国实例》，载于尔根·科卡《社会史：理论与实践》，景德祥译，上海人民出版社 2006 年版，第 109 页。

层、下层。这种区分对于封建社会及封建制度之后的社会有重大的意义，但是无法用来描述已开发的资产阶级社会。在已开发的资本主义社会之历史脉络里，‘统治阶级’（ruling class）这个词具有社会主义的意涵。这个词不能很明显或轻易地用不同意涵的 middle class 来取代。基于这个原因——尤其在这种历史脉络下——bourgeois 这个词，尽管其词义不易理解，仍然持续被使用。”① 在威廉斯看来，在资本主义的历史语境里，虽然中产阶级占据社会的大多数，成为“纺锤形社会”的中坚力量，但他们并不是统治阶级。“bourgeois”这个词语虽然也包含着中产阶级的成分，但此时已被用以指称占据统治地位的资产阶级。

实际上，在 19 世纪，从文化意义上而言，“bourgeois”与“middle - class”仍然存在千丝万缕的关系。彼得·盖伊在《施尼兹勒的世纪》一书中指出：“19 世纪英国人喜欢用复数来称呼布尔乔亚——middling ranks（诸中产阶层）或 middle classes（诸中产阶级）——是有其道理的。”这种理解的着眼点在于中产阶级过着布尔乔亚的生活：“就连最缺钱的中产阶级家庭都会尝试让自己看起来对一件事深信不疑：他们是与别人不同的，因为当布尔乔亚就意味着有某些与别人不同的特点。他们的谈吐、衣着、读物、遐想、对工作与爱与美的态度、对隐私的高度重视，都使他们自成一个阶级，而他们也完全自觉到这一点。”② 正是文化上的考虑使资产阶级和中产阶级的含义具有共通性，以致两个概念混淆使用、难分难解。同时，并非所有的中产阶级都能够成为布尔乔亚，这意味着，中产阶级除了经济和社会地位的追求外，还必须有较高的精神追求、价值观、审美观和高尚的人格，而且，还负有维护社会公平和秩序、推动社会进步和文化复兴的责任。因此，在 19 世纪英国的

① ［英］雷蒙德·威廉斯：《关键词：文化与社会的词汇》，刘建基译，生活·读书·新知三联书店 2005 年版，第 29 页。

② ［美］彼得·盖伊：《施尼兹勒的世纪：中产阶级文化的形成，1815—1914》，梁永安译，北京大学出版社 2006 年版，第 337 页。

历史语境中，可以从行为方式、价值取向和生活态度等文化意义上理解与使用文献资料中的中产阶级（middle - class）与资产阶级（bourgeois）这两个概念所指涉的内涵。

1991 年的《美国百科全书》收录了“middle class”一词，并将其解释为：“西方工业国家的社会学家们以职业、收入和财富来界定中产阶级。有时则用教育水平予以补充。最常用来将一个中产阶级人士区别于次一级阶级的标准是看这个人是否从事体力劳动。从事体力劳动的人一般被视为劳工和下层阶级。所谓的‘白领’，通常是指非体力劳动的职业；而‘蓝领’则是体力劳动者的同义词。区分上层阶级和其他阶级的成员，通常就是基于他们所拥有的较高的社会地位和可观的财富。依据职业和教育水平的不同，中产阶级有时也被区分为中下阶级和中上阶级。”① 德国历史学家于尔根·科卡（Jurgen Kocka）指出：“‘中产阶级’既包括‘经济上的中产阶级’，如商人、制造业工厂主、银行家、资本所有者、企业家和经理，以及食利者，连同他们的家庭。还包括‘受过教育的中产阶级’，如医生、律师、神职人员、科学家和其他专业人员、知识分子、大学教授，以及那些在公有和私有机构中任职的管理人员或官员。”②

根据马克思主义的观点，阶级的划分标准是对生产资料的占有关系。由于阶级是由那些对生产资料具有相同关系的人们所构成的大的社会集团，因而阶级内部成员具有共同的经济利益和社会利益，他们的社会表现和社会行动具有高度的一致性，通过斗争发展出一种阶级认同和阶级意识，并通过阶级行动来维护本阶级的利益。换言之，在马克思看来，判断阶级形成的重要条件包括：具备“相同关系”，能构成“人的社会集团”，有共同“利益”，行动

---

① *The Encyclopedia Americana*, International Edition, Vol. 19, Grolier Incorporated, 1991, p. 70.

② Jurgen Kocka, “The Middle Classes in Europe”, *The Journal of Modern History*, Vol. 67, No. 4, 1995, p. 784.

“一致”且有“阶级认同感”等。马克思在使用中产阶级概念时认为，中产阶级的基本构成包括小工业家、小商人、小食利者、富农、医生、律师、牧师、学者和为数不多的管理者。马克思指出：“介于以工人为一方和资本家、土地所有者为另一方之间的中间阶级不断增加，中间阶级……直接依靠收入过活。”①

综上所述，本书使用的“中产阶级”概念，是一个根据相似的生活习惯、价值观念、财富状况、经济收益方式等把工厂主、商人、银行家和专业人员与贵族及社会下层区分开来的社会结构分层概念。就 19 世纪英国社会的历史情境而言，在当时的等级制度和阶级观念中，“中产阶级”指处于贵族阶级和无产阶级之间的中间阶层，其主要成员构成大致相当于上述马克思和于尔根·科卡所指涉的范围，这也是本书使用的中产阶级概念所具体涵盖的成员构成。

19 世纪英国中产阶级的基本特征包括以下几个方面：首先，他们是历经资本主义工商业和市民社会发展而成长与发育起来的，从事非体力劳动、拥有稳定收入和相当财富、生活体面的社会群体。其次，因为具有较好的经济能力且受过良好教育而形成了较高的文化素质，大多数中产阶级养成了积极向上的价值观、生活态度。他们具有自由主义精神气质，有较高的精神追求、审美观和阶级认同感。再次，他们具有较强的社会责任感，对社会主导价值观有较强认同感。他们对社会的发展具备起码的关注和良知，对社会下层民众具备起码的关爱和一定的责任意识，并且因为他们的社会地位较高、知识文化程度较高、对不正常的社会现象具有一定的批判意识，所以他们对公共事务常常具有一般人所不具有的发言权和影响力。

（二）市民社会及相关概念的界定与说明

1. “市民社会”与“公民社会”之辨析

“市民社会”（civil society）是一个源自西方的政治哲学概念。

① 《马克思恩格斯全集》第 26 卷第 2 册，人民出版社 1973 年版，第 653 页。

在中国学术界，“civil society”还有“公民社会”和“民间社会”两种译名。学者俞可平认为，目前国内学者使用的“市民社会”“民间社会”与“公民社会”三个术语，是同一英文术语“civil society”的三个不同中文译名。在中文语境中它们并不完全同义，不同译名之间存在着一些微妙的差别。其中，“市民社会”是“civil society”的经典译名，它频繁出现于中译本的马克思主义经典著作之中。这一术语在传统语境中带有一定程度的贬义，许多学者把它等同于资产阶级社会，并将“市民”误解为“城市居民”。“公民社会”是改革开放后内地学者对“civil society”的新译名，带有一定的褒义色彩，它强调“civil society”的政治学含义，即公民的公共参与和公民对国家权力的制约。① 一些台湾学者则将“civil society”译为“民间社会”，主张通过民间力量对权威统治持续抗争来建立自主、自律的民间社会领域，从而形成“民间社会对抗国家”的关系架构。② 对此，也有学者持不同观点，认为“民间社会”是一个边缘化的概念，带有台湾社会发展的显著痕迹，突出强调了官民对立和台湾社会的自下而上的运动特征，是一个地域性的概念，不具备普遍性。③

随着20世纪八九十年代市民社会理论的复兴，市民社会成为当代西方学术研究和公众视野中的热门话题，并开始从一种纯粹的西方观念转变为全球性话题。世界上许多国家和地区的学者纷纷使用这一概念，分析本国历史和现实或探寻本国市民社会的建构问题。由于“公民社会”强调公民对社会政治生活的参与和对国家权力的监督与制约，体现了对中国特色“市民社会”建构的理想，因而，国内学术界越来越多的学者特别是年轻学者喜欢使用“公民社

---

① 俞可平：《中国公民社会：概念、分类与制度环境》，《中国社会科学》2006年第1期。

② 邓正来：《台湾民间社会语式的研究》，《中国社会科学季刊》1993年第5期。

③ 邓正来：《中国发展研究的检视——兼论中国市民社会研究》，《中国社会科学季刊》1994年第8期。

会”这个译名。

“了解另外一种文化是非常困难的事，把另外一种文化的一些东西当作口号是相当简单的。”① 在市民社会话语体系中研究 19 世纪英国中产阶级自愿社团，首先要立足于市民社会所蕴含的西方历史文化传统和特定的社会现实特征。“市民社会”概念孕育并演进于西方社会，与西方资本主义的形成以及现代国家的发展有着深厚的历史渊源。这一概念秉承了西方历史文化传统中鲜明的主体性价值追求，体现了西方社会的价值理念和独立个体的自主发展与自由权利意识。西方市民社会的经验性事实被其话语模式构建为相对稳定的理论范式。因此，当把市民社会作为一种话语体系来研究英国时，就必须解析和体味市民社会理论在英国历史文化情境中的应有之意。恩格斯曾说，“历史从哪里开始，思想进程也应当从哪里开始”②，即思想理论体系孕育于客观历史之中。故此，本书使用“civil society”的经典译名：市民社会。

2. “市民社会”概念的发展与界定

毋庸置疑，市民社会“是一个比我们乍看起来所想到的要远为复杂和多面的概念”③。“要在有关书籍中寻找到关于市民社会的清晰定义自然是徒劳的。”④ 尽管如此，“市民社会与政治国家”的分析框架几乎决定性地成为学术界讨论市民社会问题的范式。依据这一分析范式，可以把“市民社会”概念分为三种形态，即以亚里士多德、西塞罗等的市民社会概念为代表的古典市民社会理论形态，黑格尔和马克思所讨论的现代市民社会理论形态，以及由葛兰西所

① 林毓生：《中国人文的重建》，载《思想与人物》，联经出版事业公司 1983 年版，第 13—14 页。

② 《马克思恩格斯选集》第 2 卷，人民出版社 1995 年版，第 43 页。

③ ［加］查尔斯·泰勒：《市民社会的模式》，载邓正来等主编《国家与市民社会：一种社会理论的研究路径》（增订版），上海人民出版社 2006 年版，第 26 页。

④ ［德］哈贝马斯：《公共领域的结构转型》，曹卫东等译，学林出版社 1999 年版，序言第 29 页。

开启，并由哈贝马斯所发展的当代市民社会理论形态。[①]

一般认为，亚里士多德奠定了古典市民社会理论的基础。[②] 在其《政治学》一书中，亚里士多德提出了“Politicke Koinonia”的概念，这一概念在拉丁语中被译为“Cilvils Societas”，而“Cilvils Societas”在英语中则被译为“Civil Society”，即“市民社会”。“Politicke Koinonia”在亚里士多德著作的语境中指政治共同体或城邦国家。城邦是由享有自由和平等的公民构成的共同体，“凡有权参加议事和审判职能的人，我们就可以说他是那一城邦的公民”。[③] 因此，亚里士多德实际上是将“市民社会”定义为政治共同体或城邦国家。根据《布莱克维尔政治学百科全书》，14 世纪开始为欧洲人采用的“Cilvils Societas”一词，其含义由西塞罗在公元前 1 世纪提出。它不仅指单个国家，而且也指业已发达到出现城市的文明共同体的生活状况。这些共同体有自己的法典（民法），有一定程度的礼仪和都市特性（野蛮人和前城市文化不属于市民社会）、市民合作并依据民法生活并受其调整以及“城市生活”和“商业艺术”的优雅情致。[④] 换言之，西塞罗所定义的市民社会包括三层含义：其一，指国家；其二，指拥有法律并依法行事的政治共同体；其三，指拥有都市文化和商业文化的文明社会。

17、18 世纪，洛克、孟德斯鸠等自由主义思想家对“市民社会”理论进行了阐述，主张依靠一个活跃的、强有力的市民社会来制衡国家权力。约翰·洛克在《政府论》中将“市民社会”[⑤] 作为逻辑推演中的一个分析概念来使用。他将“市民社会”等同于从自

---

① 参见何增科《市民社会概念的历史演变》，《中国社会科学》1994 年第 5 期；王新生《市民社会论》，广西人民出版社 2003 年版。

② 也有学者认为最早对市民社会概念做出界定的是柏拉图，参见 John Ehrenberg, *Civil Society: The Critical History of an Idea*, New York : New York University Press, 1999。

③ ［古希腊］亚里士多德：《政治学》，吴寿彭译，商务印书馆 1983 年版，第 113 页。

④ ［英］戴维·米勒著，邓正来主编：《布莱克维尔政治学百科全书》，中国政法大学出版社 1992 年版，第 125 页。

⑤ 在约翰·洛克的《政府论》中译本中为“公民社会”。

然状态经过订立契约而形成的政治社会。但洛克明确表达了一种“社会先于或外于国家而在”的观念。[①] 孟德斯鸠在《论法的精神》中认为，政府受制于法律。为了使法律能够有效限制政府的功能，孟德斯鸠又假定了一种独立实体，即“中介实体”。这种独立实体的重要性并不在于构成了一个非政治的社会领域，而在于它们成了政治体系中权力分立及多样化的基础。[②] 自由主义思想家们关于社会外在于政治国家以及通过权力分散对国家制衡的思想，为现代意义上市民社会理论的发展提供了重要的理论资源。

黑格尔是现代市民社会理论的集大成者，在其著作《法哲学原理》中第一次明确区分了国家与市民社会，并详尽阐述了市民社会的构成、性质及作用等问题。他认为，市民社会“是各个成员作为独立的单个人的联合，因而也就是在形式普遍性中的联合，这种联合是通过成员的需要，通过保障人身和财产的法律制度，和通过维护他们特殊利益和公共利益的外部秩序而建立起来的”。但“市民社会是处于家庭和国家之间的差别阶段”，“必须以国家的存在为前提”[③]。在黑格尔的理论体系中，国家高于市民社会。

马克思对市民社会的考察源于他对黑格尔理性国家认识上的反驳，并认为市民社会是“私人利益的体系”或“特殊的私人利益关系的总和”，它包括了处在政治国家之外的社会生活的一切领域。马克思否定了黑格尔政治国家决定市民社会的观点，指出市民社会决定政治国家。[④]

在当代市民社会理论视域中，葛兰西从文化传播角度界定市民

---

① ［英］约翰·洛克：《政府论》（下篇），叶启芳、瞿菊农译，商务印书馆 1996 年版。

② ［加］查尔斯·泰勒：《市民社会的模式》，载邓正来等主编《国家与市民社会：一种社会理论的研究路径》（增订版），上海人民出版社 2006 年版，第 26 页。

③ ［德］黑格尔：《法哲学原理》，范扬、张企泰译，商务印书馆 1982 年版，第 174、197 页。

④ 刘旺洪：《国家与市民社会：法哲学范式的批判与重建》，《法学研究》2002 年第 6 期。

社会，认为市民社会是民间社会组织集合体，它由各种民间社会组织和各种意识形态——文化组织组成，包括教会、学校、工会、政党、报纸杂志和各种学术性团体等。[①] 哈贝马斯认为，市民社会由两部分构成，一是以资本主义私人占有制为基础的市场体系，包括劳动市场、资本市场和商品市场及其控制机制；二是由私人所组成的、独立于政治国家的公共领域，[②] “包括教会、文化团体和学会，还包括了独立的传媒、运动和娱乐协会、辩论俱乐部、市民论坛和市民协会，此外，还包括职业团体、政治党派、工会和其他组织等”[③]。

加拿大学者查尔斯·泰勒（Charles Taylor）对“市民社会”作了这样的界定：“市民社会（1）就最低限度的含义来说，只要存在不受制于国家权力支配的自由社团，市民社会便存在了。（2）就较为严格的含义来说，只有当整个社会能够通过那些不受国家支配的社团建构自身并协调其行为时，市民社会才存在。（3）作为对第二种含义的替代或补充，当这些社团能够相当有效地决定或影响国家政策之方向时，我们便可以称之为市民社会。”[④] 在此，泰勒强调了市民社会三个方面的特征：存在社团是市民社会的要素之一；市民社会是相对独立的或者说社会高于国家；市民社会能够影响国家政策。

美国学者柯亨（J. L. Cohen）和阿拉托（A. Arato）则将“市

---

① 俞吾金、陈学明：《国外马克思主义哲学流派：西方马克思主义卷》，复旦大学出版社 2002 年版，第 122 页。

② 依据哈贝马斯的观点，进入公共领域有两个标准：一是拥有财产，一是受过教育。“作为‘物主’的公众和作为‘人’的公众的统一过程集中说明了资产阶级私人的社会地位本来就是具有财产和教育的双重特征。”因此，“只要拥有一定的财产和受过良好的教育就能占领讨论对象的市场。”（［德］哈贝马斯：《公共领域的结构转型》，曹卫东等译，学林出版社 1999 年版，第 59、42 页。）可见，当时的学校教育与其说是社会地位的一个前提，不如说是社会地位的一个结果，受教育阶层首先是有产阶层。

③ ［德］哈贝马斯：《公共领域的结构转型》，曹卫东等译，学林出版社 1999 年版，序言第 29 页。

④ ［加］查尔斯·泰勒：《市民社会的模式》，载邓正来等主编《国家与市民社会：一种社会理论的研究路径》（增订版），上海人民出版社 2006 年版，第 28 页。

民社会”界定为介于经济社会与政治国家之间的互动领域，它“由私人领域（尤其是家庭）、团体领域（尤其是自愿结社）、社会运动及民众交往形式组成”①。戈登·怀特（Gordon White）也指出：“当代大多数使用这个术语的学者公认的市民社会思想指的是介于国家和家庭之间的社团领域，这个领域由独立于国家的团体组织所占据，这些组织享有充分自主权并由社会成员自愿结合而成，目的在于实现组织成员的利益诉求或增进价值认同。”② 20 世纪 90 年代以来，这种三分法的市民社会定义逐渐为大多数学者所接受。

综上所述，市民社会是一个复杂而多面的历时性概念。因此，科学地理解市民社会概念的内涵须从三个层面展开。按照由具体到抽象的顺序，首先是市民社会的描述性意蕴，它是指以具有独立自主性（相对于国家权力）的个体为基本单位、以市场经济为基础、以契约关系为中轴的社会交往形式和生活方式。其次，从分析性意蕴来看，市民社会指的是一个与国家构成分离性结构关系的独立领域。③ 最后，从价值性意蕴来看，“市民社会”是一种伦理情境的理想模式，是对社会共同体内部合理社会秩序的和谐设想。美国学者塞利格曼认为，市民社会是社会权利和社会责任意识在理念、价值与信仰层面的综合使用，为人类共同体成员提供了一幅美好生活画卷。④ 所以，严格说来，市民社会是一种社会生活方式和行为模式、一种社会责任意识和价值观念，对社会文明与发展具有重要的，甚至是决定性的影响。

3. 市民社会的结构性要素分析

市民社会的结构性要素包括私人领域、公共领域、自愿社团和

---

① J. L. Cohen and A. Arato, *Civil Society and Political Theory*, Cambridge, Mass: The MIT Press, 1992, p. vii.

② Gordon White, “Civil Society, Democratization and Development”, *Democratization*, No. 3, 1994.

③ 杨仁忠:《论政治哲学视域中的市民社会》,《社会科学辑刊》2005 年第 6 期。

④ Adam N. Seligman, *The Idea of Civil Society*, Princeton: Princeton University Press, 1995, p. 201.

社会运动四个方面。

（1）私人领域：持两分法的学者们大都认为，私人领域指私人自主从事商品交换的经济活动领域。其中市场机制和私人产权是构成这种私人领域的两大要素，它们保证社会成员能够自主地从事经济活动和追求个人利益。马克思主义经典作家主要是在这个意义上使用市民社会概念，因此，将“Civil Society”译为“市民社会”是比较准确的。持三分法的市民社会理论家则主要在私人（privacy）家庭生活意义上使用私人领域这个概念，他们认为这个领域是构成个人自我发展和道德选择的领域，个人在这一领域应享有充分的隐私权。

（2）公共领域：根据哈贝马斯的理论观点，公共领域是介于私人家庭领域和公共权力领域的中间区域，是非官方的公共的领域。它是各种公众聚会场所的总称，公众在这一领域对公共权力及其政策和他们共同关心的问题做出讨论和评判，自由、理性与批判性是其基本特征。

市民社会的上述两个结构性要素是辩证统一的关系。公共领域是由于对共同利益的关心和关注而形成的公共空间，其前提是个人利益和个人私域的存在。并且，私人领域的利益与公共领域的利益是一致的，对于个人来说，以公共利益增进私人利益是其活动的目的。

在此需要指出的是，作为政治哲学概念的“市民社会”，指涉的是一个与国家相对应，并与之构成结构性关系的独立领域；指在整个现代社会中，社会成员按照独立的个体间相互承认的原则进行自主的经济和社会交往活动的私人自主领域。也就是说，从分析的角度来看，整个现代社会可以被分析为两个不同的领域：一是政治国家所代表的政治性的公共权力领域，二是个人的私人生活所代表的私人自主领域（其中包括自主的公共领域）。[①] 所以，在市民社

① 王新生：《市民社会论》，广西人民出版社2003年版，第59页。

会与政治国家的分析范式中，相对于政治国家的公共权力领域来说，市民社会则是一个私人自主领域。

（3）自愿社团：自愿社团是市民社会的实体性组织，指个人自愿加入或退出，并自主制定规章制度和选择领导者，通过合法的、公开化的程序，给成员提供实现利益诉求和价值认同感的正式或非正式组织。在其中，成员和团体之间的互动形成特定的利益诉求和道德规范，也形成特定的风气、氛围、友谊和共同理想，从而有效地影响着社会的道德状况和价值观念。

本书的研究对象即是市民社会中的这一实体性要素。“自愿社团”译自英国历史文化中的“voluntary society”和“voluntary organization”。在具体语境中，根据表达习惯，有时也将“society”“organization”和“club”等译为团体、协会或俱乐部。

随着 20 世纪 80 年代市民社会理论的复兴，非政府组织（Non－Governmental Organization，简称“NGO”）在全球范围内迅速兴起，并被认为是 20 世纪最深刻的组织革新与社会改革之一。美国约翰·霍普金斯大学教授莱斯特·M. 萨拉蒙认为，这种由非政府组织所构成的社会体系即是市民社会。[①] 因此，有必要对自愿社团与非政府组织的关系做一说明。

虽然目前学术界没有一个一致认可的关于“非政府组织”的概念，但大多数学者都认为它既不是政府的一部分，也非企业组织。根据萨拉蒙的观点，非政府组织主要具有五个方面的特点，即：组织性，这些机构都有一定的制度和结构；民间性，这些机构都在制度上与国家相分离；非营利性，这些机构都不向他们的经营者或“所有者”提供利润；自治性，这些机构基本上是独立处理各自的事务；自愿性，这些机构的成员不是法律要求而组成的，这些机构

① ［美］莱斯特·M. 萨拉蒙等：《全球公民社会——非营利部门视界》，贾西津、魏玉等译，社会科学文献出版社 2002 年版，第 3 页。

接受一定程度的时间和资金的自愿捐献。[1] 由于各国在历史、文化和法律等方面的差异，研究者们在使用非政府组织这一概念时所指涉的对象与范围也存在较大的差别。在美国，人们一般将这一类组织称为“非营利组织”“独立部门”（independent organization）或“第三部门”（the third sector），在英国被称为“志愿部门”（voluntary organization），法国人则称其为“社会经济”（economie sociale）。也有许多国家用“社团”指称非政府组织。非政府组织主要从事社会公益事业、提供的是公共物品，其涉及的领域相当广泛，包括环境保护、社会救济、医疗卫生、教育、文化等领域。[2] 在此意义上，本书所研究的英国“自愿社团”就是近年来备受关注的“非政府组织”在英国19世纪时期的发展状况，抑或可以这样理解，19世纪英国的自愿社团传统即是当代英国非政府组织的历史渊源。

（4）社会运动：西方激进主义学者一般都把社会运动看作市民社会的重要结构性要素。他们希望通过各种社会运动以涤荡现实社会的不合理状态，从而实现理想社会的美好图景。主流的市民社会理论家则不太强调这个要素。本书之所以接受将社会运动作为市民社会的一个要素的观点，目的在于，在对19世纪英国中产阶级自愿社团进行微观和静态研究的同时，通过对中产阶级倡导的社会运动的考察，将自愿社团置于动态的历史情境中，并以此为基础分析英国民主化进程中市民社会与政治国家形成良性互动的原因与意义。

四　研究的理论视角与个案选择

（一）研究的理论视角

爱因斯坦曾指出：“你观察一样事情，不管你是否依靠或不依

① ［美］莱斯特·M. 萨拉蒙等：《全球公民社会——非营利部门视界》，贾西津、魏玉等译，社会科学文献出版社2002年版，第3—4页。

② 孙关宏等主编：《政治学概论》，复旦大学出版社2008年版，第200页。

靠你所使用的理论，正是理论决定着你可以观察到什么。”[①] 本书在市民社会理论的话语体系中展开对 19 世纪英国中产阶级自愿社团的研究。市民社会理论属于政治哲学的研究范畴。政治哲学家对市民社会问题的研究侧重于理论分析，即对市民社会产生和发展的内在机制及其与政治国家的可能性关系进行一般性的探讨。学者们对市民社会的本质及其与政治国家关系的分析，为我们认识和理解英国中产阶级自愿社团提供了重要的理论基础和方法论支持。

市民社会理论作为观察社会生活的一种理论范式，超越了个人与社会互动的微观模式，将整个社会看作彼此分治的市民社会与政治国家互动关系中的过程和存在。这种理论范式重在解释个人以怎样的方式构成了一个自主的社会整体，个人与社会之间的互动在怎样的领域中实现，这一领域与国家所代表的公共权力之间具有怎样的关系，在强大的公共权力面前，怎样才能保障个人的自由等问题。因而，作为一种存在于政治国家之外并制约和监督着国家政治权力的社会性力量，市民社会是一个包含着公共领域在内的“社会私人领域”，这一领域是由众多的独立性社团及其活动所构成的社会中间结构。它的存在不仅有利于个人自由的维护和民主意识的培育，也有利于国家的稳定发展，有利于国家政治体制的合理架构和良性发展。如果说纯粹的私人属地为独立个人的自主活动提供了自由活动的资源和空间，那么，社会中间结构就是将这些资源和空间与国家的政治领域联结起来的重要纽带。私人的活动通过它而具有了公共的意义，国家的活动通过它而具有了现实且合法的基础。因而，在市民社会理论视域中，我们可以更加深刻地认识和理解英国社会稳定的根源：以权力制约权力的完善的政治体制与以社会制约权力的理性的公共领域的良性互动的结果。

（二）研究个案的选择

英国学者彼得·克拉克（Peter Clark）的著作《1580—1800 年

① ［英］E. H. 卡尔：《历史是什么》，陈恒译，商务印书馆 2007 年版，第 61 页。

英国的俱乐部和社团》[①] 为我们展现了16世纪末至19世纪初英国两个多世纪社团生活的原始画卷。本书以克拉克提供的19世纪之前自愿社团的发展图景为起点，从微观到宏观的角度考察19世纪英国中产阶级自愿社团的发展状况。因此，与克拉克的整体性研究方法不同，本书以兰开夏地区三个毗邻的棉纺织工业城镇——布莱克本（Blackburn）、博尔顿（Bolton）和普雷斯顿（Preston）的中产阶级自愿社团为分析个案。个案研究是非常必要的，因为中产阶级及其自愿社团具有地域环境的特征，也只有在特定的城镇或城市层面上才能更好地理解和展现他们的行为方式和结构特征。因而，这种个案式研究能够把各个自愿社团的活动及其与其他社团的联系置于特定的社会背景中分析。克拉克的研究方式只粗略地涉及社团内部的结构和活动状况，而个案研究则能够详细分析自愿社团的组织类型及运行方式，成员的资格限制及职业构成等状况，以及自愿社团自我管理和参与社会治理的特征。

本书之所以选择布莱克本、博尔顿和普雷斯顿这三个城镇作为个案研究对象，其原因主要在于，19世纪时期三个城镇的中产阶级广泛兴起，并形成了自愿社团的繁荣发展的景象。作为较大的棉纺织工业中心，布莱克本、博尔顿和普雷斯顿有产生和支持自愿社团的广大中产阶级和丰富的经济资源，而且具有利于自愿社团发展的公共空间，如咖啡馆、小酒馆、公共会所等。笔者希望通过对三个城镇的研究，探寻19世纪英国中产阶级自愿社团内部的组织形态和运行机制，以及自愿社团如何促进社会发展、稳定社会秩序，而以自愿社团为实体性组织的市民社会又是如何成为自由和民主生成与存在的场域的。

---

① Peter Clark, *British Clubs and Societies 1580 - 1800: The Origins of an Associational World*, Oxford: Oxford University Press, 2000.

五　研究具备的基本条件与创新预期

（一）研究具备的基本条件

在对有关 19 世纪英国中产阶级自愿社团的研究状况和相关理论了解的基础上，笔者收集到了一些相关的原始资料。

第一，报刊资料，19 世纪英国的报纸杂志提供了大量关于宗教、慈善、经济和政治等各类社团活动的信息，报纸的大量版面不是被广告、议会报告和地方政府活动公告所占据，而是被当地社团冗长的逐字逐句的会议记录和讨论，年度报告和财务账目所占据。如，《观察者》（*The Spectator*）、《年度记事》（*The Annual Register*）、《布莱克本公报》（*Blackburn Gazette*）、《布莱克本邮报》（*Blackburn Mail*）、《博尔顿年鉴》（*Bolton Chronicle*）、《博尔顿自由通讯》（*Bolton Free Press*）、《普雷斯顿年鉴》（*Preston Chronicle*）等报刊（资料来源于 http://search.proquest.com/britishperiodicals/? accountid = 133058 网站和英国科林代尔图书报刊图书馆等机构）。

第二，英国下院有关结社和人口普查资料及文件，如，《俱乐部登记和管理法案》（*A Bill for the Registration and Regulation of Clubs, 1888 – 1896*）《工业和合作社团条例》（*Industrial and co – operative societies, 1871 – 1896*）等（资料来源：http://parlipapers.chadwyck.co.uk/marketing/index.jsp）、《1851 年英国人口普查报告》（Census of Great Britain, 1851. Population Tables, Division VIII, London, 1852; Religious Worship, England and Wales, Report and Tables, London, 1853.）（资料来源：http://www.archive.org/details/a584550300parluoft）。

第三，19 世纪的相关印刷品资料，如社会观察家和学者的著作，小册子、私人信件、日记和传记等，为我们研究和了解当时的中产阶级及其社团活动提供了宝贵的资料。如，小爱德华·贝恩斯

(*Edward Baines*, *junior*) 的《工业地区的社会，教育和宗教》[①]；阿罗斯密斯 (J. H. Arrowsmith) 的《关于博尔顿近来成立的技工社团的文集》[②]；詹姆斯·克里格 (James Clegg) 的《1818—1872 年博尔顿的煤气公司》[③]；威廉·库克·泰勒 (William Cooke Taylor) 的《兰开夏工业地区旅行札记》[④]；约瑟夫·利夫西 (Joseph Livesey) 的《堕落年代的道德改革者和抗议者》[⑤]；约翰·泰勒 (John Taylor) 的《兰开夏一名律师的自传》[⑥] 等。

第四，关于英国的历史资料汇编和百科全书也为本书的写作提供了基本的参考资料，如，G. M. 扬 (G. M. Young) 和 W. D. 汉德科克 (W. D. Handcock) 主编的《英国历史文件集，1833—1874》(第 12 卷，1)[⑦] 以及 W. D. 汉德科克主编的《英国历史文件集，1874—1914》(第 12 卷，2)[⑧]；莎利·米歇尔编著的《维多利亚时期的英国：百科全书》[⑨] 等。

第五，英国历史资料网站也为本书的写作提供了有价值的参考资源，如：英国区域、地方和家庭史资料网：http://eudocs.lib.byu.edu/index.php/British_ Regional，_ Local_ and_ Family_

---

① Edward Baines, *The Social*, *Educational and Religious State of the Manufacturing Districts*, London and Leeds, 1843 (New York: General Books LLC, 2012).

② J. H. Arrowsmith, *Essay on Mechanics' Institute*, *with a Particular Relation to the Institute Recently Established in Bolton*, Bolton, 1825.

③ James Clegg, *The Bolton Gas Company*: *1818 - 1872*, *An Historical Retrospect*, Bolton, 1872.

④ William Cooke Taylor, *Notes of a Tour in the Manufacturing Districts of Lancashire*: *In A Series of Letters to His Grace the Archbishop of Dublin*, London: Duncan and Malcolm, 1842.

⑤ Joseph Livesey, *Moral Reformer*, *and Protestor against the Vices*, *Abuses*, *and Corruptions of the Age*, London: Sherwood, 1831.

⑥ John Taylor, *Autobiography of A Lancashire Lawyer*, *Being the Life and Recollections of John Taylor*, *Attorney - at - Law*, *And First Coroner of the Borough of Bolton*, Bolton, 1883.

⑦ G. M. Young and W. D. Handcock. eds. , *English Historical Documents*, *1833 - 1874*, London, New York: Routledge, 1956.

⑧ W. D. Handcock. eds. , *English Historical Documents*, *1874 - 1914*, London: Eyre and Spottiswoode, 1977.

⑨ Sally Mitchell, *Victorian Britain*: *An Encyclopedia*, Garland Publishing Inc. , 1988.

History_ Sources；英国历史在线：http：//www. british – history. ac. uk/ Default. aspx；英国皇家历史学会：http：//www. royalhistoricalsociety. org/respubs. htm 等。

（二）本书的创新预期

第一，本书利用社团组织记录和文献、报纸杂志、私人信件以及期刊资料，以棉纺织业中心兰开夏郡的三个发展迅速的纺织业城镇——布莱克本、博尔顿和普雷斯顿的中产阶级自愿社团为个案研究的重点对象，从微观角度考察自愿社团的组织类型及其规则制度，社团领导者和成员的资格限制及职业等状况，社团的资金来源、财务管理及其在慈善事业和经济消费中的角色地位，以及自愿社团自我管理和参与社会治理的方式与特征，尽可能清晰和完整勾勒出 19 世纪英国自愿社团发展状况的一个缩影，并以此展现 19 世纪英国中产阶级社会、经济、政治和文化生活的历史图景。

第二，本书立足于英国中产阶级社会史和西方政治哲学等关于自愿社团和市民社会问题的既有研究成果，结合英国社会历史文化传统，分析现代化视域中英国中产阶级自愿社团的文化特征和民主价值。

第三，在市民社会理论的话语体系和“市民社会与政治国家”的分析框架中，探寻英国中产阶级为追求自由平等、主体价值的实现而推动的社会与国家的良性互动对于政治民主和社会稳定的具体作用和影响。

六　研究思路

在 19 世纪英国现代化进程的宏观历史背景之下，本书以市民社会理论为分析视角和话语体系，以 19 世纪英国中产阶级自愿社团为切入点，力求论证两个核心命题：第一，在英国的历史情境中，中产阶级是促进社会发展、具有稳定功能的主体力量；第二，以自愿社团为实体组织的市民社会是自由和民主生成与存在的场域，既具有服务社会的功能，也起到联合公民与国家的作用，为公民通过集体行动来影响国家的政治决策提供通道。基于这两个核心命题，本书的研究思路如下。

第一章，分析19世纪英国中产阶级自愿社团兴起的社会基础。工业革命带来的经济发展改造了传统的社会结构，中产阶级在社会阶梯上崛起。随着中产阶级经济实力的增长和阶级意识的形成，必然产生要求政治变革、参加政权的愿望。然而，当时的英国社会并没有从组织形式上为这个集团提供发挥他们自身影响并获得社会声望的现成条件，他们必须创立自己的机构。17—18世纪启蒙运动的政治哲学、市民社会思想和19世纪的自由主义以及中产阶级的“自助”观念等是自愿社团兴起发展的文化渊源。而在这个由迅猛的工业化、快速的城市化推动的社会转型时期，英国城市中的各种社会问题也成为中产阶级成立自愿社团的客观的现实因素。

第二章，介绍19世纪英国中产阶级自愿社团的组织类型与活动状况。自愿社团从自身内涵到外在表现形式都是丰富多彩的，本章以布莱克本、博尔顿和普雷斯顿三个城镇数量众多的自愿社团为例，根据19世纪英国中产阶级自愿社团的活动宗旨和社会功能，参照学术界通常使用的分类标准，将其大致分为经济社团、政治社团、文化社团、慈善社团和宗教社团五个类别，对各个类型社团的活动情况和城镇中产阶级的参与情况进行说明和介绍。同时，根据所掌握资料对19世纪英国中产阶级妇女团体的活动状况进行简要介绍，以展现19世纪英国中产阶级自愿社团发展与繁荣的图景。

第三章，分析19世纪英国中产阶级自愿社团的组织形态与经济机制。自愿社团作为市民社会的实体性组织，虽数量繁多、类型有别、目标各异，但其组织形态具有基本的相似性和共同特征。本章将对市民社会的这一实体性资源进行细致的组织形态分析，考察自愿社团的内部结构，社团成员的资格限制、经济地位及职业状况，社团的经济管理机制，以及自愿社团自我管理的方式，从微观层面揭示自愿社团的组织管理模式，勾勒出中产阶级自愿社团的立体结构，认识自愿社团内部自律和自治的基础。

第四章，分析 19 世纪英国中产阶级自愿社团的功能。本章将结合 19 世纪英国现代化的广阔社会历史背景中的自愿社团行动，从慈善公益，文化价值认同以及政治参与和社会治理等方面实证考察中产阶级自愿社团担负和履行的社会责任，并分析中产阶级自愿社团作为民主制度认同根基的特质。

第五章，分析自愿社团（市民社会）与国家关系。市民社会需要政治国家正如政治国家需要市民社会一样，在两者之间已经形成了辩证关系。就英国的历史情境而言，市民社会在 19 世纪的英国受到国家的珍视，国家以政治体制和法律制度保护市民社会，否则它不能以正式的社会结构存在。本章从理论层面研究中产阶级自愿社团民主价值和意义。分析英国健全和完善的政治权力之间相互制衡的政治架构，与同样健全和完善的以社会制约权力的社会架构之间的关系与互动。从而认为，中产阶级自愿社团是形成市民社会与政治国家在适度分离基础上的融合与互动关系的关键要素，而政治国家与市民社会的适度分离和良性互动是英国社会政治稳定的基础。

结语，对 19 世纪英国中产阶级自愿社团的文化特征进行思考和总结。笔者认为，自治、自律、开放、民主的社团文化特征是一种实践中的民主参与文化。这种民主参与文化倡导民主制度下的个人自由，希望把个人自由与公共价值观有机统一起来，使社会联系的纽带得到加强，也使中产阶级的感情联系和责任感得到强化。19 世纪英国中产阶级通过社团行动和社团文化凝聚个人力量，以保证其自由参与和维持市民社会的能力，并对国家权力形成一种制衡的张力，从而为英国稳定、自由的民主体制奠定了基础。

第一章　19世纪英国中产阶级自愿社团发展的社会基础

19世纪，英国前所未有的社团时代悄然兴起。从政治哲学的角度看，自愿社团的蓬勃发展意味着市民社会的日臻发育和成熟。当以多维度的探索来解读19世纪英国中产阶级自愿社团的发展状况和文化内涵时，首先需要对促发自愿社团和市民社会的英国历史文化传统、思想理论基础、物质生产条件以及社会结构力量等因素进行综合考察和剖析，以便在一个更为广阔的空间和视野中来理解自愿社团这个市民社会的实体性组织。

第一节　英国中产阶级自愿社团发展的历史传统

19世纪英国的各类自愿社团并不是中产阶级的创举，无论其最初成立于何时，就整体而言，都是历史的延续。因此，对于19世纪之前英国自愿社团发展状况的历史考察，应当是对19世纪中产阶级自愿社团进行研究的逻辑起点。

一　16世纪末至18世纪英国俱乐部和社团组织的广泛兴起

彼得·克拉克认为，1586年在威斯敏斯特成立的从事考古和历史研究的“博古学会”可能是第一个真正意义上的社团组织。[①] 作为一

① Peter Clark, *British Clubs and Societies*, 1580 - 1800: *the Origins of an Associational World*, Oxford: Oxford University Press, 2000, p. 2.

种新的社会组织形式，其意义在于它预示着英国社团发展时代的到来。17、18 世纪，随着社会生活的复杂化，英国社会各阶层为了实现各自的利益需求，纷纷加入这种社会组织。从首都伦敦到一些小城镇如斯坦福和利奇菲尔德，都有数量众多的慈善协会、共济会、音乐爱好者俱乐部、科学协会或其他类型的社团组织。俱乐部（Club）和社团成为城市生活中的普遍现象。一时间，关于社会团体组织的一系列新词汇在英语中被广泛使用起来，如：协会（the association）、社团（the society）、会长（the chairman）、代理人（the agenda）、成员资格（the membership）、规章制度（the rules）、条例章程（the constitution）、年度报告（the annual report）等。[①] 在 16 世纪和 17 世纪早期，许多名称都被用于指称自愿社团：集会（companies）、联谊会（sodalities）、学会（academies）、兄弟会（fraternities）和社团（societies）等。[②]

最初，俱乐部（Club）只是一种非正式的社交宴饮聚会组织。1711 年，《旁观者》杂志说，“我们的现代交际组织俱乐部的基础就是宴饮”[③]。因而，英国 17、18 世纪的俱乐部大多数是以小酒馆中非正式的、融合了某些家庭生活方式的社交群体为基础形成的。俱乐部的会长一般由威信较高的长者担任，组织宴饮活动并解释某些活动规则。俱乐部普通成员也有着明确的身份认同，但通常只是作为参与者和支持者处于组织的非核心位置。18 世纪中期仍有很多此类的俱乐部活动的酒馆和咖啡馆。艾肯描绘了 18 世纪 20 年代曼彻斯特俱乐部的活动情境：

在大多数富裕的工场主中基本上都有一个夜间俱乐部，在

---

① R. J. Morris, Clubs, “Societies and Associations”, In: F. M. L. Thompson, ed., *The Cambridge Social History of Britain*, 1750 - 1950, *Vol. III*, Cambridge: Cambridge University Press, 1990, p. 395.

② Peter Clark, *British Clubs and Societies*, 1580 - 1800: *the Origins of an Associational World*, Oxford: Oxford University Press, 2000, p. 12.

③ The Spectator, no. 9, Saturday, 10 March 1710.

> 这里每人固定消费4个半便士，即4便士的淡色啤酒和半便士的烟草。即使在后来的一段时期，估计价值6便士的潘趣酒和一两斗烟丝对于在夜间小旅馆娱乐的人来说已经足够了。①

贵格派教徒托马斯·埃尔伍德（Thomas Ellwood）的自传也记载了感化院的一些年轻人如何“组成俱乐部，每人均摊一些钱交给朋友安妮·特拉沃斯，希望她能够每日从院外为他们带些热乎的食物”②。

自17世纪50年代开始，俱乐部逐渐具有了现代意义上的自愿社团的含义，并被经常使用。17世纪90年代，俱乐部指“那些为特定目的如贸易和社交，而组织起来的团体”③。18世纪时，约翰逊医生将俱乐部界定为“定期举行成员集会的组织”④。逐渐地，“俱乐部”和“社团”这两个名词交互使用指称同一类组织。虽然早期自愿社团主要以“俱乐部”和“社团”命名，但也不是绝对的，还有其他一些名称。17世纪末，有些社团称为“公司”（corporation），有些称为学会。⑤

18世纪，英国城市俱乐部和社团组织的种类更加繁多，如，商业团体、政治俱乐部、社交俱乐部、舞蹈俱乐部、科学研究社团、捐助图书馆协会、渔猎社团、桑蚕养殖俱乐部，以及贫困救济团体、慈善医院等。据克拉克估计，18世纪中期英格兰城市中的协会和俱乐部总数超过1.2万家，苏格兰城市中有3000多家，威尔士城市中也有750多家。除上述类型外，还有校友会、读书协会、辩论俱乐部、花卉协会、文学协会、邻里俱乐部以及医师协

① James Croston. eds. , *The history of the County Palatine and Duchy of Lancaster by the late Edward Baines*, 5 vols. Manchester, 1889, vol. 2, p. 121.

② T. Ellwood, *The History of Thomas Ellwood Written by Himself*, London, 1886, p. 149.

③ Peter Clark, *British Clubs and Societies, 1580 - 1800: the Origins of an Associational World*, Oxford: Oxford University Press, 2000, pp. 12 - 13.

④ A. M. Samuel Johnson, A Dictionary of the English Language, 1755, Quoted in John Timbs, *Clubs and Club life in London*, London, 1872 (New York: General Books LLC, 2010).

⑤ Peter Clark, *British Clubs and Societies, 1580 - 1800: the Origins of an Associational World*, Oxford: Oxford University Press, 2000, p. 13.

会、工场主协会、律师协会等多种专业人士协会、地区性协会和大批饮酒、美食等社会生活俱乐部，种类多达上百种。[①] 约翰·布鲁尔指出，就加入某个俱乐部或参加某个社团而言，其重要意义在于采取共同行动以追求某些共同目标。社团和俱乐部为其成员提供了实现政治诉求和社会利益的组织形式。许多俱乐部为其成员在18世纪脆弱的经济中提供了一定的安全保障。通过俱乐部，一个工厂主可以获得较为广泛的贸易联系，或者结识进行资金放贷的人。俱乐部能够使其成员在传统权威面前保持某种程度的独立性。同时，布鲁尔也审慎地指出，18 世纪的俱乐部并不为正在兴起的商界和专业界精英所独有。有贵族和乡绅的俱乐部、手工匠人和小零售商的俱乐部，甚至还有不同社会、经济和宗教背景的人们混合组成的俱乐部。布鲁尔认为，与更加追求快乐主义的上层阶级俱乐部或社会下层的互助团体不同，中等阶层的俱乐部显示出通过社会交往实现自我保护和发展的双重目标的强烈意识。[②]

伦敦是当时各类俱乐部和社团组织的大本营。18 世纪 20 年代，作家约翰·麦基（John Macky）说伦敦有“无数使人身心愉悦的俱乐部或社团”，十年之后，其他作家也称“社交俱乐部的数量是伦敦最引人注目的景象”。[③] 如，1730 年，在首都伦敦威斯敏斯特区的小酒馆中，一个以饮酒和社交方式提高会员的文化知识为宗旨的小俱乐部的会员们常常聚集在一起，边饮酒边讨论数学问题。通过相互帮助和不断努力，他们都掌握了对数计算，有些成员的代数知识水平也得到提高。[④] 18 世纪末，伦敦拥有将近 100 种类型、数量

---

① Peter Clark, *British Clubs and Societies, 1580 - 1800: the Origins of an Associational World*, Oxford: Oxford University Press, 2000, chs. 3 -4.

② John Brewer, “Commercialization and Politics”, Neil Mckendrick, John Brewer and J. H. Plumb, *The Birth of a Consumer Society*, London: Europa Publications Limited, 1982, pp. 217 -224.

③ Peter Clark and R. A. Houston, “Culture and leisure 1700 - 1840”, Peter Clark, ed., *The Cambridge Urban History of Britain*, *Vol. II* (1540 - 1840), Cambridge: Cambridge University Press, 2000, p. 588.

④ Fog’s Weekly Journal, 2 May 1730.

超过 3000 家的协会和俱乐部。[①]

据统计，1783 年，工业城镇伯明翰有一百多个类型多样的社团组织，如租赁协会、读书协会、建筑协会、钟表协会和共济会等。其中大多数是为处于贫病困境中的成员提供帮助的互助组织。每个社团都受其自己制定的规章制度的约束。许多社团都积累了相当数额的活动资金。他们每两周举行一次集会。酒馆老板通常是各个社团中的关键人物和财务管理者。许多社团都具有储蓄银行的功能。[②]

爱丁堡是苏格兰社团活动的中心，至 18 世纪末有 40 种不同类型、数量超过 200 家的协会和俱乐部。[③] 自愿社团在应对苏格兰社会变革问题时发挥了相当大的作用。18 世纪的苏格兰不但需要适应资本主义和商品经济关系的发展，还要应对 1707 年合并法案所造成的政府管理的混乱状态。苏格兰是国中之国，而爱丁堡是无政府治理的资本城市。18 世纪初期的爱丁堡社团组织对伦敦人来说几乎是声名狼藉的妇女的同义语，其成员“酗酒成瘾、随意交谈、言语粗俗、亵渎文学诗歌，败坏社会风气”[④]。而至 18 世纪 20 年代，当艾伦·拉姆齐在安乐社把酒吟诵他的诗作，洛锡安的乡绅成立普及农业知识协会时，这种情形发生了改变，人们也开始改变对俱乐部的认识和态度。这种变化在 1754 年“择优学会”（The Select Society）成立后达到了顶点。“择优学会”由土地所有者、专业人员和商人组成，其组织宗旨是致力于培养成员的文化素养和理性的辩论方式。社团成员道德风尚和文化素养的提升引发了他们对历史和社会结构的研究兴趣以及对高雅社会文化的推崇。[⑤] 这个社

---

① Peter Clark, *British Clubs and Societies*, 1580 – 1800: *the Origins of an Associational World*, Oxford: Oxford University Press, 2000, p. 131.

② William Hutton, *An History of Birmingham*, BiblioLife, 2009, pp. 135 – 138.

③ Peter Clark, *British Clubs and Societies*, *1580 – 1800*: *the Origins of an Associational World*, Oxford: Oxford University Press, 2000, p. 131.

④ Henry Grey Graham, *The Social Life of Scotland in the Eighteenth Century*, New York: General Books LLC, 2010, p. 93.

⑤ Roger L. Emerson, “The Social Composition of Enlightened Scotland: The Select Society of Edinburgh, 1754 – 1764”, *Studies on Voltaire and the Eighteenth Century*, Vol. 114, 1973.

团也对其他团体的组织结构和宗旨产生了积极的影响。爱丁堡的许多社团组织在鼓励艺术创作、科学发展以及促进工业和农业进步方面发挥了积极作用，同时，社团还促进了苏格兰人英语的阅读和表达能力。[①] 18 世纪苏格兰启蒙运动精英们组织和参与的各类社会团体与俱乐部，如“拨火棍俱乐部”（Poker Club）、“文学学会”（Literary Society）、“政治经济俱乐部”（the Political Economy Club）、“哲学学会”（Philosophy Society）等，不仅使启蒙学者们获得了一个交流思想观念的平台，更使学者们从政界人士的宏观视野和商界人士的商业操作实践方面学到了很多知识经验，并使之理论化。亚当·斯密的著作《国富论》中的许多重要资料就是从政治经济俱乐部获得的。[②] 社团的兴起和发展是爱丁堡这个贵族社会和商业社会冲突与认同的结果。

总之，18 世纪，自愿社团的形象和概念日益渗透到英国社会和文化生活的方方面面。以商业为目的的组织，如保险公司，通常仿照社团的组织结构和管理方式运行。书商和出版商通常对出版社冠以“社会名流俱乐部”的名号，以提高作品的影响力。[③] 如，1711 年 3 月 1 日，约瑟夫·艾迪生和理查德·斯蒂尔合办的《旁观者》（*the Spectator, 1711 - 1712*）杂志号称是由一位“旁观者”以及他的俱乐部主办的，俱乐部成员包括两名商人、一名牧师、一名见习律师、一名军人和一名风流雅士。刊物及俱乐部的宗旨是“把哲学从私室、书库和学府带到聚会场所、茶桌和咖啡馆之中”，“让道德带上智慧的光芒，让智慧受到道德的约束”[④]。阿狄森和斯

① N. T. Phillipson, “Culture and Society in the 18th Century Province: The Case of Edinburgh and the Scottish Enlightenment”, Lawrence Stone, ed., *The University in Society*, Princeton: Princeton University Press, 1974, pp. 407 - 448.

② D. McElroy, *Scotland's Age of Improvement: A Survey of 18th Century Literary Clubs and Societies*, Washington: Washington State University Press, 1969.

③ R. J. Allen, *The Clubs of Augustan Landon*, Cambridge: Cambridge University Press, 1933, pp. 133 - 135.

④ Addison, *The Spectator*, Monday, March 12, 1711.

蒂尔以俱乐部为社会场景，从“旁观者”的视角分析了社团文化和交往方式在英国社会文化和礼仪传播中的作用。[①]

俱乐部和社团在各类讽刺漫画和印刷品中非常引人注目，它们是戏剧、诗歌、散文、小说等各类文学作品创作的素材。其中，最为成功的著作之一是善于辩论的幽默作家、托利派政治家内德·沃德（Ned Ward）的《关于伦敦和威斯敏斯特著名俱乐部和社团的精彩而幽默的报道》，1709—1756 年，这部作品再版七次。作者不仅嘲讽了诸如皇家学会和花卉爱好者的宴会，而且塑造了许多滑稽可笑爱好交际的人物，如事不关己者、粗暴无礼者、喋喋不休者等经典形象。后来，剧作家奥利弗·戈德斯密斯（Oliver Goldsmith）的《文集》（1765），以讽刺的笔调使“马齐俱乐部”“和声社团”中虚伪而愚蠢的会员形象跃然纸上。[②]

自从迪安·斯威夫特（Dean Swift）描述了都柏林的酒馆生活，爱尔兰和不列颠议会就成为备受奚落的多嘴多舌而愚蠢的社团组织的代名词。小皮特统治下的政府则被喻为街边的板球俱乐部，国家财政部成了孤注一掷的赌徒，而国家则成了俱乐部的总代表。[③] 几乎所有的团体或组织，无论是过去的还是现在的，都在社团的概念中获得新的含义：阿瑟王的骑士被称为“圆桌骑兵俱乐部的鼻祖”，爱丁堡城镇议会被称为“土地市场俱乐部”。以至于当时的学者有言：“自愿社团不再被看作具有完善结构的小型的社会，相反，社会本身却被看作混乱的自愿社团的聚合体。”[④]

18 世纪英国的俱乐部和社团组织有一个逐渐走向正规的过程。起初社团组织主要是在酒馆中开展活动，社团成员往往是酒气熏

---

① R. J. Allen, *The Clubs of Augustan Landon*, Cambridge: Cambridge University Press, 1933, p. 179.

② Ibid., pp. 158 – 187.

③ Paul Langford, *Public Life and the Propertied Englishman 1689 – 1798*, New York: Oxford University Press, 1991, p. 211.

④ Robert Allan Houston, *Social Change in the Age of Enlightenment: Edinburgh*, 1660 – 1760, Oxford: Clarendon Press, 1994, p. 336.

天，不醉不归。但从 18 世纪后期开始，许多社团活动方式已经开始逐渐改变，众多有关科学、医学、农业和文化方面的协会纷纷建立。在苏格兰，爱丁堡的社团，如阿兰·拉姆齐休闲俱乐部（Alan Ramsay's Easy Club）和兰肯俱乐部（Rankenian Club）等制定的会员标准都要求会员们文明谈话、珍视友谊、注重品位、举止优雅。[①]“改良主义者荣誉协会”等一系列协会，促进了苏格兰的艺术、科学、制造业和农业等发展。[②]

在长期的历史发展中，这种数量日益增长的社团组织逐步形成了一些鲜明的特征，并为 19 世纪的中产阶级自愿社团所继承。首先，17、18 世纪自愿社团的组织宗旨和行动目标相对明确。如，伯明翰友好讨论协会、自由讨论协会等舆论团体主要关注诸如“市民社会或自然界的正义或非正义问题”，以及伯明翰的社会犯罪和风化改革问题等。1793 年由商人组成的伯明翰阿那克里翁协会的目的是“为满足社会交往的需要”，成员“自愿参加集会和讨论，不受强制性规定的约束”。[③] 其次，19 世纪之前英国社团组织的普遍特征是其有限公开性。入会者需有推荐人和支持者。许多有意加入者可能会遭到正式成员的投票反对。在许多社团中，如共济会，入会仪式是经过精心策划并秘密进行的。[④] 到 18 世纪中期，一些自愿社团规定，提供捐助并遵从规章制度方具有加入社团的资格。宗教社团和慈善医院最为普遍。公开或半公开的社团是英国城镇精英阶层身份认同发展的基础之一，通过等级意识，体面的生活和优雅

---

① N. Phillipson, "The Scottish Enlightenment", Roy S. Porter, Mikuláš Teich, eds., *The Enlightenment in National Contex*, Cambridge: Cambridge University Press, 2007, p. 27.

② Peter Clark and R. A. Houston, "Culture and leisure 1700 - 1840", Peter Clark, eds., *The Cambridge Urban History of Britain*, *Vol. II* (1540 - 1840), Cambridge: Cambridge University Press, 2000, p. 589.

③ William Hutton, *An History of Birmingham*, BiblioLife, 2009, pp. 135 - 138.

④ R. J. Morris, "Voluntary societies and British urban elites, 1780 - 1850: an analysis", *Historical Journal*, Vol. 26, No. 1, 1983; R. J. Morris, "Clubs, Society and associations", F. M. L. Thompson, ed., *The Cambridge Social History of Britain*, 1750 - 1950, *Vol. III*, Cambridge: Cambridge University Press, 1990, pp. 395 - 443.

的举止把精英阶层与普通大众区分开来。例如，在伯明翰，许多俱乐部的主要成员由专业人员、商人、工厂主等中产阶级组成。它们举行各种阅读聚会并讨论社会广泛关注的话题。伯明翰存续时间较长、影响力较大的俱乐部——本社团（Bean Club），就是一个由乡绅和城镇社会精英组成的文化社交团体。1758 年成立的伯明翰读书会由富有的一神论基督教徒组成。1774 年，这个读书会发展成为代表中产阶级利益的宪法协会。①

18 世纪的社会评论家认为俱乐部和社团是英国社会的独特现象。1732 年的《绅士杂志》（*The Gentleman's Magazine*）这样报道："俱乐部组织遍布全英国。"几年之后，丹尼尔·福代斯（Daniel Fordyce）也这样感叹："我们国家的大多数民众都身处俱乐部、政党和社团组织之中。"外国观察家也承认这一点。一名德国外交官对欧洲各国做了一番比较，认为英国社会在思想意识、政治、新闻言论和结社自由等各方面都有显著特征。启蒙作家和旅行家皮埃尔 - 吉恩·格罗理（Pierre - Jean Grosley）也认为这些社团组织的创立"得益于英国独特的社会文化"，与大陆国家相比，"英国人更具独立和自由的精神"②。不言而喻，16 世纪末至 18 世纪英国社团组织的发展与英国社团文化的独特性，对 19 世纪英国中产阶级自愿社团乃至欧洲其他国家和北美社会的结社活动都产生了重大影响。

二　16 世纪末至 18 世纪英国俱乐部和社团兴起的历史背景

从历史发展的宏观角度看，16 世纪末至 18 世纪英国俱乐部和社团组织的兴起，植根于由英国中世纪晚期的城市运动而形成的自由传统。

中世纪晚期兴建于教俗封建主领地、城堡或庄园之上的，以工

---

① John Money, *Experience and Identity*: *Birmingham and the West Midlands*, 1760 - 1800, Manchester: Manchester University Press, 1977, pp. 98 - 152.

② Gentleman's Magazine, No. 2, p. 647, 1732; D. W. R. Bahlman, *The Moral Revolution of* 1688, New Haven: Yale University Press, 1957, p. 105; P. J. Grosley, *A Tour to London*, Dublin: Printed for Lockyer Davis, 1772, pp. 160 - 187.

商业活动为主的英国城市，与封建庄园自给自足的生产方式不同，首先需要自由的保障。在商品经济的巨大吸引力作用下，英国的各级教俗封建主在一定程度上为城市居民和手工业经营者提供必要的人身自由和财产保护，以稳定和巩固市民的经济地位和城市市场。如，亨利二世于1175—1185 年授予普雷斯顿的特许状中规定："任何本地人若居住于该城，拥有土地，加入该市商人行会，和该市市民一样照章纳税达一年零一天，那么其主人就不得要求其恢复原来的身份，他有权继续自由地居住于该市。"① 英王约翰在 1200 年授予邓威切市的特许状中规定了三项特权：第一，除伦敦市以外，在英格兰全境免除该市市民的货物税、通行税、桥梁税、摊位税和其他各种关税。第二，除国王派出的巡回法官外，郡法庭和百户区法庭均不得对该市市民提出诉讼。第三，市民有权在国内他们所希望的任何地方自由地为其子女寻找配偶，在朋友们的建议下，寡妇亦可照此办理；市民有权在其希望的任何时候，按自己的愿望赠送、出售或处理他们自己的地产和房产。②

但是，在当时的历史环境中，英国各级封建主在自己的领地内几乎集各种地方权力于一身，凡事都需获得封建主的批准，城市市民仍作为封建领主的农奴而饱受剥削与压迫。1060 年，英格兰的城镇居民约为 16. 6 万人，其中只有 1. 1 万—2. 5 万人是自由的城市市民。③ 有些城市的市民须在收割季节为城市领主收割三天，并定期收割干草。11 世纪时，英国许多城市的市民还负有奴役性的义务，要交纳继承税和各类实物。④ A. S. 格林在《十五世纪的城镇

① ［英］兰伯特：《两千年行会史》，转引自金志霖《英国行会史》，上海社会科学院出版社 1996 年版，第 18 页。

② ［英］斯塔布斯：《精选英国宪法史特许状》，转引自金志霖《英国行会史》，上海社会科学院出版社 1996 年版，第 19 页。

③ ［法］布瓦松纳：《中世纪欧洲生活和劳动》，潘源来译，商务印书馆 1985 年版，第 114 页。

④ M. Dobb, *Studies in the Development of Capitalism*, London: Routledge & Kegan Paul, 1972, p. 81.

生活》中列举了封建领主对城市居民拥有的诸项权力：向市民征收沉重的捐税；有权将不服从的工匠或商人投入监狱，或通过重罚令其破产；通过对城市土地的所有权，剥夺市民遗产继承权利；任何人要进入市民的行列都必须经领主同意；未经领主同意，任何市民不得外出经商等。[①] 封建领主的剥削和压榨，迫使城市市民联合起来争取人身自由和城市自治。

多布认为，英国的城市自治斗争在多数情况下采取了暴力斗争方式。如，14 世纪初，英国某城市当教会领主威胁争取独立的市民要将其开除教籍之前，宣布“宁可全体下地狱，也不屈从于上级的横征暴敛”。1327 年，英国某城市因领主拒绝批准市民建立漂洗作坊的要求，而导致市民围攻该城市修道院达十天之久。[②] 也有学者认为城市自治权是以采取较为和平的方式获得的，许多英国城市利用封建领主之间的矛盾，通过谈判和赎买而获得了自治权。而在自治运动的影响下，一些城市领主为防止市民起义而主动授予城市自治权和其他特权。通过市民的不断斗争，许多城市拥有了独立的立法权、司法权和城市管理权。城市成了一个相对于封建领主权力和封建制度体系的自治的、自由的世界。如汤普逊所言：“每个城市都是一个自治的市民社会，各自制定法律、自行征税、自管司法、自行铸币，甚至根据各自需要结成政治联盟、自行宣战或媾和。”[③]

城市自由不仅表现在相对于封建领主的自治，还体现在城市居民积极参与城市事务和自我管理的社会生活之中。城市自治权的获得，使市民成为合法社会阶层。也许由商人、手工艺人组成的城市市民的出身不尽相同，其社会身份也不尽平等，但他们在政治、法律意义上是平等的。最贫穷的手工业者和最富有的商人同是城市居

---

① Alice Stopford Green, *Town Life in the Fifteenth Century*, Vol. 1, London: Macmillan, 1894, pp. 197 – 198.

② M. Dobb, *Studies in the Development of Capitalism*, London: Routledge & Kegan Paul, 1972, pp. 80 – 82.

③ ［美］詹姆斯 · W. 汤普逊：《中世纪晚期欧洲经济社会史》，徐家玲等译，商务印书馆 1992 年版，第 174 页。

民，同样自由，拥有平等的自由参与城市事务和自我管理的权利。

市民的自我管理和对城市事务的参与，主要通过行会组织进行。在城市经济发展的客观需求和市民阶级结社愿望的促动下，商人和手工业者为保护自己的利益，规范商业经营活动，纷纷组织行会。行会成员必须遵守行会章程，维护行会的共同利益。行会由会员推选出来的代表进行管理，并设托管人来负责行会的财务收支。每个行会都有一个行会大厅，会员们定期在此聚会，讨论行会的各类事务。以手工业行会为例，其最高权力机构是行会大会，一切重大事务，诸如选举会长及管理人员、吸收新会员、制定或修改行会章程和规章制度、惩处违章违规者等，均需行会大会讨论通过。会长和其他管理人员对行会大会负责，定期向大会汇报工作，并执行大会通过的各项决议。在行会大会休会期间，一些行会还专门设立常务委员会之类的机构。行会的日常管理工作主要由会长和执事具体负责。执事一般有 2—4 名，任期一年，通常也从行会内部选举产生。① 在行会组织之上，城市由市政议事会来管理，其成员大多数是各行会的代表。市政议事会的权力来自于市民群体，并受到市民大会的监督。在司法方面，同样体现了市民群体自治的原则，诉讼案件由市民组成的法庭和陪审团按照城市的法律进行审理。由市民组成的陪审团保证了执法的民主性和公正性。

由此可见，英国中世纪晚期城市自治管理的内容与实践，在一定程度上为近代英国市民社会的发育和自愿社团的兴起提供了文化传统和组织模式。首先，城市自治在法律上确定了市民的参与城市管理的权利，市民对自由、平等、权利的追求与崇尚渗透于英国社会思想文化之中。城市的自由气息和平等观念，初步孕育了市民的个体权利意识，使他们开始认识到自由是作为独立的个人所享有的自由，从而为英国近代市民社会的价值内涵——自由主义提供了文

① E. Lipson, *The Economic History of England*, Vol. 1, London: Adam and Charles Black, 1956, pp. 349 - 350.

化积淀。其次，城市行会的组织结构和管理方式，城市居民的结社传统，直接为近代英国市民社会中自愿社团的兴起与发展提供了组织模式和历史借鉴。中世纪晚期英国的城市自治和市民结社实践是特定历史条件下的产物，并非完全现代意义上的公民自治和结社自由。笔者在此所要表达的观点是，英国近代以来的自愿社团发展有着深厚的文化底蕴和悠久的历史传统，具体到本书的研究主题——19 世纪英国的中产阶级自愿社团，其组织形态、运作模式、社会功能等方面的特征，是中产阶级在特定社会环境所提供的现实可能性中，在秉承和扬弃历史传统的同时，通过实践活动而创造的符合现实客观情境的中产阶级公共领域的文化。因而，在此意义上我们可以更理性地认识学者们对西欧城市自治运动在资本主义经济与社会发展中的基础性作用的高度肯定。如，德国经济史家西摩勒对中世纪城市运动的评价是："它比任何后来的革命更为重要，甚至比文艺复兴运动和印刷术的文明和罗盘针的发现，或比 19 世纪的革命和由此而产生的所有产业上的革命，更为重要。因为这些后来的革命，只是 12—13 世纪伟大的经济社会转化的从属后果而已。"①

第二节　英国中产阶级自愿社团发展的理论基础

19 世纪英国中产阶级自愿社团发展的理论基础是政治哲学思想——市民社会理论及其价值内涵自由主义。自由主义是在 19 世纪英国占统治地位的政治思想。英国社会学家和哲学家伦纳德·特里劳尼·霍布豪斯（Leonard Trelawny Hobbhouse）认为，自由主义是这样一种信念：社会能够安全地建立在个性的自我指导之上，才能建立起一个真正的社会；自由是社会的必需，自由与平等紧密结

① ［美］汤普逊：《中世纪经济社会史》（下册），耿淡如译，商务印书馆 1963 年版，第 406 页。

合，社会是仲裁人，其任务是主持公道，防止滥用高压力量；国家的职责是为头脑和个性创造据以发展的条件，使公民能依靠自身努力获得所需的一切。[①] 作为一套关于个人、社会和国家关系的理论，自由主义构成了市民社会思想最为直接的价值追求，它为解决市民社会与政治国家之间的关系提供了一套精致的政治设计思路，自由主义与市民社会之间有着一种天然的渊源关系。实际上，英国近代以来的自由主义思想家大多是市民社会理论的奠基人或信奉者。

一　英国思想家的市民社会观

许多学者认为，“市民社会”作为英语语境中的学术语言首次兴起于 16 世纪末 17 世纪初，当时英国和欧洲其他国家的学者利用这一概念的拉丁语内涵——西塞罗的关于中立的公共空间高于私人家庭和部落关系的理论，罗马法中契约与合作的关系，中世纪晚期理论家所明确的关于上帝、自然和法律的关系等，来讨论宗教、君主的地位和作用，国家和教会的关系等问题。[②] 学术语言具有动态适应性，一个概念所指涉的事物的内涵过去和现在会有所不同，对思想理论发展脉络的探讨有助于了解当时社会的发展状况。为了凸显英国社会深厚的思想文化传统以及便于论述，笔者在此重点考察不同历史时期英国政治思想家和社会学者对市民社会理论的贡献，当然这并不意味着忽视或否定其他国家学者的思想对自愿社团这一社会组织实体的影响与塑造。数世纪以来，社会现实变化所带来的语言和概念的细微差别，使学者们直接关注的对象存在着很大的差异，但是英国市民社会理论家的学术研究在核心理论方面是一致

---

① ［英］伦纳德·特里劳尼·霍布豪斯：《自由主义》，朱曾汶译，商务印书馆 1996 年版。

② J. N. Figgis, *Studies of Political Thought from Gerson to Grotius*, *1414 – 1625*, Cambridge: Cambridge University Press, 2011; Anthony Black, *Guilds and Civil Society in European Political Thought from the Twelfth Century to the Present*, Methuen: Cornell University Press, 1984; John Ehrenberg, *Civil Society*: *The Critical History of an Idea*, New York : New York University Press, 1999.

的，正如塞利格曼所言：“尽管市民社会的概念被法国、苏格兰、德国不同的学者做出不同的定义，但是，对于所有试图清楚表达市民社会观念的人来说，这样的问题是共同的：私人和公共之间、个人和社会之间、公共伦理与个人利益之间、个人激情与公共利益之间的相互关系。”“正是这些问题，对于力图想要阐述一种社会理论的 18 世纪和 19 世纪来说，是核心的问题，也正是这些问题，继续成为今天社会和政治事务中最为显要的问题。”①

英国第一次系统地援引市民社会理论的是安立甘教理论家理查德·胡克（Richard Hooker）。他在 16 世纪末利用这一概念，试图建构介于独立教会和世俗王权之间的政治体制。在其著作《论教会体制的法则》中，他以“市民社会”代替“政治社会”“公共社会”和“城市政权”，并明确指出，他所谈论的“市民社会”是履行国家权威的一系列管理机构。这种机构是自愿组成的，所有民众都各得其所，不是基于国家的强制力，而是他们自己的意愿和理性认同。在理论上，“自然法”是一种道德约束，但在实践中却无法实施。因为所谓的“自我保护”实际上是以自身利益为出发点的，结果造成无休止的“冲突和灾难”。因而，“自然状态”中的居民同意把维护人身安全和财产权利的权力转交给“市民社会”的统治者和管理机构。从而，市民社会成了保护个人安全、公平正义、物质财富的“公共管理”体系，“自然法”和成文法赋予并强化了市民社会的职责。而且，由于市民社会所颁布的法令具有公信力，贵族和君主必须服从并严格予以执行。在胡克看来，市民社会可能是纯粹的世俗体制，也可能与基督教神权组织相辅相成。② 胡克的著作引发了数世纪以来讨论的主题，如，市民社会与自然社会的关系

① Adam Seligman, *The Idea of Civil Society*, Princeton: Princeton University Press, 1995, pp. 103 – 105.

② Richard Hooker, “Of the Laws of Ecclesiastical Polity, Book I. 1593”, W. Speed Hill, *Folger Library Edition of the Works of Richard Hooker*, *Vol. I*, Cambridge, Mass.: Belknap Press, 1977; Alan Cromartie, “Theology and Politics in Richard Hooker's Thought”, *History of Political Thought*, Vol. 21, NO. 1, 2002.

问题，商业社会的兴起问题，民众的政治参与方式问题等。

英国内战时期，托马斯·霍布斯的著作回应了胡克提出的问题。霍布斯也在政治国家的意义上阐释市民社会的起源。与胡克一样，霍布斯也论证了先于国家和政府的“自然状态”或前文明社会的存在，并把这两者看作一个有机联系的进程的两个不同阶段。在“自然状态”中，“社会”的联结纽带是自然法，而“自然法的基础是：当和平可得的时候就寻求和平；当和平不可得的时候，就在战争中寻求救助”。[①] 由于人的争斗天性，人们之间的战争几乎不可避免，“这种人人相互为战的战争状态，还会产生一种结果，那便是不可能有任何事情是不公道的。是和非以及公正与不公正的观念在这儿都不能存在”[②]。因为“暴力和欺诈在战争中是两种主要的美德。公正和背义既不是心理官能，也不是体质官能。……这样一种状况还是下面情况产生的结果，那便是没有财产，没有统治权，没有‘你的’‘我的’之分；每一个人能得到手的东西，在他能保住的时期内便是他的”[③]。因而，为了保护个人财产所有权及社会公义的实现，民众就必须要通过“社会契约”来建立国家。于是，人们的授权“这就不仅是同意或协调，而是全体真正统一于唯一的人格之中；这一人格是大家人人相互订立信约而形成的，其方式好像是人人都向每一个其他的人说：我承认这个人或这个集体，并放弃我管理自己的权利，把它授予这人或这个集体，但条件是你也把自己的权利拿出来授予他，并以同样的方式承认他的一切行为。这一点办到以后，像这样统一在一个人格之中的一群人就称为国家，在拉丁文中称为城邦。这就是伟大的利维坦（Leviathan）的诞生，——用更尊敬的方

① ［英］霍布斯：《论公民》，应星、冯克利译，贵州人民出版社 2002 年版，第 15 页。

② ［英］霍布斯：《利维坦》，黎思复、黎廷弼译，商务印书馆 1985 年版，第 96 页。

③ 同上书，第 100 页。

式来说，这就是活的上帝的诞生”。[①] 由此可见，根据霍布斯的观点，这样国家或政府的权力来自于社会和公民的权利委托，从而为社会制衡国家提供了合法的、正当的理论依据。但是，霍布斯又强调，由于人们已经向国家让渡了部分自由，所以人们的自由就必须以服从国家的强制力为前提，“正如人们为了取得和平，并由此而保全自己的生命，因而制造了一个人为的人，这就是我们所谓的国家一样，他们也制造了称为国法的若干人为的锁链，并通过相互订立的信约将锁链的一端系在他们赋予主权的个人或议会的嘴唇上，另一端系在自己的耳朵上”。[②] 所以，在霍布斯的国家与社会关系的学说中，个人一旦与国家签订契约就意味着对政治权力的服从，遵守构成政治服从的道德基础，而社会对国家的制衡只是一种幻想。

约翰·洛克的《政府论》两篇所阐述的市民社会的观点吸收了胡克和霍布斯思想的合理因素。在契约同意和财产权利方面，洛克的观点与胡克和霍布斯非常相近。但在国家与市民社会和市民管理机构的关系方面，与其前辈不同，洛克更强调的是国家对于社会的义务。原因在于人类社会先于国家而存在，国家的权力来自社会权利的契约式委托，所以，国家必须履行保护社会权利的职能，而不是反过来压迫社会。因为，“政治社会本身如果不具有保护所有物的权力，从而可以处罚这个社会中一切人的犯罪行为，就不成其为政治社会，也不能继续存在”。[③] 所以，“真正的和唯一的政治社会是，在这个社会中，每一成员都放弃了这一自然权力，把所有不排斥他可以向所建立的法律请求保护的事项都交给社会处理。于是每一个别成员的私人判决都被排除，社会成了仲裁人，用明确不变的法规来公正地和同等地对待一切当事人；通过那些由社会授权来执

---

① ［英］霍布斯：《利维坦》，黎思复、黎廷弼译，商务印书馆 1985 年版，第 131—132 页。

② 同上书，第 162—164 页。

③ ［英］约翰·洛克：《政府论》（下篇），叶启芳、瞿菊农译，商务印书馆 1996 年版，第 48—53 页。

行这些法规的人来判断该社会成员之间可能发生的关于任何权利问题的一切争执，并以法律规定的刑罚来处罚任何成员对社会的犯罪；这样就容易辨别谁是和谁不是共同处在一个政治社会中”。[①] 换言之，为了保证国家所制定的法律能够真正起到维护自由和实现社会公正的目的，就必须将立法权和执行权分开并进行相互制约。这是因为“如果同一批人同时拥有制定和执行法律的权力，这就会给人们的弱点以绝大诱惑，使他们动辄要攫取权力，借以使他们自己免于服从他们所制定的法律，并且在制定和执行法律时，使法律适合于他们自己的私人利益，违反了社会和政府的目的”[②]。

洛克认为，尽管立法权有代表和行使国家“最高权力”的合法基础，但如果立法权偏离了人民的“委托”，人民同样有权重新确立立法权。“立法权既然只是为了某种目的而行使的一种受委托的权力，当人民发现立法行为与他们的委托相抵触时，人民仍然享有最高的权力来罢免或更换立法机关；这是因为，受委托来达到一种目的的权力既然为那个目的所限制，当这一目的显然被忽略或遭受打击时，委托必然被取消，权力又回到当初的人们手中，他们可以重新把它授予他们认为最有利于他们的安全和保障的人。因此，社会始终保留着一种最高权力，以保卫自己不受任何团体、即使是他们的立法者的攻击和谋算”。[③] 因此，国家或政府的权力是有限的，限制政府权力的就是社会或公民的权利。[④] 所以，从洛克的市民社会理论体系来看，正是这种对自由的追求和对滥用权力的惧怕帮助英国创造了一种有利于民众自治团体发展的社会文化氛围。

18 世纪中叶，苏格兰启蒙运动思想家休谟、亚当·斯密、亚当·弗格森等进一步发展了市民社会理论。对此，塞利格曼认为，

---

① ［英］约翰·洛克：《政府论》（下篇），叶启芳、瞿菊农译，商务印书馆 1996 年版，第 53 页。

② 同上书，第 89 页。

③ 同上书，第 91—92 页。

④ 同上书，第 81 页。

“在很大程度上，市民社会的发展观念是在苏格兰启蒙运动的背景下出现的，目的是要找到或者毋宁说是假定许多社会生活中日益感觉到的逐渐形成的矛盾的综合。这些个人与社会、私人与公共、利己与利他间的对立，还有就是用理性还是情感来主导生活间的对立，事实上已经构成了我们在现代社会中存在的基本要素。毫不奇怪，在今天，企图回复到18世纪市民社会观念就是企图重新承认那些私人和公共、个人和社会、利己和利他行为动力的综合”①。亚当·弗格森撰写的西方历史上第一部以市民社会为主要论题的著作《市民社会论》就很典型地反映了这种变化。与德、法启蒙运动的哲学革命与精神自由、政治革命与政治自由的思想导向不同，苏格兰启蒙运动学者们最大的关切是经济自由与社会发展，即为商业革命、工业革命鸣锣开道，致力于探究社会发展，尤其是市民社会的培育。通过对人性、社会、国家、经济发展、道德生活的理论思考，诠释了市民社会的理论意义与内涵，促进了市民社会实践模式的发展。

苏格兰启蒙运动学者认为市民社会的主体是谋利式的个人，在肯定人有利己的一面又具有有限慷慨的一面，既有利己之心也有同情之心的前提下，致力于既把人从那种“独身、斋戒、苦行、禁欲、克己、谦卑、沉默、孤居独处以及整套僧侣式的德性”② 中解放出来，又规范和引导人们的自利行为的人性启蒙。他们将人看成是情感的动物，认为通过对“道德感”的认同和赞许而实现社会的公序良俗是完全可能的。亚当·斯密在《道德情操论》中这样写道：“毫无疑问，每个人生来首先和主要关心自己；而且，因为他比任何其他人都更适合关心自己，所以他如果这样做的话是恰当和正确的。”③ 但是，“无论人们会认为某人怎样自私，这个人的天赋

① ［美］亚当·塞利格曼：《公民社会的脆弱伦理观》，载［英］布赖恩·特纳编《公民身份与社会理论》，郭忠华、蒋红军译，吉林出版集团有限责任公司2007年版，第167页。

② ［英］休谟：《道德原则研究》，曾晓平译，商务印书馆2001年版，第123页。

③ ［英］亚当·斯密：《道德情操论》，蒋自强等译，商务印书馆2003年版，第101—102页。

中总是明显地存在着这样一些本性，这些本性使他关心别人的命运，把别人的幸福看成是自己的事情，虽然他除了看到别人幸福而感到高兴以外，一无所得。这种本性就是怜悯或同情，就是当我们看到或者逼真地想象到他人的不幸遭遇时所产生的感情”。[①] 所以，“凭借公众对其作用的认识，社会可以在人们相互之间缺乏爱或感情的情况下，像它存在于不同的商人中间那样存在于不同的人中间；并且，虽然在这一社会中，没有人负有任何义务，或者一定要对别人表示感激，但是社会仍然可以根据一种一致的估价，通过完全着眼于实利的互惠行为而被维持下去”[②]。

苏格兰启蒙运动学者赋予市民社会以“经济”内涵，认为社会真正的调节者不是政治性的契约，而是经济性的市场，[③] “即认为社会是一系列相互关联的生产行为、交换行为和消费行为的总和，它有着自己的内在动力和自主性规律”[④]。在亚当·斯密看来，市场与交换这只“看不见的手”即是社会的“秩序”与“财富”之源：“他通常既不打算促进公共的利益，也不知道他自己是在什么程度上促进那种利益。由于宁愿投资支持国内产业而不支持国外产业，他只是盘算他自己的安全；由于他管理产业的方式目的在于使其生产物的价值能达到最大程度，他所盘算的也只是他自己的利益。在这场合，像在其他许多场合一样，他受着一只看不见的手的指导，去尽力达到一个并非他本意想要达到的目的。也并不因为事非出于本意，就对社会有害。他追求自己的利益，往往使他能比在真正出于本意的情况下更有效地促进社会的利益。”[⑤]

---

① ［英］亚当·斯密：《道德情操论》，蒋自强等译，商务印书馆 2003 年版，第 5 页。

② 同上书，第 106 页。

③ ［法］皮埃尔·罗桑瓦隆：《乌托邦资本主义—市场观念史》，杨祖功等译，社会科学文献出版社 2004 年版，前言第 24 页。

④ 邓正来等主编：《国家与市民社会——一种社会理论的研究路径》（增订版），上海人民出版社 2006 年版，第 18 页。

⑤ ［英］亚当·斯密：《国民财富的性质和原因的研究》（下卷），郭大力、王亚南译，商务印书馆 2004 年版，第 112 页。

苏格兰启蒙学者的政治法律思想中，有着浓郁的稳健与调和的政治风格。“在国家权力的边界与职能上，他们既不鼓吹‘威权国家’，也不倾心于‘守夜人’式的国家，而是主张一种‘有限国家’与‘法治国家’；在政治权威与政治义务问题上，他们既强调‘权利原则’又强调‘实利原则’，既将统治者看作是‘无赖’，又强调公民要有忠诚感；在自由与秩序上，他们既积极伸张公民‘法律下的自由’，同时又对‘反抗权’与政治革新甚为谨慎。”①

综上所述，从胡克到霍布斯、洛克再到苏格兰启蒙学者休谟、斯密、弗格森等思想家们的市民社会理论认为，人们的“自然权利”通过建立在“自然法”基础上的契约关系而得到保护，国家与社会各守其责，公民各司其职；契约关系的最高表现是国家的法律规范，“法律至上”成为一种普遍的观念意识；这种法律化的相互契约关系，意味着社会交往的基本形式是平等的讨论和自由的选择，社会交往的双方相互承认并尊重对方的独立法律人格。在此权利意识和价值观念的影响下，市民社会中彼此独立、自由活动的公民个体，为实现经济自由和政治民主而组成了与个人利益密切相关的社会团体，这种一方面成为个人的保护者；另一方面则成为与国家相抗衡的自治的社会实体，使国家无法干预一切。国家控制社会，一般是通过控制相应的个人组合体，而个人与社会独立于国家，也是通过这种个人组合体。在市民社会里，大小不等、功能各异的社团组织成为社会自由运转的纽带，它们一方面为公民提供必要的生存与发展条件，并保护公民的利益不被损害；另一方面也以公民个体的存在为条件。这些组织在经济领域里，能促成自由市场的运行，在政治上则使个人与国家保持一定的独立与联系，由此才能产生参与和监督行为。从英国学者市民社会观的历史演进可以看出，市民社会是英国深厚的历史文化传统和鲜明的主体性价值追求的实践模式，体现着现代社会的个体自主发展与自

① 项松林：《苏格兰启蒙思想家的市民社会理论研究》，博士学位论文，浙江大学，2009年，第14页。

由权利意识。在此意义上，英国学者们的市民社会观为英国自愿社团的发展提供了理论指导和思想基础。

二　英国的自由主义思想

英国 17、18 世纪的社会学思想大师们提出的天赋权利、契约论、自由、平等、民主等学说，以维护个人自由和权利为核心，探究个人、社会与国家的关系、政治治理和经济运行的基本原则与规律以及相应的制度安排，构成了英国古典自由主义的逻辑结构和内容体系。具体而言，在政治领域，以约翰·洛克为代表的思想家，提出了一系列自由主义的民主政治理论。如，天赋人权论，即一切人生而享有一系列不可侵犯和剥夺的权利，包括生命、自由、平等、财产、追求幸福的权利；社会契约论，即为了保护私人权利和防止社会混乱，生活在自然状态下的人们订立社会契约，为得到公民的权利而服从共同规则并放弃部分权利；代议民主论，即人民根据自己的意愿选举代表其利益的议员组成议会，由议会代表人民行使国家权力；三权分立论，即为防止国家政治机构专权，将国家权力划分为立法权、行政权与司法权，分别由议会、政府、法院三个机关行使，三者之间彼此监督，互相制衡；法治论，即法律作为维护自由的有效工具，具有至高无上的权威。在经济领域，以亚当·斯密为代表的古典自由主义政治经济学家推崇自由放任的经济模式，认为，经济秩序是一种自然生长的程序，而不是任何社会组织或共同意志干涉或安排的结果；利益法则支配经济领域，人们从事生产和交换的目的在于谋取私人利益，利润最大化是一切经济活动的最高宗旨；每个人最能了解和判断自己的利益，因此，社会应当允许个人自由选择其生活道路，自主安排其个人事务。在伦理领域，以边沁的功利主义的“最大快乐原则”伦理学为代表，认为自爱自利是人的本性；有生命的个人是唯一的独立而真实的社会实体；个人利益是道德的基础。

虽然由于历史情境及语言环境的变迁和差异而形成了后继者对自由主义的不同阐释，但当代学者斯皮兹总结的自由主义者的信条则较为直观和颇具普遍性：尊崇自由甚于其他价值，即使是平等和正义也不例外；尊重“人”而不是尊重“财产”，但不忽视财产在促进人类福祉方面的积极作用；勿轻信权力，即使权力出自多数亦然；勿信权威；要宽容；坚信民主政治；尊重真理与理性；承认社会必然要发生变迁的事实；勿耻于妥协；保持批判精神尤为重要。[①]作为独立的思想体系，自由主义把自由视为最高社会价值与终极追求。在自由主义者看来，自由之所以应当被当作社会生活的首选价值，不仅由于它是组成社会共同体的每个个体追求其个人幸福、实现其个人价值、过一种有意义生活的根本保障，而且是社会发展与进步的体现，“自由不仅是个人幸福的条件，也是社会发展的前提”[②]。在自由主义时代，由于人文主义对个人地位的推崇，新教对个人“自我求证”的肯定与宣扬，自由是作为独立的个人所拥有的自由，它要求他人对自我的尊重，也要求自身对他人的尊重。自由主义造就了市民社会，而自由作为一种价值，也是市民社会的终极关怀，在此意义上我们认为，自由就是市民社会的代名词，为英国的结社自由理念和自愿社团发展创造了条件。

首先，自由主义关于自由的个人是社会主体的意识渗透于英国社会文化之中，为自愿社团培养了具有公民美德的优秀成员。在英国，正是由于存在一个自由的、平等的公民群体，即自由的个人，市民社会才有存在的可能。从本质上讲，市民社会的价值理念以及对社会共同体内部合理社会秩序的追求蕴含于经济、政治、文化、社会的各个层面，而任何场域中，其成员的活动都具有“私人”的性质，以追求达到“自私”的目的。所以，市民社会是自由的自主的个人提出要求以满足个人的欲望和自主权[③]的领域。在这个领域

---

① D. Spitz, *The Real World of Liberalism*, Chicago: University of Chicago Press, 1982, pp. 213 – 215.

② ［英］约翰·密尔：《论自由》，许宝骙译，商务印书馆1998年版，第67页。

③ Adam Seligman, *The Idea of Civil Society*, Princeton: Princeton University Press, 1995, p. 5.

中，自由的个人通过自愿和契约而形成团体组织，如公司、企业等商务联合会、联谊会、俱乐部和其他自愿组织等，这些各种非官方团体的活动以追求个人或团体的利益与要求为目的。因而，市民社会中自愿社团的形成一方面基于个人主义；另一方面又基于个人对公共生活的参与。而这种对公共生活的参与又以个人对契约、法律、道德等社会规范的崇尚为基础。在市民社会中，一个理想的自由主义公民应该是一个自主的有道德的人，一个遵守基本法律和宪政制度的人，一个由“聪明、勇敢、富于爱心构成了人类完美的天性”① 的人。这种具有公民美德的自由个人，珍视社会的公平和正义，甘愿在公共领域中为社会公共利益服务。因而自由主义是塑造具有公民美德的自由个人的思想启蒙的基础。

其次，天赋人权论和社会契约论等观念日益深入人心，为结社自由理念的确立作了充分的思想准备。如，洛克指出：“人类天生都是自由、平等和独立的，如果不得本人同意，不能把任何人置于这种状态之外，使受制于另一个人的政治权力。任何人放弃其自然自由并受制于公民社会的种种限制的唯一方法，是同其他人协议组成一个联合体，以谋他们彼此之间的舒适、安全和和平的生活，以便安稳地享受他们的财产并且有更大的保障来防止共同体以外任何人的侵犯。无论人数多少都可以这样做，因为它并不损及其余人的自由，后者仍然像以前一样保有自然状态中的自由。”② 洛克从天赋人权的角度阐述了自由结社是公民的天然权利，认为结社自由不但是个人由自然状态进入社会状态的必经阶段，而且是签订契约进入国家和社会状态后，个人对抗强大的国家暴力，保护个人的权利和自由的重要保障。在此意义上，自由结社理念为英国社会自愿社团的兴起和发展提供了直接的思想基础。

---

① ［英］亚当·弗格森：《文明社会史论》，林本椿、王绍祥译，辽宁教育出版社 1999 年版，第 261 页。

② ［英］约翰·洛克：《政府论》（下篇），叶启芳、瞿菊农译，商务印书馆 1996 年版，第 59—60 页。

第三节　英国中产阶级自愿社团发展的社会条件

19 世纪英国中产阶级自愿社团的发展不仅是社会文化传统和思想理论的历史积淀，在实践层面上，更是一个包括社会经济进步、社会结构重构和阶级文化形成的社会现实问题。在英国的历史情景中，19 世纪自愿社团的发展是处于社会和经济快速变迁之中的城市中产阶级持续兴起和力量壮大的重要标志之一，是广泛的社会身份领域内中产阶级文化认同形成的基础，也是异质化的中产阶级社会成员的政治、经济、社会交往及文化组织形式。

一　英国社会经济发展状况

1688 年“光荣革命”确立的议会主权原则和君主立宪制度，标志着英国人民不懈追求的自由与民主精神的胜利。至 18 世纪中期，英国社会处于稳定发展的状态之中，在一定程度上，物质和意识的力量能够以有效和积极的方式保护这种政治体制和权力。当时英国人口增长较慢，农业进步和工商业投资能够保证食物供应充足。技术变革的速度足以确保不断扩展的对外贸易的繁荣而没有严重的社会动荡。社会冲突虽时有发生，但基本上能够有效协商解决。贵族和商业精英在国家、地方和城市中虽然存在权力冲突，但在统治立场上基本保持一致。由社会骚乱而引起的暴力冲突被限制在贵族和平民享有平等权利的观念之中，国家的统治意志能够控制中产阶级和“暴民”的行动。至 18 世纪后期，随着工业革命的迅速推进，这种稳定的社会发展状况被打破了。工业革命“是英国现代各种关系的基石，是整个社会发展的动力”①，其所带来的工业化、城市化和社会结构变革，为 19 世纪英国中产阶级自愿社团的

① 《马克思恩格斯全集》（第 1 卷），人民出版社 1995 年版，第 674 页。

发展提供了现实的社会基础。

首先，19 世纪英国的社会生产力和社会财富快速增长，经济结构发生了根本变革。1800—1870 年，英国的棉纺织品、煤炭、铸铁产量以及机械力和铁路里程等获得几倍乃至十多倍的增长（见表 1 - 1）。1801 年的国民生产总值估计为 2.32 亿英镑，1851—1881 年，国民生产总值又从 5.23 亿英镑上升到 10.51 亿英镑。[①] 英国工业产值在国民经济中的比重迅速上升，并最终占据主导地位。1801—1871 年，英国农、林、渔业产值由占国民经济总产值的 32.5% 下降至 14.2%，而包括制造、采矿和建筑业在内的工业产值由 23.4% 上升至 38.1%（见表 1 - 2）。同时，英国人口的职业分布也发生了相应的变化，以农业人口的比重变化为例，1811—1841 年，30 年间英国的农业人口由 35% 下降至 22%（见表 1 - 3）。

表 1 - 1　　　1800—1870 年英国工业品产量增长状况

年份 \ 产量 \ 工业品	棉纺织品（百万磅）	煤炭（百万吨）	铸铁（千吨）	机械力（千马力）	铁路（千公里）
1800	—	10	200	—	—
1820	—	—	400	—	—
1830	250	16	—	—	—
1840	—	—	1400	350	—
1850	588	49	—	—	10.5
1860	—	—	3800	—	—
1870	1101	110	—	900	24.5

资料来源：［法］J. P. 里乌：《工业革命，1780—1880》（巴黎，瑟耶出版社 1971 年版），第 67、80、93、95、96 页。转引自［法］米歇尔·博德《资本主义史：1500—1980》，吴艾美等译，东方出版社 1986 年版，第 106 页。

① Eric J. Evans, *The Forging of the Modern State: Early Industrial Britain*, 1783 - 1870, London and New York: Longman, 1996, p. 498.

表1-2　　**1801—1871年英国国民收入来源行业分布**

年份 \ % \ 行业	农业、林业、渔业	制造业、采矿业、建筑业	商业、运输业	家政、个人服务业	房屋租金	海外贸易收入	公务、专业服务
1801	32.5	23.4	17.4	5.5	5.3	——	15.8
1811	35.7	20.8	16.6	5.2	5.7	——	16.0
1821	26.1	31.9	15.9	5.7	6.3	1.0	13.1
1831	23.4	34.4	17.3	5.7	6.5	1.1	11.6
1841	22.1	34.4	18.4	6.0	8.2	1.4	9.6
1851	20.3	34.3	18.7	5.2	8.1	2.0	11.3
1861	17.8	36.5	19.6	5.2	7.5	3.0	10.4
1871	14.2	38.1	22.0	5.0	7.6	4.3	8.9

资料来源：Eric J. Evans. *The Forging of the Modern State: Early Industrial Britain*, 1783-1870, London and New York: Longman, 1996, p. 520.

表1-3　　**1811—1841年英国职业人口分布**

年份 \ % \ 行业	农业	工商业	其他
1811	35	44	21
1821	33	46	21
1831	28	42	30
1841	22	46	32

资料来源：*Census of Great Britain*, 1851. *Population Tables II, civil condition, occupations, and birth-place of the people. Vol. I*, London, 1854.

其次，与经济变革相伴而来的是英国城市化进程的全面启动。据统计，17世纪末英国城市总数为1005个，至1801年增加到1036个，1801—1841年，又从1036个增加到1115个。① 英国城市

① J. Langton, "Urban growth and economic change: from the late seventeenth century to 1841", *The Cambridge Urban History of Britain*, Vol. II (1540-1840), Cambridge: Cambridge University Press, 2000.

在数量增加有限的情况下，19 世纪的城市规模、城市人口及占总人口的比例迅速提高。一些学者的研究成果表明，1751 年英格兰和威尔士的城市人口为 138.1 万人，约占英格兰和威尔士总人口的 22%，① 1801 年的城市人口为 300.9 万人，约占英格兰和威尔士总人口的 33%。② 19 世纪的人口调查资料显示，1851 年城市人口在英格兰和威尔士已占总人口的 50.1%。③ 而其他学者的研究也得出了与上述发展状况基本一致的结论（见表 1 - 4）。因而，学术界通常将 1851 年作为英格兰和威尔士进入城市化社会的时间节点。以本书作为个案分析的对象——英国西北部棉纺织业中心兰开夏郡的三个城镇布莱克本、普雷斯顿、博尔顿为例，我们可对 19 世纪英国工业城镇人口增长的情况有一个更为直观的了解（见表 1 - 5）。三个工业城镇 1801 年的总人口为 11 万余人，至 1821 年增加到 20 万余人，1851 年增加至近 42 万人。

表 1 - 4　1751—1851 年英格兰和威尔士城市人口数量与比例

年份	总人口（万）	城镇人口（万）	城镇人口比例（%）
1751	739	165.7	22
1801	1075.5	348.8	32
1851	2087.9	1119.4	54

资料来源：P. Deane and W A. Cole, *British Economic Growth 1688 - 1959*: *Trends and Structure*, Cambridge: Cambridge University Press, 1967, p. 6; B. R Mitchell, *Abstract of British Historical Statistics*, Cambridge: Cambridge University Press, 1971, p. 9.

① P. J. Corfield, *Impact of English Towns 1700 - 1800*, *Table I.* Oxford: Oxford University Press, 1982.

② C. M. Law, "The Growth of Urban Population in England and Wales 1801 - 1911", Table XI, *Transactions of the Institute of British Geographers*, No. 41, 1967, pp. 125 - 143.

③ A. F. Weber, *The Growth of Cities in the Nineteenth Century*, *A Study in Statistics*, New York: General Books LLC, 2010, p. 46.

表 1－5　　1801—1851 年布莱克本、普雷斯顿、博尔顿的人口增长状况

城镇	人口数量＼年份	1801	1811	1821	1831	1841	1851
布莱克本	城镇居民	11980	15083	21940	27091	36629	46536
	教区人口	33631	39899	53350	59791	71711	84919
普雷斯顿	城镇居民	11887	17065	24575	33112	50131	68537
	教区人口	14300	19528	27300	36336	53482	72136
博尔顿	大博尔顿区居民	12549	17070	22037	28299	33449	39923
	小博尔顿区居民	4867	7079	9258	12896	15707	19888
	教区人口	29826	39701	50197	63034	73905	87280
总计		119040	155425	208657	260559	335014	419219

资料来源：*Census of Great Britain*, 1851, *Population Tables*, *Division VIII*, London, 1852。

随着城市化进程的推进，城市也成为渴望获得自由和机遇的人们的理想之所。如，皮尔斯·艾甘（Pierce Egan）在《汤姆和杰瑞：伦敦的生活》中写道：

> 伦敦是天才的梦想之境——它是进取者、冒险者、懦弱者最可信赖的福地……没有任何地方能够比在伦敦获得如此成功辉煌的未来；没有任何地方能够令他如此自由地表达爱慕之情。……这是一个包罗万象的城市，任何宗教信仰、道德习惯，任何教派的人们都能够找到并发展他的兴趣和潜能。①

① P. Egan, *Tom and Jerry*, *Life in London*, London, 1869 (Montana: Kessinger Publishing LLC, 2010), pp. 48－51.

与城市化随同而来的是 19 世纪英国城镇社会结构与关系的变化。19 世纪前期，两位作者以截然不同的方式描述了英国城镇的社会关系。1821 年，苏格兰教会牧师托马斯·查默斯（Thomas Chalmers）这样写道：

> 在省会城市，巨大的人口数量直接决定了这些地区富有居民。正是领取年金者，地产所有者，律师和其他专业人员通过消费和支出给予了大量的国内工业以强大的推动力；调查劳动阶级生活和工作状况就会发现，正是他们满足了城市社会上等阶层对于服务和奢侈品的需求。这就在整个社会人口中形成了两个截然对立的阶级。在工业城镇，贫困者和富有者被相互隔离。实际上他们经常碰面，但是其对立的情绪远甚于友好的相互支持的态度。当一个富有的顾客叫一个工人到他面前，只是为了满足其个人的需求而为这个工人提供一份工作，后者的感受肯定不同于前者，对这个工人来说，这是一种资本主义交易，获得他的廉价劳动和解雇他是不需要他同意的。①

他的经验来自爱丁堡和格拉斯哥，但是同样也适合于牛津和巴思以及像利兹和曼彻斯特这样的工业城镇。查默斯认为，城镇中不同的经济和社会结构导致不同社会关系的产生。② 换言之，特定的经济结构，市场关系和生产关系，提供了解释或至少塑造了不同的文化结果的状况。查默斯的著作主要是出于对宗教关系、贫困和社会无序状况的忧虑。他把城镇看作不断产生新的社会问题的场所，同时也认为有德性的人的思考会提供解决这些问

① T. Chalmers, *The Christian and Civic Economy of Large Towns*, vol. 1, Edinburgh, 1826 (Montana: Kessinger Publishing LLC, 2007), pp. 27 - 29.

② R. J. Morris, "Structure, Culture and Society in British Towns", M. J. Daunton, ed., *The Cambridge Urban History of Britain*, *vol.* 3, Cambridge: Cambridge University Press, 2000, p. 396.

题的方法。

来自西英格兰的新教牧师，公理教联合会学者罗伯特·沃翰（Robert Vaughan）与查默斯的观点截然不同。在其 1843 年出版的《伟大城市时代》中，他把城市看作自由和进步的场所，是“市民和封建制度进行斗争”的组成部分。[1] 对于为何如此，他有着鲜明的观点。他认为知识的传播是自由意识形成的关键因素，城市为出版事业的发展提供了空间。[2] 知识刊物的出版发行为优秀的具有抽象研究能力的学者提供了资源和信息，从而促进了城市中艺术和科学的繁荣。越是持续的和多元化的研究越能促进知识的积累和人们的聪明才智。城市劳动力市场是自由的另一个源泉，当“贫困者对富有者的依赖越少，工人对雇主的依赖也就越少”[3]。并不是沃翰比查默斯对城市生活的态度更为乐观，而是他的整个论证的结构和角度不同。沃翰预见到后来的社会学家将会呼吁一种来自此类社会关系的“城市生活方式”[4]。在一般意义上，城市为自由、选择、财富和进步创造了有利的环境。尽管他承认阶级冲突和财富不平等，但是沃翰的思想是一种理性的、承认个体差异的而非等级制的社会思想。封建主义和阶级的不平等将会随着脑力劳动和城市交往而弱化。城市所塑造的社会关系与现代性是一致的。查默斯和沃翰试图探寻和理解英国城镇发生的变化的著作，引发了后来学者关于英国城镇的社会结构和文化的本质与关系的广泛而持久的讨论。[5]

---

① Robert Vaughan, *The Age of Great Cities*, London, 1843 (Shannon: Irish University Press, 1972), p. 2.

② Ibid, p. 82.

③ Ibid, p. 146.

④ Louis Wirth, *Louis Wirth On Cities and Social Life*, Chicago: University of Chicago Press, 1981.

⑤ M. Savage and Alan Warde, *Urban Sociology, Capitalism and Modernity*, New York: Palgrave Macmillan, 2003; Gunther Paul Barth, *City People: The Rise of Modern City Culture in Nineteenth Century America*, Oxford: Oxford University Press, 1980; M. Berman, *All That Is Solid Melts into Air: the experience of modernity*, New York: Simon and Schuster, 1982.

19 世纪英国的工业化和城市化以及城镇社会关系的变化为自愿社团的发展提供了现实的社会基础。由于城市处于人口聚集和文化发展的核心位置，这意味着越来越多的城市拥有足够规模的人口和多样化的社会资源来组织各种类型的社团。人口的快速增长使得具有共同利益和身份认同的人们逐渐聚合在一起，他们发现团体的力量有助于他们的共同目标的实现。城市作为重要的精英文化和风尚流行中心有助于城市自由公共空间和文化氛围的形成，为自愿社团提供了更多的活动场所和宽容的社会环境。城市经济的繁荣带来了人们可支配收入的增加，为自愿社团活动提供了更为充足的资金来源。同时，人口增长和城市繁荣也带来了更多的“社会困惑”，使得中产阶级纷纷加入社团组织以标识自己的社会身份和地位。

最后，城市化进程中逐渐暴露出的各种社会问题，是 19 世纪中产阶级自愿社团发展的直接动力。不断增长的城市人口规模和密度，对食物和工作的需求以及大量的移居者涌入城市导致许多新的问题。由于城市急速扩张，人口和经济活动大量聚集于城市，与原本有限的城市资源发生了矛盾，导致这些工业城镇出现了污染、卫生、住房和犯罪等社会问题。城市人口的急剧膨胀也给原有城市基础设施带来巨大压力。19 世纪 40 年代以前，在城市治理方面，英国采取的是城市自治和自由放任的政策，一般由市民和企业治理，中央政府很少干预。自治市、改善委员会和教区委员会负责城市的卫生工作，主要是清扫街道和清除垃圾等，供水则由企业实行营利性经营。城市卫生治理基本上处于无序的状态，缺乏统一指导和管理，既没有公共卫生管理机构，也没有可依据的法律条例。

与此同时，在物质生产发展和各种社会思想观念的相互作用下，日益发展的各种社会势力形成了对现行社会秩序的挑战。老一代的城市居民面临着从对乡村和小城镇生活的习惯到对大城市生活的适应的问题。技术进步的速度不断加快，由此导致劳动力市场的人口压力增加，使许多群体如手织机工人、制钉工人和制陶工人在社会地位和经济收入方面急剧下降。在整个工业革命时期，不断增长的雇佣工人和工资收入者面临着糟糕的工作环境和失控的工厂纪律以及不断加强的劳动强度的折磨。学者们如亚当·斯密和约翰·密尔所提倡的经济自由、权利平等、个人利益等思想观念，也在持续地侵蚀着基督教贵族的等级制度和家长制价值观念。

在“自助”与“互助”的传统思想影响下，大工厂主、小店主和专业人员等中产阶级认为他们对无数的城市事务负有不可推卸的责任，随之联合起来共同面对城市和工业发展提出的新问题，如，如何获得和确保他们的社会声望，如何使他们的社会、经济、政治权力和特权免于疾病、食物短缺、犯罪、公共秩序混乱、劳工组织和激进意识以及政治行动的威胁。不断发展的自愿社团网络就是应对这种社会形势的一种有效手段。

二　英国中产阶级的崛起

工业化带来的产业结构变革以及城市化进程中社会阶层自由流动的增强，为19世纪英国中产阶级的发展和壮大提供了条件，从而为英国自愿社团的繁荣与发展创造了领导者和主体力量。据鲁宾斯坦研究，维多利亚中期的人口中有15%—20%的人属于中产阶级。[①] 1841—1881年，除了原有的专业人员外，商店职员、会计师和银行家增加了50%，批发商和零售商几乎增加了一倍。商业机关和行政机关的白领占就业人员的总数从6.3%增长到10.3%。[②] 英国人口普查资料显示，1851年英国有律师18422人，医生22383人，至1891年，仅英格兰和威尔士，这两类专业人员已分别上升

---

① W. D. Rubinstein, *Britain's Century: A Political and Social History 1815－1905*, London and New York: Arnold, 1998, p. 290.

② John K. Walton, *The English Seaside Resort: A Social History 1750－1914*, Leicester: Leicester University Press, 1983, p. 24.

到 47518 人和 85235 人。①

我们以布莱克本、博尔顿、普雷斯顿三个城镇为例，考察 18 世纪末以来至 19 世纪英国中产阶级崛起的状况。

作为兰开夏郡棉纺织工业的领跑者，布莱克本、博尔顿和普雷斯顿这三个城镇中那些自命不凡的棉纺织业巨子、多元化的专业人员以及商人等代表了英国城镇中产阶级兴起的典型形象。1787 年关于工厂主和商人情况的“汤尼克利夫名录”（Tunnicliff’s Directory）列举了普雷斯顿、布莱克本和博尔顿中产阶级的职业状况。在布莱克本有 17 名棉纺织工厂主；博尔顿有 33 名粗斜纹布工厂主。在普雷斯顿，由于其生产经营的多样性，名录记载了这里的 5 名葡萄酒商、4 名亚麻布商人、1 名酿造厂主、1 名棉布印染业合股者和 1 名木材商人。② 随着普雷斯顿工厂制造业的发展，服务性专业人员尤其是律师开始增多。沃尔德（Wardle）和普拉特（Pratt）于 1817 年编制的商业名录展现了专业人员、工厂主和商人等中产阶级的职业分布（见表 1－6），也体现了博尔顿棉纺织业的繁荣。

表 1－6　**1816 年三个城镇的中产阶级的职业状况**

职业类别	人数 / 城镇	布莱克本	博尔顿	普雷斯顿
专业人员	律师（或代理人）	10	12	35
	专门律师	0	0	3
	内科医生	0	0	7
	外科医生	6	6	7
	土地测量员	0	0	3

① *Census of Great Britain*. 1851. *Population Tables II*, *civil condition*, *occupations*, *and birth－place of the people*, *Vol. I*, London, 1854; *Census of England and Wales*, 1891. *ages*, *condition as to marriage*, *occupations*, *birth－place*, *and infirmities*, *Vol. III*, London, 1893.

② William Tunnicliff, *A Topographical Survey of the Counties of Stafford*, *Chester and Lancaster*, Nantwich: Printed and Sold by E. Snelson, 1787, pp. 96－97, 101－102.

续表

职业类别 \ 人数 \ 城镇		布莱克本	博尔顿	普雷斯顿
工业生产者	纺织业工厂主	83	154	34
	漂白工厂主	5	17	1
	棉布印染工厂主	12	3	2
	铸铁工厂主	3	4	3
	机械制造厂主	0	7	5
	浓硫酸制造厂主	0	3	0
	造纸工厂主	0	6	0
	啤酒酿造者	3	1	0
总计		122	213	100

资料来源：Wardle and Platt, *The Commercial Directory of 1816 - 1817*, Manchester, 1817。

据 1851 年英国人口普查资料，博尔顿、布莱克本和普雷斯顿三个城镇 20 岁及以上年龄的男性职业人口分别为 20228 人、22612 人和 21565 人。① 表 1.7 反映了 19 世纪中期中产阶级男性的职业分布状况和各类专业人员的增长。据此，我们可以估算出，博尔顿、布莱克本和普雷斯顿三个城镇的中产阶级在职业人口中所占的比例分别约为 10.9%、7% 和 11.2%。

这些中产阶级究竟来自哪个社会阶层？霍布斯鲍姆认为："他们是白手起家者，或者至少是出身平凡的人，他们极少得到出身、家庭或正规高等教育的庇荫。" "他们是'严苛的'不信国教者——清教异端中的独立派、唯一神派、浸信会和教友派。" "他们对无用的贵族充满蔑视，并认为依靠工资收入的劳动者之所以无法

① *Census of Great Britain*, 1851. *Population Tables II*, *civil condition*, *occupations*, *and birth - place of the people*, *Vol. II*, London, 1854.

表 1－7　1851 年三个城镇中产阶级男性职业人口状况　（单位：人）

职业		博尔顿	布莱克本	普雷斯顿
工厂主		395	232	359
银行家		3	3	4
专业人员	政府职员	152	78	158
	军职人员	139	97	194
	神职人员	83	72	86
	律师	65	54	116
	医生和药剂师	113	80	102
	知识分子	218	176	241
	建筑师	7	13	24
	土地测量员	9	2	5
	会计师	111	10	15
	证券经纪人	6	3	15
商人	大商人	80	119	187
	书商、出版商	74	53	124
	运输业主	280	163	181
	小店主	165	23	75
其他职业者	制表匠	26	23	27
	手工艺人	179	195	233
	土地所有者	16	24	59
	房东	38	28	38
	旅馆经营者	53	126	170
总计		2212	1574	2410

资料来源：*Census of Great Britain*, 1851. *Population Tables II, Civil Condition, Occupations, and Birth－place of the People*, Vol. II, London, 1854。

进入中产阶层是因为他们愚蠢、懒惰或堕落。”① 白手起家者成功的范例，或从乞丐到富翁的神话并非完全都是虚构的。在一定程度上，中产阶级经历了长期的自我奋斗方在社会阶梯上崛起。如，约翰·默瑟（John Mercer，1791—1866）在其父亲去世后做了一名手摇纺织机工人。后来成为一名成功的化学工业家，是福特家族奥肯肖印花厂的股东和皇家学会成员。詹姆斯·凯·沙特尔沃思先生（James Kay - Shuttleworth）曾在奥尔德姆科学和艺术学院的演讲中把默瑟作为值得效仿的榜样推荐给听众：

> 他是一名手摇纺织机工人的儿子，在粗陋的乡间农舍里度过了衣食无着的童年和青年时期。他唯一的学校就是家乡的山涧溪流和山岗旷野的自然景色。在贫困挣扎中，他失去了父亲。但是苦难的生活更激发他对知识的渴求……在他的生命中有许多值得你们效仿的美德。他是一位率真、持重、虔诚而温和的绅士；他的睿智思想和幸福生活抚平了曾经历的沧桑悲苦的伤痛。②

在1857年布莱克本镇区公园开放典礼上，一位工厂主，奥尔德曼·约翰·贝恩斯（Alderman John Baynes）谈及城镇中几位有影响力的大工厂主：在贝恩斯住所的右边，是由威廉·埃克尔斯（William Eccles）建造的豪宅，少年时代他受雇于一个货栈，通过勤奋和坚持不懈的努力他先成为一名律师，后来又投资棉纺织业；在城镇中心，最大的一家工厂是罗伯特·霍普伍德（Robert Hopwood）创建的，事业获得成功之前，他在一家规模极小的棉纺织工厂工作；在贝恩斯的左边是皮尔金顿兄弟詹姆斯和威廉的住宅和工

① ［英］艾瑞克·霍布斯鲍姆：《革命的年代：1789—1848》，王章辉等译，江苏人民出版社1999年版，第246—247页。

② R. S. Crossley, *Accrington Captains of Industry*, Accrington: Wardleworth, 1930, pp. 30 - 39.

厂，他们曾分别担任下院议员和镇长，他们的父亲是布莱克本书商。“所有这些值得效仿的榜样的成就，只要通过增长学识，培养毅力、勤奋和良好的品行，任何人都可以获得，成功之门向所有人开放。”[①] 除上述典型代表之外，还有许多来自社会下层的自我奋斗成功者。如，布莱克本的工厂主约翰·达格代尔（John Dugdale）是一位普通士兵的儿子，他最初的工作是在班克翻砂厂做粉碎工；布莱克本的棉纺织厂主罗伯特·霍普伍德（Robert Hopwood）是来自克罗瑟奇的一名普通工人；洛厄豪斯工厂主纳撒尼尔·达格代尔（Nathaniel Dugdale）是大哈伍德一名鞋匠的儿子；东兰开夏工厂主詹姆斯·布洛（James Bullough）曾是一名手摇纺纱机工人；布莱克本的啤酒酿造者詹姆斯·坎宁安（James Cunningham）曾是菲尼斯克勒斯庄园的男管家；1866 年以 14 万英镑购得德台伯里地产的工厂主亨利·沃德（Henry Ward）曾是一名理发师学徒。[②] 这些人都经历了艰辛的自我奋斗，是社会下层向上流动的代表。

无疑，社会流动性对中产阶级的形成起着促进作用，但并非所有的中产阶级都来自社会下层。哈罗德·珀金（Harold Perkin）、安东尼·豪（Anthony Howe）、卡特丽娜·赫尼曼（Katrina Honeyman）和弗朗索瓦·克鲁泽（Francois Crouzet）以及其他学者，在研究中虽然认为社会流动性对中产阶级的形成有一定的影响，但也都比较谨慎地对待这一观点：许多白手起家者在某种程度上是以他们自己的财富积累为基础的，只有少数人从工人阶级中崛起。工业精英新秀们有着不同的社会背景，但是大多数都来自拥有相当资本

① Jr. John Thompson, “A History of the Public Park, Blackburn”, *Preston Guardian*, *Oct.* 24, 1857, p. 16.

② Albums Shaw, “John Dugdale and Sons, Iron – Founders”, *Blackburn Times*, July 19, 1830; Robert Hopwood, *Blackburn Times*, Dec. 2, 1833, Blackburn Reference Library, B920, “Our Portrait Gallery”, cuttings from Blackburn Weekly Telegraph, c. 1888, pp. 51 – 52; R. S. Crossley, *Accrington Captains of Industry*, Accrington: Wardleworth, 1930, p. 86; William Alexander Abram, *Parish of Blackburn*, *county of Lancaster*: *A History of Blackburn*, *Town and Parish*, Blackburn: Blackburn J. G. & J. Toulmin, 1877 (New York: General Books LLC, 2011), p. 197.

积累的家庭。[①] 例如，在以1787年科尔霍科恩调查（Colqhoun's Survey）为基础研究兰开夏阿克赖特型纺纱厂的过程中，赫尼曼发现29%的工业家有上层精英社会背景（大土地所有者、大商人或专业人员），64%来自独立工匠、零售商或约曼农，只有4%来自依靠周工资收入的熟练工人或小地主，3%来自半熟练工人或农业劳动者。其中大多数工业家都是以生产粗斜纹布起家的。尽管小型工厂的启动资金只需要数百英镑，但是维持工厂运转所需的购买原材料的大笔资金和信贷业务的滞后性也使得工厂举步维艰。她发现，那些出身卑微的工业家都是通过结交对其有帮助的朋友或内部晋升（从工人到管理者再到企业的股东）而获得成功的。[②]

就布莱克本、博尔顿和普雷斯顿这三个城镇的实际状况而言，确有相当一部分中产阶级出身于拥有一定资本积累的家庭。一些工业领袖是约曼农或小土地所有者的儿子或后代，如，皮尔家族（the Peels）的合伙人，威廉·耶茨（William Yates）是布莱克本约曼农的儿子；博尔顿的工厂主托马森（Thomasson）、坎农（Cannon）和哈斯拉姆（Haslam）；布莱克本和达温的工厂主埃克尔斯（Eccles）和肖罗克（Shorrock）等来自小土地所有者家庭。[③] 也有一些人通过酒水贸易、旅馆经营等商业活动积累资本。博尔顿的一些工厂主，如，约翰·迪安（John Dean）是怀特啤酒酿造者的儿子；詹姆斯·阿罗斯密斯（James Arrowsmith）在继承父亲的家居用品工厂之前曾经营一家小酒馆。博尔顿律师托马斯·利弗·拉什

① Katrina Honeyman, *Origins of Enterprise: Business Leadership in the Industrial Revolution*, Manchester: Manchester University Press, 1982; Francois Crouzet, *The First Industrialists: The Problem of Origins*, Cambridge: Cambridge University Press, 2008.

② Katrina Honeyman, *Origins of Enterprise: Business Leadership in the Industrial Revolution*, Manchester: Manchester University Press, 1982, pp. 61 – 63, 81 – 82.

③ William Alexander Abram, *Parish of Blackburn, county of Lancaster: A History of Blackburn, Town and Parish*, Blackburn: Blackburn J. G. & J. Toulmin, 1877 (New York: General Books LLC, 2011), pp. 390, 409, 475, 508, 544; "Sketches in Local History", *Preston Guardian*, Vol. II, Feb. 2, 1880. R. S. Crossley, *Accrington Captains of Industry*, Accrington: Wardleworth, 1930, pp. 5, 41.

顿（Thomas Lever Rushton）的父亲也是一位律师；博尔顿银行家和工厂主托马斯·哈德卡斯尔（Thomas Hardcastle）的父亲是一位铁匠，他的兄弟是博尔顿的旅馆经营者。[①] 也有一些工业家是专业人员的儿子——博尔顿的棉纺织工厂主的博林兄弟（the Bolings）的父亲是外科医生；普雷斯顿的工厂主约翰·斯温森（John Swainson）和乔治·杰克逊（George Jacson）的父亲是牧师。也有一些企业家曾从事其他职业，如布莱克本的工业领袖威廉·埃克尔斯（William Eccles）曾是一名律师，托马斯·达格代尔（Thomas Dugdale）曾是一名外科医生。许多当地的工业领袖在创业时期，是以其父辈和祖辈的小规模经营积累的资金为基础的：如，博尔顿的棉纺纱工厂主，彼得·奥姆罗德（Peter Ormrod）的祖父曾经营磨坊和梳毛工厂，彼得·马丁（Peter Martin）是小工厂主的儿子；博尔顿的铸铁工厂主彼得·罗斯韦尔（Peter Rothwell）是木材商和建筑商的儿子；博尔顿的制革工厂主威廉·沃克（William Walker）的父亲是达林顿的制革商；布莱克本的铸铁工厂主约瑟夫·哈里森（Joseph Harrison）是纽卡斯尔采矿工程师的儿子；布莱克本的工厂主皮尔金顿（Pilkington）兄弟詹姆斯和威廉的父亲是布莱克本书商，后来成为棉纺织品商人；布莱克本的工厂主刘易斯（Lewis）兄弟詹姆斯和托马斯的父亲是小零售商；布莱克本的商人兼工厂主伯蒂·马克兰（Bertie Markland）的父亲是曼彻斯特商人；布莱克本的啤酒酿造商小丹尼尔·思韦茨（Daniel Thwaites Jr.）的父亲是来自坎伯兰郡的啤酒酿造税收员；布莱克本的外科医生约瑟夫·兰开斯特（Joseph Lancaster，曾做过棉纺纱工人）的父亲是外科医生兼药剂师；普雷斯顿的金线工厂主兼棉纺纱工厂主艾萨克·辛普森（Isaac Simpson）是制表匠的儿子；普雷斯顿的亚麻纺纱工厂主托马斯·克劳奇·欣可斯曼（Thomas Crouch Hincksman）是布商的儿

① Benjamin Thomas Barton, *Historical Gleanings of Bolton and District*, Bolton: Bolton Daily chronicle office, 1882 (British Library: Historical Print Editions, 2011), pp. 27 – 29, 276 – 277.

子，等等。①

尽管这些工业家几乎都是来自有一定经济基础的家庭，但是在其一生的转折时期或一两代人中总有一些起伏较大的变化。如，从约曼农阶层崛起的罗伯特·皮尔到他的儿子下院议员小罗伯特·皮尔先生时代，这个家族积累了巨额财富；约翰·霍罗克斯（John Horrocks）也曾是一名约曼农，后来通过自我奋斗成为采石场主，创办了几家工厂，建造了一座豪宅，在 1804 年去世前还被选举为普雷斯顿在下院的议员。

毋庸置疑的是，无论是一无所有的白手起家者还是依助于家庭资本积累而事业有成者，这些中产阶级都曾经历过一个时期艰辛的自我奋斗历程。他们获得成功之后，可能在城镇中较好的地段有一处体面的住宅，在当地的政治、经济和社会生活中扮演着重要的角色。但是能够生活在郊区豪宅中，与名流士绅欢谈畅饮，在郡政中有一席之地，并不仅仅是因其社会声望和巨额财富，还因其在各类捐助名册和自愿社团中处于首位，在大多数情况下都是如此。

这个群体在城镇社会经济生活中扮演着领导者的角色，他们热衷于资本积累和自我完善，有相似的生活方式和文化认同。随着工业革命的开展，个人和社会财富不断增长，刺激了中产阶级广泛的攀比性消费。以休闲为目的而修建的公共建筑，如收费性会所（Assembly Room）中的中产阶级成员日益增多。以伦敦为中心的印刷出版业的发展，再加上地方新闻业的扩张，都促进了中产阶级对流行话题的追逐和对国内政治的日益关注，他们开始对政治体制的腐败表现出不满和对抗，通过建立社团组织对政治问题进行自由的

① William Alexander Abram, *Parish of Blackburn*, *county of Lancaster*: *A History of Blackburn*, *Town and Parish*, Blackburn: Blackburn J. G. & J. Toulmin, 1877 (New York: General Books LLC, 2011); Lewis family, Blackburn Times, Feb. 10, 1834; T. R. Gourvish, The British Brewing Industry, 1830 – 1980, Cambridge: Cambridge University Press, 2009, p. 332; Stephen Simpson, *Records of an Ancient Yeoman Family of the West Ridding of Yorkshire* 1544 – 1922, Derby and London, 1922, p. 24; Rev. William Kirkman, *The Memorials of Mr. Thomas Crouch Hincksman*, London, 1885, p. 3.

讨论和分析，并积极致力于政治参与。工业化和城市化进程中暴露出的各类社会发展问题，使中产阶级日益感觉到了其对经济发展和社会稳定的威胁。

因而，中产阶级的社会责任感、宗教热情和市民自豪感，以及出于对自身利益的考虑和对社会动荡的忧惧，促使他们成立了以实现经济、政治、慈善、宗教、文化教育等目的的自愿团体。自愿社团组织与城市权力机构如教会、市政机关结合在一起相互配合，不仅避免了城市官方机构的弊病，同时也避免了对大多数城市中产阶级来说不受欢迎的国家权力的增强。

综上所述，19 世纪英国中产阶级自愿社团的兴起是英国悠久的结社传统、深厚的自由思想、急速的社会变革以及满怀社会责任感的中产阶级的崛起等综合因素共同影响的结果，是处于快速社会和经济变迁之中的城市精英持续兴起的一个重要标志，也是广泛的社会领域内中产阶级身份认同的基础。它们能够使中产阶级精英阶层在城市生活中显示其政治、经济力量和社会声望。中产阶级在自愿社团的自治实践中构建起相互信任、合作和互惠的社会网络。一方面，中产阶级通过自愿社团积极地参与公共事务的商议和解决，弥补了国家治理的缺位；另一方面，自愿社团的自治实践培养了中产阶级的自治能力和自律习惯，从而将“市民”们的参与范围逐步扩展，使得自愿社团超越了最初的组织目标，不仅客观上起到了自我管理和社会治理的作用，而且还为市民社会与政治国家的良性互动以及英国的政治民主化提供了社会基础和文化氛围。正是由于中产阶级领导的自愿社团所拥有的诸种社会功能和影响，激起了笔者从微观角度并以动态和静态相结合的研究方法，探索中产阶级自愿社团内部管理运行及与国家形成良性互动的外部联系的兴趣。

第二章 19世纪英国中产阶级自愿社团的组织类型与活动

自愿社团从自身内涵到外在表现形式都是丰富多彩的。19世纪英国中产阶级民众领袖，小爱德华·贝恩斯（Edward Baines, junior），1843年这样描述了自愿社团的发展：

> 我也许生活在许多为传播知识和施与慈善而组织的机构和社团之中，这些社团在现在或以前已经兴起，并在许多工业城镇和乡村非常活跃——例如，技工社团、文学社团、流动图书馆、青少年保护社团、友谊社、禁酒社团、医药慈善社团、服装社团、慈善和地方旅游社团——近五十个各类社团都是在近期建立的。①

为便于研究分析，有学者依照一定标准对社团组织做了大致的分类。如，以其所涵盖的区域划分，有专门的地方性社团，也有具有国家取向和国家成员资格的社团；从活动涉及领域看，包含一切具有组织社会活动能力的社团；就类型而言，大体包含文化娱乐类、教育研究类、卫生保健和社会服务类、环境类、发展和住宅类、法律政治类、慈善中介和志愿促进类、宗教类、商业和职业协

---

① Jr. Edward Baines, *The Social, Educational and Religious State of the Manufacturing Districts*, London and Leeds, 1843 (New York: General Books LLC, 2012), pp. 28-62.

会类以及其他组织等。[1] 笔者主要以布莱克本、博尔顿和普雷斯顿三个城镇数量众多的自愿社团为例，根据 19 世纪英国中产阶级自愿社团的活动宗旨和社会功能，参照学者们通常使用的分类标准，将其大致分为经济社团、政治社团、文化社团、慈善社团和宗教社团五个类别，对各个类型社团的活动情况和城镇中产阶级的参与情况进行说明和介绍。同时，根据所掌握资料对 19 世纪英国妇女团体的活动状况进行简要介绍，以较充分地展现 19 世纪英国中产阶级自愿社团发展与繁荣的景象。

第一节　经济社团

布莱克本、博尔顿和普雷斯顿三个城镇中会员人数最多、最普遍的自愿社团是那些以增进共同经济利益或行业团结为目的的社团。在 18 世纪末以来的工业化和城市化进程的历史环境中，三个城镇的中产阶级为积极应对经济和社会发展需求并谋求自身经济利益和获得社会声望，成立了各类经济型社团组织，如，以修筑铁路、完善公共设施、保护个人财产等为目的的社团。

一　为修建铁路而成立的经济社团

19 世纪英国社会经济发展、思想传播的关键是跨地区铁路交通运输网络的发展。这种交通网络体系的建立和完善，在任何时代或任何国家都是史无前例的。它极大地方便了人员流动，并降低了商业贸易流通的成本，有助于国家和个人财富的积累。各地区之间密切而频繁的交通联系，也有助于促进社会交往和思想交流。同时，交通系统改善带来的其他益处也是巨大的。大多数小城镇的铁路建设工程需要当地资产者的财力支持，他们的资金是否允许以及能否与难以对付的土地所有者和各种利益团体达成协商并获得使用

① 王名：《民间组织通论》，时事出版社 2004 年版，第 18—19 页。

土地的许可，都会对铁路的修建产生直接的影响。在政治立场和宗教信仰各异的中产阶级与土地贵族之间形成相对一致的认识，是比较困难的。土地贵族和中产阶级精英都会从自身利益的角度考虑是否以及如何对铁路建设予以支持。因此，为协调各方利益并筹措资金，城镇中产阶级成立了以修建铁路为目的的自愿社团，组织实施了多条铁路修筑计划。

三个城镇中首先修筑铁路的是博尔顿。1824 年，博尔顿的商人、工厂主和小店主为修筑从博尔顿到利（Leigh）煤矿区的铁路线，成立了筹措资金和协调各方关系的自愿组织，在这个团体的大力支持下，这条铁路于 1825 年开工建设，并于 1829 年开通运行。[①] 1831 年在肯尼恩（Kenyon）修建的联结曼彻斯特和利物浦的铁路工程吸引了大批利物浦和曼彻斯特公司的股份持有人。[②] 1830 年 9 月，博尔顿运河公司计划修筑联结曼彻斯特、博尔顿和伯里运河航道的铁路线。这项工程将穿过布雷德福德伯爵的许多地产以及他的煤矿、漂白厂和硫酸厂等企业。出于个人和城镇商业利益的考虑，在尽可能减少对其地产的破坏的前提下，布雷德福德伯爵支持了这项修筑计划。在资金和各项准备工作完成之后，1838 年 5 月，这条铁路开始修筑。[③]

普雷斯顿的铁路建设在三个城镇中发展最快。1830 年，在帕克赛德（Parkside）开始修筑联结威根（Wigan）、曼彻斯特和利物浦的支线，随后这条铁路就作为北部联合铁路公司的一部分延伸至普雷斯顿。这条铁路于 1838 年建成，共花费 50 万英镑，并动用了

① Lois Basnett, "The History of the Bolton and Leigh Railway Based on the Hulton Papers (1824 - 1828)", *Transactions of the Lancashire and Cheshire Antiquarian Society*, LXII, 1950 - 1951, pp. 157 - 58, 164 - 65, 174.

② *Public Record Office*, DDHu 6/1, 2, 4 - 6, 12, 17, 18, 20, 21.

③ John Marshall, *The Lancashire and Yorkshire Railway*, Newton Abbot: David & Charles, 1977.

3000 名海军参与里布尔铁路大桥的修建。[①] 19 世纪 30 年代中期还有四条以普雷斯顿为中心的铁路线路建设。第一条是普雷斯顿和朗里奇铁路公司于 1835 年开始建设，1840 年 1 月开通的贯穿朗里奇的铁路。[②] 第二条是彼得·赫斯基思·弗利特伍德（Peter Hesketh Fleetwood）在怀尔河口码头领导修筑的联结普雷斯顿和里布尔海军基地的线路。1834 年 10 月弗利特伍德在普雷斯顿主持召开会议，工程师乔治·兰德曼（George Landmann）估计工程造价大约为 13 万英镑。项目发起人和主管弗利特伍德在沿铁路线有许多地产和工厂。城镇中许多中产阶级的工厂和土地所有者的地产也在铁路穿过的区域：如，亨利·托马斯·斯坦利、克劳顿的菲茨赫伯特·布罗克霍尔斯（Fitzherbert Brockholes）和帕勒科斯的丹尼尔·埃尔特森（Daniel Elletson）的庄园，柯卡姆的托马斯·伯利、彭沃瑟姆的威廉·马歇尔（William Marshall）、查尔斯·斯温森（Charles Swainson）、约翰·佩利（John Paley）、托马斯·佩蒂（Thomas Petty）、托马斯·特劳顿（Thomas Troughton）等的工厂和地产。这项工程得到普雷斯顿中产阶级和土地所有者的支持，1835 年，怀尔铁路修筑计划获得通过。[③] 1836 年 11 月，在弗利特伍德主持下，普雷斯顿和怀尔铁路公司成立。公司最初的 12 名管理者除弗利特伍德、约翰·劳（John Lawe）和威廉·泰勒（William Taylor）外，其他人都来自普雷斯顿以外地区：6 人来自伦敦，2 人来自利物浦，1 人来自雅茅斯，所以这不是一个由当地精英组成的团体。铁路于 1840 年 7 月 15 日开通，在一段时间内，它是通往苏格兰的西部主干道。第三条铁路是最为成功的铁路线之一，它是联结伦敦和格拉斯哥的西部主干道。1836 年 4 月在兰开夏会议上开始筹建。最初

---

① *Minutes of Directors of Preston and Wigan Railway Company*, Aug. 5, 1831, June 4, 28, 1838, Public Record Office, RAIL 534/4.

② N. Parker, *The Preston and Longridge Railway*, Lingfield: Oakwood Press, 1972, pp. 4 – 7.

③ Catherine Rothwell, *A History of Fleetwood – on – Wyre 1834 – 1934*, Unpubished Fellowship of the Library Association thesis, Fleetwood Public Libraries, 1974.

的主管方是兰开夏镇长和乡绅，其目的是促进普雷斯顿的商业贸易。公司同意与北部联合铁路公司和普雷斯顿与怀尔铁路公司合作，从兰开斯特运河公司购买土地。① 第四条铁路是博尔顿精英阶层筹集资金修筑的博尔顿至普雷斯顿的铁路。其目的是把曼彻斯特、博尔顿和伯里联结在一起，在埃克斯顿形成与北部联合铁路的交会。这个项目在 1831 年就已经开始筹划，但因种种原因无果而终。1836 年 4 月，在爱德华・博林（Edward Bolling）组织下，成立了一个临时筹建委员会，开始第二次尝试。这个委员会的成员包括：曼彻斯特的小理查德・巴罗（Richard Barrow Jr.）、斯蒂芬・布莱尔（Stephen Blair）、爱德华・博林、本杰明・多布森（Benjamin Donson）、詹姆斯・哈德卡斯尔（James Hardcastle）、约翰・哈格里夫斯（John Hargreaves）等。5 月，委员会又接受了来自其他城镇和地区的资助者。1841 年底，博尔顿至乔利的铁路完工，沿线的煤矿用火车将其出产的煤炭运至博尔顿和曼彻斯特。②

二　为完善公共设施而成立的经济社团

第二类经济社团是以实现公共利益、完善公共设施为目的的组织，如煤气灯公司、自来水公司和公共浴室公司等。

普雷斯顿是较早以煤气作为照明燃料的城镇，主要原因在于天主教牧师约瑟夫・邓恩（Joseph Dunn）的积极呼吁，以及普雷斯顿文学和哲学社团对新式照明工具的兴趣和需求。普雷斯顿文学和哲学社团成员在《普雷斯顿年鉴》（*The Preston Chronicle*）的主办者艾萨克・威尔科克森（Issac Wilcockson）的住所集会时，曾多次公开表示将给予公共事务更多的关注。1815 年，普雷斯顿成立了煤

---

① *Lancaster and Preston Railway Company Minutes*, Apr. 13 1836, Jan. 6 1837, Public Record Office, RAIL 347/1.

② *Bolton and Preston Railway Minute Book*, Apr. 11, 25, 28, Oct. 13, 27 1836, Bolton Archives and Local Studies, RR/4/1; Gordon Biddle, "The Lancaster Tramroad", part II, *Journal of the Railway and Canal Historical Society*, Vol. 9, No. 5, 1963, pp. 94, 96.

气灯公司，并选举产生了由专业人员、工厂主和零售商组成的公司管理委员会。牧师约瑟夫·邓恩，律师托马斯·巴蒂·阿迪森（Thomas Batty Addison）、小约翰·阿迪森（John Addison Jr.）、W. W. 费尔（W. W. Fell）和约翰·艾布拉哈姆（John Abraham），霍罗克工厂管理者威廉·泰勒（William Taylor），技术人员威廉·埃尔斯沃思（William Elsworth），以及化学家兼药剂师詹姆斯·芒西（James Mounsey）等中产阶级都是管理委员会的成员。1816 年 2 月，在获得管理委员会的许可之后，煤气灯首先用于街道、霍罗克和杰克逊的工厂的照明。[①]

1818 年 1 月 16 日，在艾布拉哈姆·丘（Abraham Chew）主持的集会上成立了布莱克本煤气灯公司，其目的是号召商业领袖投资于公共的或本企业的照明设施建设。委员会由任命产生，股份发行额为每股 10 英镑。为满足居民和公共设施要求，公司的管道铺设和用气量逐渐上升，1838 年布莱克本煤气灯公司经批准成为法人组织。股票持有者的投资得到了合理回报，至 1832 年总回报率为 5%，1835—1840 年逐渐增长到 7.1%，1841—1842 年则达到了 10%。[②] 博尔顿煤气灯公司也于同一时期成立，其第一次关于捐助者的会议记录始于 1818 年 2 月。1820 年公司获得法人资格，并逐渐扩展盈利。[③]

博尔顿的特顿（Turton）和恩特威斯尔（Entwisle）水库于 1832 年 4 月获得法人资格。这个水库的修建满足了布拉德肖河沿岸日益增长的纺纱厂、印花厂，尤其是漂白厂的供水。水库建设委

① Brian G. Awty, "The Introduction of Gas Lighting to Preston", *Transactions of the Historic Society of Lancashire and Cheshire*, Vol. 125, 1974, pp. 84 – 100.

② William Alexander Abram, *History of the Blackburn Gas – Light Company*, Blackburn: J. G. & J. Toulmin, 1879.

③ James Clegg, *The Bolton Gas Company, 1818 – 1872: An Historical Retrospect*, Bolton: Daily Chronicle Steam – Printing Works, 1872, pp. 8 – 36.

员会最初的成员主要是当地的土地所有者、工业家和股票持有人。[①] 布莱克本自来水公司于1845年7月获得法人资格。这个公司代表工厂主、商人和专业人员等精英阶层的利益。

公共浴室建设是公众逐渐认识到自我卫生保持重要性的结果。19世纪早期的浴室只需为公众提供清洁用水和肥皂。它也是一种投资和盈利的事业，如果能够吸引广大下层阶级使用公共浴室将会给投资捐助者带来经济收益。普雷斯顿公共浴室公司成立于1836年9月，每股10英镑，共4000英镑。成员包括：乔治·杰克逊、塞缪尔·哈洛克、小约翰·佩利、W. A. 赫尔顿、罗伯特·西格、弗朗西斯·斯莱顿、菲利普·阿迪森、亚历山大·穆尔、罗伯特·布朗、艾萨克·威尔科克森和约翰·阿特金森。[②] 博尔顿于1841年在罗伯特·海伍德主持下修建了公共浴室。其投资和捐助者主要有海伍德、詹姆斯·汤姆林森、本杰明·沃克、托马斯·杰克逊、威廉·A. 弗伦奇、弗雷德里克·布罗德本特、W. R. 杰克逊、托马斯·巴伦和J. A. 穆尔等人。[③] 博尔顿公共浴室在约翰·哈洛克·安斯沃思管理下直至1845年才正式开业，并根据阶级和性别划分使用区域，工人阶级使用最大的水池，绅士使用小水池，另外两个小水池分别由工人阶级妇女和上层妇女使用。[④]

三 其他各类经济社团

除了公共设施建设，城镇中产阶级的财富还投资于能够带来更大利润的事业。资本利润最大化吸引着各个领域的精英阶层。布莱克本证券交易所临时筹备委员会成立于1850年，这是一个为纺织业贸易提供融资渠道的股权交易项目，主要由本城镇的棉纺织工厂

---

① *Minutes of Commissioners of the Turton and Entwisle Reservoir*, May 9, 21, Sep., Dec. 26 1832, July 25 1836, Aug. 2 1843, Bolton Archives and Local Studies, UWT/1.

② Preston Chronicle, Sept. 3 1836, p. 1.

③ Bolton Free Press, May 1 1841, p. 2; May 8 1841, p. 2.

④ William E. Brown, *Buildings of Bolton*, Bolton: Bolton & District Civic Trust, 1983, p. 17.

主组成：威廉·费尔登及其儿子和公司、W. H. 霍恩比及其公司、埃尔克斯·肖罗克（Eccles Shorrock）、罗伯特·霍普伍德及其儿子、托马斯和理查德·埃尔克斯、约瑟夫·埃尔克斯、詹姆斯·福里斯特及其公司、皮尔金顿兄弟及其公司、威廉·埃尔克斯及其儿子。①

保险公司是重要的经济社团组织。如，布莱克本火灾保险公司1845 年 7 月注册时，每股价格为 25 英镑，共 50 万英镑资金。正是这种每年缴纳一定金额保费的保险公司使布莱克本及周边地区免于火灾带来的重大财产损失。随着城市化进程的加快，保险公司的范围经营和项目也随之扩大。如果保险公司的股票持有人能够得到固定的投资收益，将有助于提高保险费标准，“这种方式一旦实行，城镇居民将能够从其投资中获得收益”。社团临时委员会成员包括约瑟夫·费尔登、W. H. 霍恩比、约翰·福登·欣德尔、约瑟夫·埃克尔斯、威廉·埃克尔斯和小罗伯特·霍普伍德。②

商业游说团体在城镇中也很盛行。例如，布莱克本东印度协会，协会的目标是与利物浦和其他地区相似的社团联合起来，结束东印度公司对中国贸易的垄断地位，取消对在印度的英国定居点的限制，在印度发展教育和传播基督教。在 1832 年议会选举前举行的公共集会上，协会委员会成员威廉·费尔登、詹姆斯·皮尔金顿、小詹姆斯·皮尔金顿、威廉·埃克尔斯、弗朗西斯·斯金纳、豪尔、詹姆斯·坎利夫、威尔科克、斯帕罗、巴顿、雷思、G. 埃德蒙森、布瑞尔、奥尔德森、思韦特、汤利和索普等都为实现协会宗旨而奔走呼吁。③

在约瑟夫·费尔登的推动下，1846 年 9 月，为促进废除东印度公司盐业垄断地位的布莱克本协会成立。在成立典礼上，协会认为“东印度公司垄断了工业盐生产，不仅残酷榨取当地经济利益，而

① Blackburn Standard, July 17 1850, p. 1.

② Blackburn Standard, July 23 1845, p. 1.

③ Blackburn Gazette, Nov. 28 1832, pp. 1 – 4.

且也极大地伤害了大英帝国的工业利益”。并明确提出布莱克本协会的宗旨是“监督、保护和促进布莱克本及周边地区的商人的利益”。这个社团于1847年9月举行了大型的公共集会。其活动目标之一就是把分化的资产阶级团结起来：“本社团以维护商业利益为宗旨，促进布莱克本及相邻地区的商业贸易。”成员每年的会费是一几尼（英国的旧金币，值一镑一先令）。布莱克本协会的主席由M. J. 费尔登担任，副主席是威廉·皮尔金顿。委员会的最初成员包括：威廉·埃克尔斯、约翰·埃克尔斯、托马斯·埃克尔斯、詹姆斯·福里斯特、小罗伯特·霍普伍德、威廉·肯沃西、约翰·利夫西、达温的查尔斯·波特、丘奇·F. 斯坦纳、约翰·斯帕罗、埃克尔斯·肖罗克、威廉·亨利·特纳、亨利·豪和本杰明·伯里等人。①

此外，还有一些由中产阶级参与并领导的技术工人的行业组织。早期的典型代表是轮流在曼彻斯特和博尔顿酒馆中集会的漂白工人协会。他们强烈反对1784年皮特对厚粗棉布的征税，1785年4月当这些税收被取消时，他们在博尔顿举行了载歌载舞的庆祝活动。这个社团后来是否继续进行活动不得而知，但是19世纪20年代出现了一份以漂白工人协会命名的统一制作服装的价格名册，这是商业活动和社会交往的惯例。约翰·霍洛克·安斯沃思作为社团主席处于名册之首。1831年底，安斯沃思参加了漂白工人的多次集会。他提到为表彰他对社团的服务，社团委员会于1833年8月奖励他一只银色的三脚凳。他希望自己能够“促进社团规章制度的完善，为社团发展贡献更多的力量，使资本能够创造更大的利润，使社团成员能够发挥自己的聪明才智，各尽所能”。他反对以削减

① “Minutes and Reports of the proceeding of the Blackburn Association for the effecting the abolition of the East India Company's Monopoly of Salt, and reduction of the duty on Tea, and of the Commercial Association from Sep. 24, 1846 to Feb. 9, 1848”, *Blackburn Reference Library*; Blackburn Standard, Sept. 23, 1846; Preston Guardian, Sept. 4, 1847; Manchester Guardian, Sept. 4, 1847.

工人工资为目的的社团活动，因为事实上可能很多工人“把我们这些社团的成员作为他们最好的朋友”。这个社团最大的优势是能够及时向政府提交请愿书。[①]

第二节　政治社团

自乔治三世后期以来至维多利亚时代的英国城镇，是各种政治势力活跃的场所。民族国家的形成和工业社会的发展为日渐活跃的中产阶级表达其民族意识和身份认同创造了空间和机遇。如，琳达·科利（Linda Colley）认为，英国工商业的繁荣增强了中产阶级的经济实力，基于新教爱国主义的民族认同在对抗法国和其他天主教国家的过程中逐渐形成。北美殖民地的丧失造成了英国民众的民族认同危机、改革主义以及精英阶层重构社会的责任意识、道德风尚和权力价值运动的盛行。1793—1815 年的对法战争结束之后，英国历史上最大规模的“人民主权”运动和要求最大程度获得普选权运动，轰轰烈烈地拉开了帷幕。[②] 19 世纪 30 年代是各种矛盾亟待解决的困难时期。中产阶级和普通民众利用政治团体、集会、游行和新闻媒体表达自己的利益诉求和政治观点。在此历史情境中，三个城镇的中产阶级成立的以政治性诉求为目的的社团组织非常活跃。

一　革命协会和自愿军事组织

对于法国大革命和英国参与反法战争的认识不同和政治立场各异，使城镇的中产阶级根据宗派和政党的不同而分属激进派或保守派阵营。虽然我们无从考察到底有多少中产阶级支持或反对法国大

---

① Alan John Sykes, ed. , *Concerning the Bleaching Industry*, Manchester: The Association, 1926, pp. 26 - 28.

② Linda Colley, *Britons: Forging the Nation 1707 - 1837*, New Haven: Yale University Press, 1992.

革命，但是我们充分相信在市民社会的公共空间如俱乐部和咖啡馆中，英国中产阶级就法国大革命展开了相当激烈的辩论，并成立了各类政治性社团。

1788 年 11 月，同情和支持法国革命的激进主义者为纪念 1688 年“光荣革命”100 周年，成立了“革命协会”。1780 年就已成立的“宪法知识协会”，此时在法国革命和激进思想的影响下也更加活跃。此外，还有许多自愿性政治组织，如“出版自由之友协会”“人民之友协会”和“设菲尔德宪法协会”等也纷纷成立。此类中产阶级广泛参与的政治性团体虽然为法国革命中的自由平等口号和推翻君主专制的措施而欢欣激奋，但是英国人稳健的传统和思想使他们对法国革命中的暴力行为有一种本能的抗拒。这些政治团体认为，要避免发生像法国革命那样激荡而剧烈的社会变革，必须进行民主政治改革。

1792 年 12 月 13 日，博尔顿的罗伯特·迪恩牧师在语法学校主持召开了由乡绅、小职员、工厂主和其他中产阶级参加的会议，准备成立由约翰·里夫斯（John Reeves）创建和领导的“反对共和主义者及平等主义者以保护自由和财产协会”（Association for the Preservation of Liberty and Property Against Republicans and Levellers，简称“保护协会”）的分支机构。他们宣誓“作为公平和忠诚的使者”，保护宪政体制免于破坏，消除煽动性言论的影响，保障与其他各镇的信息通畅。他们号召为保护自由平等和民族利益而采取积极行动。协会成立了一个由 74 人组成的委员会。①

与此同时，在爱国主义热情感召下，城镇中产阶层与地方乡绅联合组成临时自愿军事组织，以保护他们的自由和财产权利不受侵犯。这种组织既不享受国家津贴，也不受国家正规军事机构的管理。如，博尔顿皇家自愿步兵团成立于 1794 年 7 月，其领导成员

① W. Brimelow, *Political and Parliamentary History of Bolton*, Bolton: Tillotson & Son, 1882, pp. 7 – 10; Bolton Chronicle, Sept. 9, 1837, p. 2.

包括：彼得·雷斯巴萨姆中校、拉尔夫·弗莱彻少校（煤矿主）、皮特·休伊特上尉、漂白工厂主约翰·里韦奇和理查德·安斯沃思、药剂师詹姆斯·皮尔逊、文具店店主约翰·加德纳等人。[①]

1798 年春，随着国外战争的持续，自愿军事社团获得了更大的发展。1798 年 4 月，城镇居民在布莱克本语法学校集会，一致同意组成布莱克本皇家骑兵和步兵自愿军事组织，支持政府加强镇区和周边地区的防卫。所有自愿军事团体均自筹经费，无偿协助政府为居民提供军事保护，每个军事团体的防御区域不得超过 6 英里（后来增至 8 英里）。6 月，国王签署了授权书。[②] 1798 年 6 月，普雷斯顿成立了皇家自愿军事协会的分支机构，由威廉·圣·克雷尔骑士（外科医生）担任队长，塞缪尔·克兰（布商）和约翰·特劳顿（律师）担任上尉。波尔顿拉法兰会议决定由博尔德·弗利特伍德·赫斯基思担任上校司令。[③] 1798 年 4 月，博尔顿绅士组建了约曼农骑兵队，约翰·皮尔金顿骑士（商人和工厂主）任少校司令，托马斯·里克罗夫特骑士任大队长。[④] 1803 年夏，托马斯·班克罗夫特牧师主持了在博尔顿举行的集会，倡议招募一支 900 人的自愿军事组织，由煤矿主拉尔夫·弗莱彻领导。[⑤] 在约翰·沃森的倡导下，1803 年 7 月 25 日，普雷斯顿城镇居民会议重建普雷斯顿皇家志愿者协会，人数超过 800 人，仍由尼古拉斯·格雷肖担任司令。沃森、约翰·阿狄森（律师）、爱德华·罗伯特·塔沃斯骑士、约瑟夫·希顿·阿斯彭（律师）、威廉·克罗斯（律师）、威廉·圣·克莱尔（医生）、托马斯·沙特沃斯（律师）和罗伯特·

---

① B. Palin Dobson, *History of the Bolton Artillery* 1860 – 1928, Bolton: Blackshaw, Sykes & Morris, Printers, 1929, pp. 2 – 3.

② Blackburn Mail, Apr. 25, 1798, p. 3; William Alexander Abram, *Parish of Blackburn, county of Lancaster: A History of Blackburn, Town and Parish*, Blackburn: Blackburn J. G. & J. Toulmin, 1877 (New York: General Books LLC, 2011), p. 412.

③ Blackburn Mail, May 16, 1798, p. 3.

④ Blackburn Mail, Apr. 25, 1798, p. 3.

⑤ *Correspondence re internal defence, disturbances, and law and order*, Aug. 26, 1803, Home Office Papers, 50/75, Bancroft to Derby.

哈里森组成委员会机构协商决定重大事务。①

这类自愿军事组织是城镇中的资产者、棉纺织工厂主和商人等中产阶级保护个人财富和民族利益的组织。他们致力于形成一个自律严谨、等级分明的中产阶级的生活世界，以使本阶层摆脱传统的由贵族和乡绅居主导地位的社会生活环境。博尔顿牧师托马斯·班克罗夫特认为这种军事性质的自愿组织有助于增强民众的爱国热情，提高社会道德水平：

> 你们能够从这些军事活动中学习如何处理上下级关系，养成律己和服从的习惯。这些良好的习惯能够转化为你们内在的道德修养。社会稳定有赖于你们对国家统治体制的认可度和在工业活动中获取的利益。你们的满意度依靠你们克己守礼的愿望和热情：这些行为准则是上帝的戒律，引导你们正直、节制和神圣的现世生活。②

二　议会改革社团和政治集会

18世纪90年代以来，英国激进改革主义者为议会改革而呼吁呐喊，中产阶级改革派的社团活动和政治集会的各类信息在全国性和地方性报刊上频繁出现。1792年1月，伦敦通讯协会成立。协会提出的政治目标，如实行成年男子普选权利，实行平等、公正的议会代表制，以及为实现议会改革而采取理智、坚定和全体一致的方式，③ 引起了中产阶级改革主义者的共鸣。即使在1799—1824年"禁止结社法"实行期间，三个城镇的中产阶级为推动议会改革而举行的政治集会也不曾间断。如，1817年2月，普雷斯顿举行了

① *Correspondence re Internal Defence, Disturbances, and Law and Order*, July 26, 1803, Home Office Papers, 50/75, Watson to Derby.

② T. Bancroft, A Sermon Preached Before the Officers and Privates of the Loyal Bolton Volunteer Corps of Infantry, on Thursday, May 6th, 1802, Parish Church of Bolton, pp. 4, 13.

③ Albert Goodwin, *The Friends of Liberty*, Cambridge: Harvard University Press, 1979, p. 195.

由海·谢瑞夫、罗伯特·汤利·帕克主持的公共集会。[1] 1818年9月，博尔顿举行了公共集会，呼吁削减常备军和公共开支，废除闲职和津贴制度，增加有产者在下院中的代表。公共集会还成立了一个委员会起草请愿书，其成员包括约翰·皮尔金顿、约翰·考克修特、牧师威廉·希斯特斯威特、托马斯·安斯沃思、泰勒医生等人。[2]

1832年议会改革期间，中产阶级的政治社团和公共集会活动更加活跃。1830年1月，银行家托马斯·阿特伍德领导的中产阶级议会改革团体“伯明翰政治同盟”（the Birmingham Political Union)成立，其宗旨在于“利用各种公平而合理的手段改革议会下院，以期该院能真正有效地代表下层和中间阶级的人民”，“利用各种合法手段影响议会议员的选举，以促进正直而能干的人民代表当选”。[3] 1831年10月，中产阶级激进改革者弗兰西斯·普赖斯领导的“全国政治同盟”（the National Political Union）成立，宣称将“争取在议会下院实行全面的、自由的、有效的人民代表制”，“支持国王及其大臣完成议会改革的伟大措施”。[4] 此类政治社团动辄就能组织起数十万人的盛大群众集会，有极强的号召力。这种为推进议会改革而高涨的热情，对兰开夏工业地区的中产阶级产生了强烈的影响。

1831年2月，博尔顿举行了由小博尔顿的镇议会议长詹姆斯·考克主持的公共集会。社会精英阶层在集会中占主导地位，其目的是在激进改革者和保守派之间寻求平衡性的议会改革措施。漂白工厂主詹姆斯·哈德卡斯特认为：“即使处于专制统治之下，工厂主

① *Correspondence re Internal Defence, Disturbances, and Law and Order*, May15, 1812, Home Office Papers, 40/1.

② *Notice of meeting*, Sept. 25 1818, Lancashire Record Office, DDHu 53/82/82.

③ ［德］马克斯·比尔：《英国社会主义史》（下卷），何新舜译，商务印书馆1959年版，第28页。

④ David John Rowe, London Radicalism 1830 – 1843: A selection of the papers of Francis Place, London: London Record Society, 1970, pp. xvi, 62.

群体也享有要求获得选举权和代表权的权利。”激进改革者威廉·尼斯比提出了折中温和的改革方案，他感觉“与众多有名望的体面绅士达成议会改革共识是令人骄傲的”①。1831 年 2 月，布莱克本也举行了类似的集会，大约有 1000 人参加，“天主教神父、新教牧师、医生、律师以及他们的密友邻人都对改革精神齐声赞同”。托利党人约翰·威廉·惠特克牧师提出了第一项决议，指出由于国家和市镇议会选区的腐败，议会改革势在必行，不信国教者贝恩斯特·埃克尔斯工厂主支持惠特克牧师的提议。② 1831 年 3 月底，在普雷斯顿的谷物交易所举行了由精英阶层主导的公共集会。律师托马斯·巴特·埃迪森主持集会，并宣称他将终身致力于倡导议会改革。天主教律师罗伯特·塞格尔指出，国王、政府、大多数贵族以及普通民众都赞同改革，同时塞格尔也警告说，任何对改革的阻碍都将会引发革命。集会遵循了既定的程序。曾被监禁的激进改革者约翰斯顿和米切尔反对各种不同意见者之间的协调和妥协，他们主张秘密投票和普选权，塞格尔和约瑟夫·利夫西赞同他们的主张。③ 1831 年 9 月底和 10 月初，围绕 3 月集会的议题，普雷斯顿再次举行了公共集会。这次集会由奥尔德曼·詹姆斯·迪克森律师主持，利夫西和塞格尔发表演讲，并表示同意向上院提交请愿书。《普雷斯顿年鉴》积极反驳了那些认为由于城镇大多数比较富裕的居民没有参与而使集会失败了的观点。实际上，这个阶层有约 2300 人在两天内签署了请愿书，其中包括城镇四位律师中的三位，工商业经营者中的大多数人。年鉴主编认为，城镇居民大致可分为改革法案的支持者和更为广泛的改革措施的拥护者；反对改革者的势力几乎可以忽略不计。《普雷斯顿向导》发表评论说，即使是完全不赞同改革者也认为有必要在一定程度上扩大各工业城镇在议会中的代表

---

① Bolton Chronicle, Feb. 12, 1831, p. 4.

② Bolton Chronicle, Feb. 26, 1831, pp. 1, 3.

③ Preston Chronicle, Apr. 2, 1831, p. 3.

人数。[①]

三　选举协会

1832 年议会改革之后的半个世纪是英国政党政治发展的重要时期。这一时期，辉格党和托利党分别发展为自由党和保守党两大资产阶级政党。帕特里克·乔伊斯认为，政党政治有利于打破地区主义，塑造体现社会整体利益的意识。[②] 1832 年的议会改革法案从两个方面显著地加速了这一进程：统一选民登记，缩短投票时间，使党派在两次大选期间保持组织的一致性，而不是仅在议会选举前临时组合在一起；增强普通选民的监督意识，降低行政管理部门操纵政策执行者和选举程序的可能性。在很大程度上，政党不得不体现民众的利益诉求和呼声。约翰·菲利普斯指出，这大大增强了国家政治对地方性的和有争议的社会问题的关注，简化政治选择范围，增强政党成员思想和行动的一致性。[③] 1832 年议会改革后，由于选举权的扩大、选民人数的增多以及中产阶级政治主动性的增强，政党的地方性组织则急需加强。因此，城镇中产阶级参与成立的选举协会发挥了地方政党组织的作用。

在议会改革之后的一段时间内，托利党士气低落。为了摆脱这种状况，威廉·休顿（William Hulton）首先行动起来组织加强托利党的党派认同意识。1833 年 2 月，休顿发起创建了南兰开夏保守主义者协会（the South Lancashire Conservative Association）。[④] 协会以发表于《布莱克本的艾尔弗雷德》的保守主义六点基本原则为宗

---

① Preston Chronicle, Oct. 1, 1831, p. 3; Oct. 8, 1831 p. 3; Preston Pilot, Mar. 12, 1831, p. 2.

② Patrick Joyce, "A People and a Class: Industrial Workers and the Social Order in Nineteenth – Century England", M. L. Bush edt., *Social orders and social classes in Europe since 1500: studies in social stratification*, London, New York: Longman, 1992, p. 205.

③ John A. Phillips, *The Great Reform Bill in the Boroughs: English Electoral Behaviour, 1818 – 1841*, Oxford: Oxford University Press, 1992, pp. 298 – 301.

④ David Wash, "Operative Conservatism in Lancashire, 1833 – 1846. Some Comments on a Changing Political Culture", Salford: University of Salford, 1987, pp. 22, 27.

旨：拥护王权的合法性；保护新教信仰；维护贵族的权利，与真正的自由派联合；继续反对普选权、秘密投票和废除谷物法的提案；继续加强与爱尔兰的联合；支持扩大商业贸易的合法性、提高人民的幸福生活水平，维护英国的利益和荣耀不受侵犯。① 南兰开夏保守主义者协会创建后，其他协会随之成立。布莱克本保守主义者协会成立于 1835 年 2 月，其目的是促进城乡托利党精英的联合，约翰·福登·欣德尔（John Fowden Hindle）任主席，威廉·亨利·霍恩比（John Henry Hornby）任副主席。《布莱克本准则》刊登评论，号召布莱克本保守主义者协会成员：维护社会上层和中产阶级的团结；促进乡绅和承租人的联合；共同参与选民登记。其目的在于维护英国贵族的统治地位，一旦贵族衰落，"英国的文化、宗教和自由将处于崩塌的险境，贵族的荣耀将无法复兴"。②

1835 年 6 月，在 T. D. 赫斯基斯（T. D. Hesketh）的主持下，在普雷斯顿布尔旅馆成立了保守主义者协会北部分会，其成员基本来自中产阶层。③ 布莱克本和博尔顿两个城镇的独立的保守主义者协会分别成立于 1835 年 11 月，普雷斯顿的成立于 1836 年 2 月。④ 1836 年 6 月，博尔顿保守主义者协会举行了第一次公共集会，其会员约有 450 人。这个政治社团长期由托利党精英担任领导者。⑤ 霍里奇漂白工厂主约瑟夫·里奇韦（Joseph Ridgway）于 1835 年夏在布莱克罗德和霍里奇各组织成立了保守主义者协会，1836 年 8 月，他主持了庆祝霍里奇保守主义者协会成立一周年的晚宴，约

---

① Blackburn Alfred, Feb. 18, 1833, p. 8.

② Blackburn Standard, Apr. 29, 1835, p. 8; Ibid, Feb. 4, 1835, p. 4; Ibid, Feb. 11, 1835, p. 4.

③ Preston Chronicle, June 6 1835, p. 3.

④ Preston Chronicle, Feb. 6 1836, p. 2; David Walsh, "Working Class Political Integration and the Conservative Party: A Study of Class Relations and Party Political Development in the North - West, 1800 - 1870", Ph. D. thesis, University of Salford, 1991, chs. pp. 9 - 10.

⑤ *Report of the Proceedings at the Meeting of the Bolton Operative Conservative Association*, June 1st, 1836, Lancashire Record Office, DDPr/51/3a, pp. 16 - 28.

300 名协会成员参加了庆祝活动。[①] 保守主义者的思想要点包括王室、国教、民族和宪政。保守主义者倡导的社会改革仅限于加强和维护现行的宪政体制和王室的权威。至 1874 年，全国 82 个郡中有 44 个建立了郡保守主义者协会，协助保守党进行选民登记、竞选演说以及争取选民支持的工作。[②]

试图与社会下层保持联合与团结，几乎是所有中产阶级激进自由主义者一致的目标追求。学者们通常认为 10 英镑选举权资格在阶级关系分化方面标识了分界线，首次为阶级内部的团结提供了客观标准。[③] 当然，对这条界线的认同是一个潜移默化的过程，个人可以辨别自己处于界线的哪个位置，它可能是比其他分化标准，如职业、住房、语言和着装等更易于区分的标识。一旦通过这个资格限制获得选举权而与下层阶级区分开来，中产阶级激进派更易于责难这个分界线。在 1832 年 3 月的危机中，普雷斯顿律师罗伯特·塞格公开反对接受这种违背中产阶级意愿的选举体制。并声称，中产阶级与工人阶级的利益是一致的，不可分割，并希望未来的各社会阶层更多的是联合起来，而非日趋分化。[④]

博尔顿自由主义者协会成立于 1837 年，主要由坚定的中产阶级激进主义者发起。其宗旨是协调城镇中产阶级改革者的利益，实现户主普选权、三年期议会、秘密投票、国民教育改革、废除衰败与合并衰败选区。在 1838 年 8 月亨利·阿什沃斯（Henry Ashworth）主持的年度会议上，协会主席托马斯·索马森（Thomas Thomasson）抱怨说，彼得卢事件已过去 19 年了，但是社会改革的目标和需求仍待继续。“在目前此类的集会中，尽管其程序都是合

---

① *Report of the Proceedings at the First Anniversary Dinner of the Horwich Operative Conservative Association*, 1836, Lancashire Record Office, DDPr/51/3a, pp. 3 – 16.

② R. Stewart, *The Foundation of the Conservative Party* 1830 – 1867, London: Longman, 1978, p. 133.

③ John Belchem, "*Orator*" *Hunt*: *Henry Hunt and English Working – class radicalism*, Oxford: Clarendon Press, 1985, pp. 259 – 266.

④ Preston Chronicle, May 26, 1832, p. 3.

法的，但仍然受到托利党官员的阻碍，并有可能被强制驱散。”集会决定成立一个由 22 名选民和 22 名非选民组成的委员会。[①] 1844 年初，约 800 人参加了博尔顿争取普选权协会的集会。来自伯明翰自由主义者协会的斯特治和威尔森在达比夏、索马森、詹姆斯·黑斯尔米和雅各布·洛麦克斯的陪同下参加了集会。[②] 与博尔顿的情况相似，普雷斯顿和布莱克本的自由主义者也成立了选举协会。到 1878 年自由党在各地成立了 100 个左右的此类地方选举组织。[③]

四　反谷物法同盟

1815 年议会通过的《谷物法》规定，当国内谷物价格低于每夸特 80 先令时，禁止国外廉价谷物进口。这项以保持国内市场谷物高价为目的的条令严重损害了工商业者等中产阶级的利益。因此，自其颁布之初就遭到了广泛的抗议和反对。1836 年，下院激进派议员、自由主义者乔治·格罗特、休谟等人在伦敦建立了“全国反谷物法协会”。1838 年 9 月，一批工厂主在曼彻斯特成立“反谷物法协会”。1839 年 3 月，“反谷物法同盟”在曼彻斯特正式成立。它以合法手段建立地方组织，发表演说，印发传单，向议会提交请愿书，争取废除谷物法。[④]

1839 年，博尔顿成立“反谷物法同盟”的地方分支组织。其最初的领导者是工厂主亨利·阿什沃斯、艾德蒙德·阿什沃斯、托马斯·索马森、约瑟夫·安斯沃思、托马斯·卡伦和詹姆斯·阿罗斯密斯，下院议员彼得·安斯沃思，矿主安德鲁·诺尔斯，律师约瑟夫·洛恩和詹姆斯·温德，布商威廉·内斯比等中产阶级。[⑤] 从 1838 年夏到 1846 年 6 月《谷物法》废除，博尔顿影响力较大的自

---

① Bolton Free Press, Aug. 18, 1838, p. 3.

② Bolton Free Press, Mar. 16, 1844, p. 3.

③ A. L. Lowell, *The Government of England: Two Parts*, New York: Macmillan, 1919, p. 42.

④ 王觉非：《近代英国史》，南京大学出版社 1997 年版，第 459—460 页。

⑤ Bolton Free Press, Feb. 16, 1839, p. 3.

由主义者游说团体通过集会、演讲、游行、请愿以及向伦敦选派代表等形式对《谷物法》的废除起了促进作用。阿什沃斯兄弟、约翰·迪恩、J. R. 巴恩斯、托马斯·卡伦、罗伯特·海伍德、查尔斯·詹姆斯·达比夏、詹姆斯·阿罗斯密斯、亨利·霍林斯和托马斯·索马森等人在游说团体的各类活动中非常活跃，并为这些游说团体提供了大量的资金。①

1839 年 1 月，普雷斯顿反谷物法协会成立，工厂主威廉·安斯沃思任主席，染料制造商托马斯·巴克任秘书。在随后的几年中，比较有名望的城镇中产阶级都参加了协会，如工厂主约翰·霍金斯、乔治·斯密斯和威廉·韦尔丁等，不信国教者牧师理查德·斯拉特，独立派牧师约瑟夫·艾什顿，一神论牧师罗伯特·阿斯克罗夫特，律师约瑟夫·利夫西等。②

在 1846 年 7 月 2 日，《谷物法》废除之后的公共集会上，阿什沃斯指出，《谷物法》的废除是中产阶级为维护自己的利益取得胜利的第一步。更为重要的是，反谷物法同盟中体现出来的中产阶级政治意识使政治家清楚地了解了以下事实："工商业者已经认识到自身力量的强大。"③

第三节　文化社交团体

第三类自愿社团是文化社团，包括文化教育社团、社交团体和娱乐休闲组织等。

---

① Bolton Free Press, Dec. 27, 1845, p. 3.

② Preston Chronicle, Feb. 9, 1839, p. 2; Jan. 4, 1845, p. 3; Dec. 6, p. 2; Dec. 13, p. 2.

③ Henry Ashworth, *Recollections of Richard Cobden, M. P., and the Anti - Corn - Law League*, London: Petter & Galpin, 1876 (London, England: Routledge/Thoemmes Press, 1993), p. 218.

一 文学和哲学社团

文学和哲学社团（Literary and Philosophical Intitution/Society）的成员仅限于精英阶层，每个成员每年需缴纳1几尼会费和1几尼的选举费用。新加入的成员需获得2/3以上社团成员的同意，并需要至少三名成员的签名推荐。其中，比较有代表性的是普雷斯顿文学和哲学社团，1810年在一神论派牧师约翰·拉德的主持下成立。许多优秀的学者在社团中展开知识交流，培养人们的行为礼仪、启蒙文化素养、提高专业人员的技能等。[①] 社团经费主要用于购置书籍和科学实验设备。据统计，1851年普雷斯顿文学和哲学社团有藏书3485册，每年举行16次科学演讲。[②] 社团成员经常能够听到工厂主威廉·索普（William Throp）关于蒸汽机，威廉·泰勒（William Taylor）关于燃料、辐射和磁场，外科医生威廉·亚历山大（William Alexander）关于化学以及T. D. 怀特克（T. D. Whitaker）牧师关于罗马碑文等各种主题的演讲。[③] 1840年，普雷斯顿成立了新的文学和哲学社团，并于1841年与普雷斯顿艺术社团合并。1846年，装饰一新的读报室、台球室、象棋馆、图书馆和博物馆等在温克雷广场向公众开放。[④]

1813年，博尔顿文学和哲学社团成立，其组织目的与宗旨以普雷斯顿文学与哲学社团为参照，如社团秘书约翰·瑞恩福斯（John Rainforth）所言："我们的组织既无意成为不同政治立场者的论坛，也非宗派和政党斗争的避难所，在这里，我们的成员将远离

① Roy S. Porter, "Science, Provincial Culture and Public Opinion in Enlightenment England", *British Journal of Eighteenth - Century Studies*, Vol. 3, No. 1, 1980, pp. 20 - 46.

② *Census of Great Britain*, 1851. *Education. England and Wales. Report and Tables*, London, 1854, p. 245.

③ *Minutes of the Preston literary and Philosophical Society*, Mar. 12, p. 20, 1810; Apr. 30, 1810; May 3, p. 14, 1810; Dec. 3, 1810, Harris Reference Library.

④ Marian Roberts, *The Story of Winckley Square*, Preston: M. Roberts, 1988, p. 50.

政治纷争，专注于‘妙趣无穷的文化知识探索’。”[①] 布莱克本文学和哲学社团成立于 1823 年，到 1844 年，社团藏书接近 2000 册，社团领导者和财产托管人发起举办了一系列的知识讲座和参观博物馆等文化活动。[②]

二　图书馆和阅览室

新兴中产阶级绅士们建立了自己的图书馆。如，霍洛科斯家族在彭沃瑟姆修建了图书馆；[③] 布莱克本的约翰·斯凯夫医生的图书馆有 1 万册藏书；[④] 普雷斯顿的银行家爱德华·佩德在安布尔塞德的达夫奈斯特的图书馆。[⑤] 捐资修建图书馆是中产阶级获取知识信息的重要方式。汤姆·邓尼关于博尔顿图书馆的研究表明，其种类繁多。如，由教会成立和管理的图书馆；由书店经营管理的流通图书馆；捐助图书馆则通常设在小酒馆中以满足公众对文化的需求；文学和哲学社团以及技工社团兴办的图书馆；以及在城镇郊区由工厂主为工人设立的图书馆等。教会和国王图书馆成立于 1790 年，一直维持到 1855 年博尔顿公共图书馆建立。1813 年，博尔顿在商业大厦建立了阅览室，读者通过提供年度捐助即可阅读来自伦敦、曼彻斯特、利物浦以及当地的报纸。[⑥]

布莱克本图书馆的经营管理方式与博尔顿相似，也分为商业图书馆、捐助图书馆和教会图书馆。布莱克本捐助图书馆在托马斯·

---

① John Rainforth, Address to the Bolton Philosophical and Literary Society, Aug. 13 1813, Lancashire Record Office, Allen Collection, DP 282/14, printed circular of Oct. 18 1813.

② Blackburn Mail, Aug. 27, 1823, p. 2; Blackburn Standard, Oct. 30, 1844, p. 3.

③ Peter Horrocks, *A Catalogue of the Library at Penwortham Lodge*, Preston: L. Clarke, 1823.

④ William Alexander Abram, *Blackburn Characters of a Past Generation*, Blackburn: J. & G. Toulmin, 1894, p. 103.

⑤ Edward Hall ed., *Miss Weeton, Journal of a governess* 1807 – 1811, London: Oxford University Press, 1936, p. 255.

⑥ Tom Dunne, "A History of Public Libraries in Bolton from the Beginnings to 1974", Ph. D. thesis, University of Strathclyde, 1981, pp. 46 – 53.

斯塔基牧师的努力下于 1787 年成立。中产阶级缴纳 7.5 几尼即可获得图书馆会员资格，每年再为图书馆提供 15 先令的捐助即可获得图书馆管理的决策权。1825 年前后，布莱克本的多数专业人员、工厂主、商人等都成了图书馆的会员。布莱克本阅览室成立于 1834 年。其主席是詹姆斯·皮克普，阅览室委员会由约翰·哈格里夫斯、马兰医生、约翰·弗莱明、约翰·福斯特和约翰·汤雷组成，W. H. 莫里斯是财务托管人兼秘书。会员每年缴纳 30 先令会费。①

普雷斯顿捐助图书馆成立于 1825 年。这个城镇的显著特征是成立了法律图书馆。19 世纪 40 年代，图书馆的所有股份持有人必须提供 6 英镑的资金或价值相当的书籍，并每年缴纳 1 英镑 10 先令的会费。律师会员只需缴纳 10 先令会费，但是他们每次只能借一本图书。图书馆主席是罗伯特·赛格，W. 威灵、约瑟夫·沃克和詹姆斯·布莱克霍斯特是委员会成员，威廉·班克斯是秘书。②

在英国许多城市，满足中产阶级阅读需求的图书馆和阅览室非常普遍。例如，一些书商也有自己的图书馆：贝尔在伦敦的图书馆的藏书量为 8000 册，巴西尔德在爱丁堡的图书馆也有 6000 册的藏书。1820 年，富裕的贸易港口利物浦城市的中产阶级捐助建成了两个图书馆和两间报刊阅览室。再例如，雅典娜神庙包括一间报刊阅览室和一个藏书量为 1 万册的图书馆，人们可以在“非常体面、令人愉悦的室内”阅读馆内的图书。500 位“业主”每年投入 2.5 几尼来维持这里的安逸和世外桃源般的静谧。莱锡姆文化馆中有藏书量为 2.1 万册的图书馆，一个提供国内外报刊的报刊阅览室以及一个咖啡室，出资人每年为其投入 1 个几尼。③

① Exchange News Room, a/c's & c. , Blackburn Reference Library.

② Susan Bullen, “The Cultural Life of Preston 1742 – 1842”, MA thesis, University of Leicester, 1970, pp. 43 – 44.

③ ［英］劳伦斯·詹姆斯：《中产阶级史》，李春玲、杨典译，中国社会科学出版社 2015 年版，第 165 页。

三　技工社团和职业协会

1825 年，博尔顿城镇技工社团成立，J. H. 阿罗史密斯（J. H. Arrowsmith）对其宗旨和目的进行了详细阐述。这个社团的首要目标是通过阅读科学著作，听取演讲和参观科学实验，“为技术工人提供改进技术水平和自身素质的途径”，“对个人的幸福生活和禁酒活动产生积极影响，创造良好的社会秩序，提高国家的工业化和商业贸易水平，增强国家竞争力”，保持英国在工业生产中的技术优势。实际上，参加技工社团也会对家庭生活产生有利影响。因为父亲们将会把消磨在酒馆中的闲暇用于在技工社团中的学习以提高技术水平。由此，他们在酒馆中的花费就会节省下来补贴家用，并且他们将有可能把儿子也带到社团，可以增进彼此的感情。生活放纵行为将会减少，因为技术工人们“变得对科学活动兴趣盎然，不再沉溺于感官刺激”。但是，“劝说技术工人放弃晚上在家阅读圣经的习惯，而去参加技术培训”并不是一件容易的事，“如果工人每晚用半个小时履行宗教义务，他们认为这是天经地义的事情。但若是让他们把这些时间挪用至技术学习，他们在起初总是不习惯的”。但是，阿罗史密斯认为，“我们应该对技术提高所带来的益处充满信心，对其积极影响了解越多，就会得到更多的认可和尊重”。①

博尔顿技工社团规定，资助人每年捐款 10 先令，社团成员的儿子（年龄低于 21 岁）和孤儿每年的捐助额减半。社团第一位主席由理查德·安斯沃思担任，财务主管是罗伯特·巴洛，秘书是查尔斯·詹姆斯·达比希尔，财产托管人是彼得·安斯沃思、里韦奇·布莱德森、本杰明·希克、约翰·皮尔金顿、彼得·罗斯韦尔

① J. H. Arrowsmith, Essay on Mechanics' Institute, with a Particular Relation to the Institute Recently Established in Bolton, Bolton , 1825, pp. 5, 7, 10, 12 – 13, 15 – 20.

和威廉·加尼特·泰勒。[1] 第一年社团成员最多时达276人，但后来降至50人，1830—1831年，其成员又增加至146人。这个社团促进了精英阶层凝聚力的增强。荣誉会员和捐助者每人至少捐献了1几尼。[2] 每次社团活动，中产阶级都把其作为提高自己社会声望的有利时机。在整个19世纪30年代，博尔顿技工社团委员会极力主张："教育是严谨和清白生活的最好的保障……"阅读和对知识的追求将"使人免于堕入酗酒的深渊"，它是"平和安详的生活的保障"；自1837年起，"理性而自然的娱乐"，"使技工开始远离可憎的不道德的娱乐方式"。1837年开始，社团委员会报告指出，小店主和小职员也开始关注技工社团的活动，而社团也从其他城镇吸纳会员。[3]

普雷斯顿于1828年10月成立了以促进知识传播为目的的技工社团。9月11日，约瑟夫·利夫西组织召开会议，筹备社团成立，有六人出席。[4] 在普雷斯顿技工社团成立大会上，社团主席托马斯·巴蒂·阿迪森以伦敦大学为例，认为大学是为所有人提供世俗教育的机构，提出普雷斯顿技工社团将会效仿伦敦大学的做法并与其进行交流。这个社团的财产托管人是约翰·阿迪森、霍普金斯、特拉弗斯、杰克逊、芒西、艾伦和奥尔德森、R. 西格和T. 克拉夫等人。[5] 社团在成立初期是比较活跃的，但是其成员逐渐减少，特别是工人阶级成员更少。到1837年，社团只有8名固定的成员。但是，到1841年，成员名册显示，更多的中产阶级上层和下层参加了社团活动，其中包括6名上层妇女、14名绅士、3名银行家、

① The First Annual Report of the Bolton Mechanics Institute, Bolton, 1826, pp. 5, 8, 12.

② Reports of the Bolton Mechanics Institute: Report for 1830 – 1831, Bolton Chronicle, Oct. 8, 1831.

③ Reports of the Bolton Mechanics Institute: Report for 1837, Bolton Free Press, Sept. 30, 1837.

④ Joseph Livesey, *Autobiography of Joseph Livesey*, London, 1881, pp. 41 – 43.

⑤ Preston Chronicle, Nov. 15 1828, p. 3.

96 名专业人员、40 名工厂主、76 名商人、85 名小职员和小店主、17 名技术工人、34 名工匠，此外还有 6 名在校学生、6 名工厂管理人员以及 29 名各行业的熟练工人。[①] 1837 年普雷斯顿技工社团制定了新的规章和目标规定，如，在各社会阶级中促进科学、实用知识和常识的传播；捐助者每年的捐助额为 6 先令 6 便士，或作为终身会员捐助 5 几尼（这笔款项对大多数社会下层成员是不小的负担）；社团的图书馆仍然禁止自然神论、无神论、政党政治或辩证法理论方面的书籍传播。[②] 后来，随着社团资金的增加，委员会就是否变换活动场所而分成了两派。大多数成员从技工社团脱离出来组成了文学和哲学社团。[③]

布莱克本技工社团与其周围的邻居相比，成立较晚。1844 年 3 月，在棉纺织工厂主约翰·阿博特的主持下，布莱克本技工社团成立，它也明确规定"严禁交流政治思想、讨论异教理论或有伤风化的传闻"。尽管社团章程第一条就明确规定即使出身最卑微的成员也有资格当选为社团的最高领导人，但事实上社团事务的决定权还是在精英阶层手中：约瑟夫·费尔登是第一任社团主席，托马斯·拉瑟福德·迪金森是一位牧师，弗雷德里克·阿道夫·玛格拉弗是一位语言学博士，约翰·斯潘塞·伯奇是外科医生，副主席詹姆斯·皮尔金顿是一位集土地、商业和专业技术财富于一身，并担任宗教和政治职务的社会精英。这个社团的宗旨是：

> 从工人最感兴趣的技术问题入手，以最低成本培养工人的劳动技能，并保证他们获得舒适和满意的感觉，以防止他们陷入懒散和放荡的生活状况；在社会所有阶层中形成鼓励求知和

---

① Alison Andrew, "The Working Class and Education in Preston 1830 - 1870. A Study of Social Relations", Ph. D. thesis, University of Leicester, 1987, pp. 139 - 141.

② Lancashire Record Office, QDS/1/4/131, Preston Institution for the Diffusion of Knowledge, Oct. 1837.

③ Preston Chronicle, Apr. 21, 1849, p. 4; Preston Chronicle, Apr. 28, 1849, pp. 4, 7.

学习文化技能的氛围。①

但事实表明，技工社团并未完全达到其所追求的目标。1848年2月的一篇报道中指出，社团"没有获得精英阶层的广泛关注与资助"。1852年，彼得·惠特尔也抱怨社会下层阶级对上层阶级的道德说教缺乏接受能力：

> 又是工厂工人发工资的日子，他们怎么支配这些钱呢？既不去技工社团，也不去便宜的音乐会，既不去跳舞也不在家学习阅读和写字或者音乐……他们纷纷涌到在肖洛克和达温街上的喧闹的酒馆或马戏团，那里是道德堕落的温床；在父母和孩子离开酒馆时，一周的血汗钱已所剩无几。他们的身心在烟酒和污秽中堕落。②

在中产阶级致力于技工社团建设以促进知识传播与增强学习文化技能氛围的同时，许多专业人士也自发组织了各类以促进专业人士的优秀专业能力和诚实正直为人的宗旨的职业协会。如，英国土木工程师协会（1818）、建筑师协会（1834）、机械工程师协会（1847）、测量师协会（1868）、特许会计师协会（1880）以及会计师协会（1885）将各自行业的职业素养定义为经得起检验的专业能力以及一丝不苟的职业态度。这些以规范行业标准为主要任务的自治组织由于其对职业能力和道德素质的双重强调极大地提高了行业信誉，增强了成员的自律性以及公众对这些专业人士的敬重，并获得了政府的鼓励与支持，被授予设置公共考试、评审试卷以及颁发资格证书的权力。例如，成立于1843年的律师协会自1877年开

---

① Blackburn Reference Library, Minute Book for the Mechanics Institute, B374.2, 1844－46: Mar. 27, Apr. 4, 1844.

② Peter Armstrong Whittle, *Blackburn As It Is: A Topographical, Statistical, and Historical Account Of the Borough Of Blackburn*, Preston: Printed by H. Oakey, 1852, pp. 32－33.

始得以全权掌控英国的律师考试，并被赋予了惩戒和处罚欺诈行为和失职行为的法律权威。1858 年出台的《药品法》把监管全国医务人员的权力下放给了英国医学协会，协会的总委员会还可以对出现临床失误或者道德败坏行为的成员施行停职或者开除处罚。[①]

四　社交团体

在 19 世纪英国中产阶级的社会生活中，以社会交往和休闲娱乐为目的的自愿社团和俱乐部满足了人们追求幸福生活的需要。在私密的家庭领域，家人之间的亲密关系，主人与来访的亲戚朋友之间的友好关系为中产阶级提供了友谊和娱乐生活。在家庭之外，酒馆、咖啡馆、专门的社交会所以及其他城市公共领域为人们提供了社会交往空间。各类社交团体和俱乐部构成了城镇居民的社交网络，其范围从舞蹈协会到戏剧协会到具有排他性的精英文化沙龙，文学家的、音乐学者的非正式团体，以及各类事物和活动的兴趣爱好者组织的俱乐部等。

19 世纪 30 年代，博尔顿成立了每晚信息交流俱乐部。据约翰·泰勒（John Taylor）回忆，有 20—30 名性格各异、思想观点不同的专业人员、商人和工厂主等中产阶级参加了这个俱乐部。他们经常举行聚会，交流有关工商业经营、城镇事务管理和奇闻逸事等各类信息。[②] 博尔顿星座协会成立于 1844 年 2 月 19 日，其主要创立者是约翰·马修·罗宾逊（外科医生）、富兰克林·贝克（牧师）、埃蒙德·哈沃斯（律师）和托马斯·霍登（律师）。社团每月轮流在成员家中举行集会，交流和讨论政治以外的各类问题。[③] 成立于 1846 年的普雷斯顿威克雷俱乐部为其成员设立了阅览室、

---

① ［英］劳伦斯·詹姆斯：《中产阶级史》，李春玲、杨典译，中国社会科学出版社 2015 年版，第 225—226 页。

② John Taylor, *Autobiography of a Lancashire Lawyer*, Bolton: Daily Chronicle Office, 1883, pp. 68 – 69.

③ Ibid., pp. 122 – 124.

棋牌室以及其他娱乐设施。[①] 1849 年 10 月成立的布莱克本联合俱乐部的政治和党派色彩较弱，基本上是一个社交团体。[②]其他以社会交往和娱乐休闲为目的的团体还包括 1840 年成立的博尔顿台球俱乐部，1849 年的布莱克本保龄球俱乐部，1845 年的布莱克本板球俱乐部，普雷斯顿等三个城镇的园艺爱好者和花商协会，狂欢俱乐部和合唱团等。

第四节　慈善与互助社团

自愿社团的第四种类型是慈善与互助社团。其目的是以一定的方式对社会下层进行救助和施加影响：或通过提供生活必需品和医疗救助，减轻下层阶级身体痛苦；或通过道德教育或潜移默化的风化熏陶提高公民道德素质。

一　慈善救助社团

19 世纪前半期，中产阶级联合起来为减轻社会下层的困苦生活状况而成立慈善组织是英国城镇社会救助的主要方式。它表明，中产阶级意识到作为热心于慈善活动的精英阶层可以获得较高的社会地位和声望。《布莱克本邮报》（*the Blackburn Mail*）曾报道，在 1793—1794 年的经济萧条时期，布莱克本及周围城镇的一些中产阶级和上层妇女发起了募捐活动，购买燕麦片和土豆并以低价出售给慈善机构，当地报纸对他们的名字和捐款数额予以公布，并提倡和鼓励这种慈善救助行为。当时的评论者认为："当富有者给予贫困者慷慨援助时，后者将没有理由抱怨社会财富的分配不均，或者

① Atticus Hewitson, *Preston Town Council. Or Portraits of Local Legislators*. Preston: Printed at the Chronicle Office, 1870, p. 250.

② Henry Whittaker, *The Union Club*, *Blackburn* 1849 - 1949: *A Short History*, Blackburn: Pr. by Dickinson, 1950, pp. 4 - 12.

他们应该为生活在这样的国家而感到庆幸。”①

1811 年布莱克本成立的慈善基金会最为典型。亨利·苏德尔以其典型的家长主义方式将个人财产的一部分用于社会慈善活动，伯利先生和霍恩比每人捐助 150 英镑，处于捐助名册之首，理查德·卡德韦尔、亨利·费尔登、威廉·费尔登、艾萨克·格洛弗、小理查德·卡德韦尔、T. H. 卡德韦尔、莫德、苏德尔先生、托马斯和威廉·埃克尔斯、J. F. 欣德尔、威廉·布科克、威廉·耶茨和爱德华·奇平多尔等人的捐助额从 10 英镑至 50 英镑不等。②

1816—1817 年和 1820 年，地方报纸收到许多关于“衣衫褴褛、居无定所的流浪乞讨人员”的请求救助的信件。③ 1826 年经济危机使得这种救助体系的缺陷日益显现。失业工人的激增更是带来了灾难性的后果，贫困者衣食无着，生活极度困顿。由于生意冷清，许多小店主和手艺工人的生活也逐渐陷于贫困状况，使得贫困率大幅度上升。几乎所有的医疗救助机构和友谊社的运转都陷于瘫痪，储蓄银行也陷于破产境地。④ 为应对这种社会形势，各种慈善救助社团纷纷成立，并劝导工人阶级离开家乡前往其他地区寻找工作和生活出路，特别是前往伦敦的工厂主救助委员会和政府救助机构。1826 年 4 月初，布莱克本救助机构委员会主席 J. W. 惠特克认为：“社会救助将有效抵消引起社会骚动的因素，现实苦难和派系斗争是鼓动平民骚乱的导火线。”他向地方政府和民众呼吁慈善救助：“我希望工厂主们把多余的食物贡献出来，尽力帮助贫困者渡过困难，而不是冷漠地推卸这种社会责任——工人们是为我们带来经济收益的劳动者，抑制贫困率的增长是我们的光荣职责。”⑤

---

① Blackburn Mail, Jan. 22, 1794, p. 3; Jan. 29, 1794, p. 3; Feb. 12, 1794, p. 3.

② Blackburn Mail, Feb. 27, 1811.

③ Lancashire Record Office, Allen Collection, DP 281/37, Report of the Committee for the Relief of the Poor resident in the Township of Little Bolton, 1817. BM, Jan. 19, 1820, p. 2.

④ Public Record Office, HO 40/20, J. W. Whittaker to Francis Fortune, London, May 8 1826.

⑤ Blackburn Mail, Apr. 12, 1826, p. 3.

这种呼吁为济贫委员会募集了1000英镑善款。但是，工人阶级的贫困状况持续了整个夏季。7月份时，惠特克担心更多的穷人将从其他地区涌入布莱克本领取每周的救济物质，从而给有限的城镇空间带来与公共健康相关的不良后果，居住人口过于密集将会导致流行病的传播。大量贫民涌入也会对社会治安产生不利影响。

针对这种社会形势，政府、地方纳税人和个人捐助者与慈善机构不得不联合起来共同应对。布莱克本救济委员会的秘书——书商托马斯·罗杰森在1826年5月份建议，重新启动修筑兰开夏至里切斯特道路的计划，以便为失业者提供就业机会。他认为："无论从私人利益还是公共利益的目的出发，这条道路的修筑和管理将会为广大公众和政府带来很多便利。"8月份，著名筑路师、伦敦救济委员会的特使约翰·L. 麦克亚当来到布莱克本，在惠特克主持的会议上表示，这个计划是一个很好的"道路改革的机会"。尽管这条道路处于年久失修的糟糕状态，不过，"如果能够解决资金缺乏和利益相关者的阻碍问题"，修筑这条道路将可以在整个冬季吸纳大量的失业人员。在随后的几个月中，委员会进行了一系列的筹备工作，但是也遭到了来自贫困者的反对。9月份，麦克亚当在提交的报告中认为，"这个地区的社会处于非常贫困、躁动和不安的状态中，许多上层阶级只关注个人利益"，因此，贫困者认为这个工程所提供的临时性工作是当地富有者的阴谋。即使如此，罗杰森在12月份的报告中称，贫困者已经纷纷要求参加道路修筑，情况已经发生了改变。①

中产阶级精英于1840年7月成立了博尔顿贫困救济社团，通过募集资金和财物为穷人提供救济和帮助。这类社团成为新济贫法所能提供的救助的有益补充。库克·泰勒是众多社会评论家中关注下层阶级悲惨生活景象和教区慈善救济的代表人物，他指出："在

① Public Record Office, Kew, Home Office Papers: 40/19, Rogerson to Peel, May 20; 40/21, printed resolutions of meeting, Aug. 12; McAdam to James McAdam (his son), Aug. 13.

言谈间他们可能痛恨新济贫法，从其内心来说，他们只是不喜欢这种救济方式，因为这伤害了他们的自尊。”[①] 如果这种情况属实，那么穷人真正需要的救助是通过慈善组织提供的就业机会实现自食其力。

1839 年 2 月，博尔顿的一个新社团与地区节俭协会联合起来，准备成立一个“鼓励勤劳的穷人养成有远见和节俭的习惯，并促进不同社会阶层间的友好交流的社团”。这个社团有两个宗旨：规范贫困者不良的生活习惯和促进阶级合作。上层妇女和绅士访问工人阶级家庭，为他们举行小型募捐活动。1840 年的社团报告指出，以前尽管中产阶级极力帮助贫困者走出生活困境，但他们还是持有怀疑态度。但是现在，随着时间的推移，事实已经纠正了这种错误的认识，真正需要救助的贫困者能够得到体面的帮助，他们越来越感觉到“社会上层和下层之间相互联系的加强”。[②] 可能这是一种自我欺骗的错觉，社会下层阶级处于家长制的羽翼之下，中产阶级一方面对其施以经济诱惑；另一方面对其加以排斥。这个新社团有时试图促进中产阶级内部之间以及与工人阶级的联合，有时又刻意表明两个阶级之间固有的界限不可打破。在 1841—1842 年经济萧条最严重的时候，济贫委员会成立了施粥所，收到来自伦敦工厂主济贫委员会的 1100 英镑的资助款，并为身体健康的男性申请者提供就业机会，尤其是与大博尔顿区的水库修建工程的主管方联合，增加贫困者的就业岗位。济贫委员会 1842 年的报告指出，他们希望工人阶级能够在残酷的社会竞争中增强应对社会风险的能力，合理支配自己的工资收入，养成节俭和储蓄习惯，对可预见的风险做好准备。[③]

---

① William Cooke Taylor, *Notes of a Tour in the Manufacturing Districts of Lancashire: in a series of letters to His Grace the Archbishop of Dublin*, London: Duncan and Malcolm, 1842, pp. 42 – 43.

② Bolton District Provident Society Report, 1840, pp. 30 – 33.

③ Bolton District Provident Society Report, 1842, pp. 7 – 11.

1841年底，在由托马斯·达格代尔主持的会议上，布莱克本济贫委员会的工作重新展开，任命访问者并向捐助者募集资金；约瑟夫·费尔登捐款100英镑，约翰·李斯特、汤利每人捐款50英镑，巴尼斯特·埃克尔斯、威廉·埃克尔斯、詹姆斯·皮卡普、罗伯特·霍普伍德及其儿子每人25英镑，詹姆斯·皮克金顿及其儿子、约瑟夫·埃克尔斯每人20英镑，坎利夫和布鲁克两个家庭各20英镑，达格代尔捐助10几尼。《布莱克本准则》（*The Blackburn Standard*）指出了富裕阶层捐助数额增长的原因：政府税收在近几年有所减轻，如邮资的降低，济贫税几乎降低了1/3，这些使得他们节省了相当一部分支出。[①] 博尔顿社团在1841年之后继续运行，为贫困者组织施粥活动，募集救济资金。布莱克本、普雷斯顿的济贫委员会也都维持下来。即使在经济繁荣时期，各类目的明确的慈善社团也在积极活动。[②]

二　慈善医院

普雷斯顿慈善医院成立于1809年，以实现宗教职责和利己主义为目的。医院创建者认为："神圣的救世主和未来的审判者，仁慈地预示我们必须信守最后的诺言，不能忽视基督徒的天职和'探访疾病者'的怜悯之心——为贫困者提供衣食和健康关怀。"[③] 安立甘教商人和专业人员等精英阶层在医院事务管理中占主导地位。例如，零售商塞缪尔·克兰自1810年起为医院做了10年的财务主管，1815—1816年天主教牧师约翰·邓恩任医院院长。1813年，医院董事会决定翻修和扩大医院建筑，以容纳更多的病人。1816年医院的年度报告指出，城镇上的居民几乎都曾得到医院的医疗服

① The Blackburn Standard, Dec. 1, 1841, pp. 1, 3; Nov. 17, p. 2.

② Blackburn Reference Library, Report of the Blackburn Strangers' Friend Society For the Year 1827.

③ Lancashire Record Office, Preston Dispensary Records. Draft First Report, Oct. 1910; Derby to John Taylor, Nov. 25, 1809.

务。这份报告还表明，医院管理委员会发放了爱心卡劝导下层民众到医院接受疫苗接种。由于财务监督者之间因账目管理等问题争吵不休，1823 年，医院不得不暂时关闭。托马斯·伯彻尔提出了一个折中的解决方案，包括每年为医院提供 80 英镑的补贴，这笔资金来自济贫税。但是，争执的双方都不愿意妥协。伯彻尔哀叹道，财务监督者准备牺牲医院的重建而不愿放弃有损城镇利益的无谓的管理权之争。直至 1824 年 7 月财务监督者就管理权达成协议，医院才得以重新运转。1829 年的年度报告指出，医院重新修建了几间宽敞的监护室，希望能够为病人提供更好的医疗服务。但是，又因为某些问题没有达成共识，这些监护室直至 1832 年才投入使用。①

博尔顿慈善医院成立于 1813 年 12 月。在 1814 年 3 月的捐助者大会上，医院管理委员会任命约翰·皮尔金顿（商人）为院长，约翰·布罗克班克（牧师）、棉纺织工厂主拉尔夫·弗莱彻、理查德·安斯沃思、莫斯·班克和托马斯·安斯沃思为副院长，漂白工乔治·布莱尔为财务主管，律师约翰·梅里为秘书，委员会成员由棉纺织工厂主马修·惠特里奇、R. 凯、乔纳森·希钦、布商达比希尔和亨利·卡森、律师拉尔夫·博德曼等 16 人组成。② 利己主义和宗教天职是医院成立的动因。在 1819 年的年度报告中，委员会指出，由于穷人往往忽视身体健康状况，传染病很容易在其聚居的贫民窟传播，同时也将会影响富人，“富人们对工人阶级的居住之糟糕状况不感兴趣，也无法想象。但是，如果接触性传染病流行起来，它可不会辨认谁是穷人谁是富人。无论是深院豪宅还是贫民居所，瘟疫如在黑暗中游荡的幽灵，一夜之间就可以摧毁一切”。因此，仅有利

---

① John V. Pickstone, *Medicine and Industrial Society: A History of Hospital Development in Manchester and its Region*, 1752 - 1946, Manchester: Manchester University Press, 1985, pp. 69 - 71; Meg Whittle, " Philanthropy in Preston: The Changing Face of Charity in a 19th Century Provincial Town", Ph. D. thesis, University of Lancaster, 1990, pp. 88 - 111.

② Bolton Archives and Local Studies, Bolton Dispensary Minute Book 1813 - 1818, HBO/1/1/1, Dec. 2, 11, 1813, Mar. 4, 1814.

己主义的驱动还是不够的，“鉴于此种原因，我们应该提高警惕。宗教团体应该发挥其慈善功能，为了所有人的安全，对工人阶级提供爱心庇护和医疗救助”。每一位为医院提供1几尼的捐助者，将能够获得为一位病人提供医疗服务的机会。作为回报，“病人痊愈后要为推荐其就医的捐助者写一封感谢信，公开表达感激之情”①。

原有的医院逐渐不能满足日益扩展的城镇的需求，1823年博尔顿又成立了一所医院。然而1825年，新成立的医院就陷入了债务危机之中，部分原因在于一些捐助者将其资金投向了其他新的建筑的修建。尽管来自个人如约瑟夫·里奇韦、W. 博林和约翰·海伍德等富有者的捐献偿还了债务，但医院董事会并没有规定捐助者的固定捐款数额。1828年的报告中说：“我们认为，医院来自年度捐助者的收入与城镇居民的个人财富不成比例。”但是随后的年度报告提到了关于“去年的请愿书呼吁给予基督教更多公共自由场所……”它强调医院“应尽最大的努力为病人提供最好的医疗服务”。在约翰·皮尔金顿去世之后，布雷德福德伯爵被任命为院长，其中的部分原因在于他为医院的修建提供了土地。② 在随后的20年间，博尔顿的慈善医院一直顽固地拒绝增加资金投入，甚至有时还会降低，尽管中产阶级强烈呼吁，医院也保证“将尽力满足病人医疗康复方面的需求……”，但由于委员会资金不足，为医院增加病房的计划一直拖到1838年才开始实施。③ 19世纪40年代中期，通过一系列慈善募捐和活动，医院的债务逐渐偿清。

三 储蓄银行

储蓄银行运行的理念是鼓励勤劳节俭的下层阶级为未来投资，使

① Bolton Archives and Local Studies, Bolton Infirmary Reports 1818 - 1860, HBO/1/10/1, 1818 - 1819 Report. pp. 4 - 24.

② Bolton Archives and Local Studies, Report for 1825 - 1826, pp. 3 - 4; 1826 - 1827, pp. 10 - 12; 1827 - 1828, pp. 6 - 7; 1828 - 1829, pp. 3 - 11; 1829 - 1830, pp. 4 - 6.

③ Bolton Archives and Local Studies, Report for 1830 - 1831, pp. 4 - 5, 7; 1836 - 1837, pp. 3 - 6; 1837 - 1838, pp. 3 - 5; 1838 - 1839, pp. 4 - 5.

他们在经济萧条时期不再仅仅依靠慈善救济和济贫税维持生活，并打破中产阶级对工人阶级的偏见，证明工人阶级也是节俭和追求体面生活的阶级。兰开夏第一个储蓄银行于 1814 年在布莱克本成立，成立大会由牧师托马斯·斯塔基主持，1818 年 2 月，受储蓄银行法案的影响，政府试图以给予高息回报来吸引储蓄银行的小投资者购买国债。储蓄银行的管理委员会由 106 名当地中产阶级组成，他们每人捐助 1 英镑作为租赁办公场所和聘请银行管理者的费用。其托管人——牧师约瑟夫和威廉·费尔登、约翰·霍恩比、约翰·福登·欣德尔、约翰·弗朗西斯·巴特尔和约瑟夫·伯里——他们是城镇上最有影响力的专业人员、商人和土地所有者，除了巴尔特是天主教徒，其他人都是安立甘教托利党人。19 世纪 20 年代末，因不知名的原因，在清偿了储户的利息和本金之后，这个银行倒闭了。根据 1829 年的储蓄银行法案，1831 年 3 月一家新的储蓄银行开业了。新的托管人有：托马斯·卡尔、詹姆斯和约翰·坎利夫、巴尼斯特·埃克尔斯、威廉·亨利和约翰·霍恩比、詹姆斯·内维尔、詹姆斯·皮卡普、詹姆斯·皮尔金顿、威廉·索普、约翰·弗莱明和约翰·哈格里夫斯，其中有些是信仰新教的富有者。约翰·坎利夫同时还担任财务主管，托马斯·阿特金森是现金出纳，乔治·埃德蒙森是计算员。到 1846 年储蓄基金共计 6.2 万英镑，1847 年由于经济不景气储蓄基金从 2.3 万英镑减少至 1.1 万英镑。①

仿效布莱克本的模式，在随后的几年间三个城镇的储蓄银行相继建立起来，相互之间的联系也逐渐加强。博尔顿储蓄银行成立于 1818 年，吸纳了当地一些富有的精英阶层作为资助人以提高其可信度，如教区的主教、当地贵族、下院议员、行政官员以及乡绅和牧师等。这些地方精英通常作为财产托管人和捐助者参与银行的管理。如，博尔顿储蓄银行的财产托管人有威廉·艾伦、托马斯·布

---

① J. G. Shaw, *History of the Blackburn Saving Bank* 1831 - 1931, Lancashire Record Office, QDS/3/1/11, Blackburn Savings Bank, Fed. 1818.

罗克班克、罗伯特·布洛克、理查德·休伊特和威廉·西斯尔思韦特、托马斯·安斯沃思、彼得·安斯沃思、乔治·布莱尔、爱德华·鲍林、亨利·卡森、约翰·科克肖特、马修·卡尔·道斯、托马斯·福格、威廉·格雷、约翰·格里姆肖、约翰·戈登、亚当·洛马克斯·霍沃思、皮特·休伊特、罗杰·霍兰、塞缪尔·霍顿、托马斯·豪厄尔、詹姆斯·基尔斯利、丹尼尔·梅金森、约翰·拉瓦尔德、托马斯·里奇韦、约翰·泰勒、塞缪尔·伍德。根据储蓄银行法案，其利率一般在4%，一些友谊社也以这个法案为依据设立储蓄基金。[①] 普雷斯顿储蓄银行成立于1816年，但直到1822年才开始运行，其宗旨是“为工人阶级、服务业人员、技术工人、小商人等提供安全的投资机会，以引导他们节约开支并减少因通货膨胀或其他因素而导致的财产损失……”其财产托管人有约翰·多尔顿、劳伦斯·罗斯托恩、威廉·克罗斯、爱德华·罗伯特·特拉弗斯、爱德华·克来顿、小威廉·圣·克莱尔、约翰·戈斯特、托马斯·巴蒂·阿迪森、塞缪尔·克兰、约瑟夫·西顿·阿斯普登、威廉·克来顿、约翰·贝尔斯托和约翰·阿迪森；克莱顿先生是财务主管，约瑟夫·布谢尔是秘书。[②]

四　友谊社

18、19世纪英国工人阶级中存在着大量的民间互助组织——友谊社。这类组织名称、类型众多，1874年皇家委员会至少列出了十六种不同名称及类型，如友谊会、丧葬会、共济会、募捐会、疾病会、织工会、船匠会、鞋匠会、石板会、存款协会等，[③] 友谊社

① Lancashire Record Office, QDS/3/1/10a, Bolton Bank for Savings, deposited in office of Clerk of the Peace, Apr. 27, 1818; Lancashire Record Office, Allen Collection, DP 282/26, notice of Feb. 2, 1818 advertising meeting to adopt rules and regulations.

② Souvenir of the Preston Savings Bank 1816 – 1907. Preston 1907, pp. 16 – 28; LRO, QDS/3/1/33, Preston Bank for Savings, Jan. 1, 1822.

③ Royal Commission on the Friendly and Benefit Building Societies (RCFS), Report, Parliamentary Papers 1874 XXXIII (c. 961), p. xxiv.

是它们的统称。据戈斯登（P. H. J. H. Gosden）研究，19 世纪英国的友谊社大致可分为如下类型①。

第一类，普遍的或当地的友谊社团：无论城市还是乡村，这些社团的成员主要是当地人。它们为成员提供标准的疾病和死亡救助。

第二类，附属社团：与地方社团一样，附属社团为其成员提供疾病和死亡保障；也有一些组织为成员提供寻找工作的旅行补助，其职能仍是地方性的。然而，这类组织是与其他大型的社团结合在一起的。组织政策和决策由年度会议选举的代表参与制定和执行。这类组织形式存在于 1850—1920 年。最为著名的有曼彻斯特统一共济会独立组织（IOOFMU）、古代兄弟会（AOF）、大联合共济会（GUOOF）等。在大多数友谊社中，地方性分支组织经常对总社团的管理表现出强烈的敌意。

第三类，分享社团："分享"一词有特定的含义：每年，通常在圣诞节之前，社团在其成员之间平均分配剩余的财物，并随即解散组织，对下一年的社团活动加以改革。它们通常以很低的花费来为疾病和死亡提供保障。显然，它们为其成员提供的安全保障水平是很低的。

第四类，储蓄和哈罗维友谊社：与储蓄银行相似，当其成员的生活陷入困境，可以从储蓄社团的个人账户上领取生活补助。如果本人的储蓄额用完了，在一定情况下，他可以领取一定的救济金。哈罗维协会的功能与储蓄社团相似，但是更具保障性。它们以工人保守派友谊社的创建者乔治·哈罗维命名。在哈罗维计划中，把从成员中募集的大量资金集中起来。在年末，剩余部分由成员的个人账户分配，其余的用作救助基金。

第五类，特殊贸易社团：特殊贸易社团对采矿业和铁路交通业

① P. H. J. H. Gosden, *The Friendly Societies in England*, 1815 - 1875, New York: Augusus M. Kelley, 1967.

的工人的影响较大。地方组织长期救济基金为矿工提供基本的意外伤害和人身保险。尽管一些矿工加入了传统的友谊社，但他们还是成立了自己的保险体制。同样，附属社团也能够在一定程度上减少他们受到意外伤害时的痛苦。

第六类，募捐社团和丧葬社团：其成员在自愿捐资的基础上按规定向协会交纳一定数量的会费后，即可在遇到诸如疾病、失业、年老、死亡、天灾人祸等情况时，经本人或家属向协会提出救济申请，协会和其他会员有义务为他提供必要的经济援助。

虽然友谊社是应城市工人阶级的特别需要而生，但是其成员成分和诉求都超越了通常的阶级、经济门类和政治上的分野。许多富有的中产阶级参加或为友谊会提供捐助。如，1800 年成立的普雷斯顿友谊会的成员就包括了 1 名纺纱工厂主、3 名棉纺织工厂主、1 名会计、1 名乡绅、1 名棉纱工、2 名小店主、2 名熟练木工匠、1 名木炭商、2 名小酒馆老板、2 名镶玻璃工、1 名亚麻布零售商、1 名制表匠、2 名机器工人、1 名文具商、1 名布商、2 名细木工匠、1 名批发商和 1 名小学校长。[1] 1836 年，伯恩利（Burnley）的“忠诚者会社”（Lodge of Fidelity）在布莱克本设立分支机构。在此后的 20 年间，布莱克本城镇的许多社会精英成为这个友谊社的领导者和资助人。如，律师丹尼尔·霍顿、托马斯·索普和托马斯·克拉夫，医生威廉·亨利·莫里斯、詹姆斯·弗莱斯特、理查德·马兰和乔治·斯特科斯，牧师约翰·F. 考特斯和乔治·约翰·摩尔以及酒商小丹尼尔·斯威特斯等。[2]

第五节　宗教社团

为促进特定的宗教和道德事业，中产阶级组织领导的宗教社团

---

① Lancashire Record Office, QDS/2/1/45, Lodge of Peace and Unity.

② Brother James Rostron, *History of the Lodge of Fidelity*, *No.* 269, 1788 - 1914, Blackburn: George Toulmin and Sons, 1914.

也非常活跃。它们除了直接努力地影响英国国民的道德风气外，还积极地影响上层人士就社会风化问题所做的决策。

一　《圣经》协会

普雷斯顿辅助《圣经》协会（the Preston Auxiliary Bible Society）成立于1812年10月，其目的是与不列颠和海外《圣经》协会（the British and Foreign Bible Society）保持合作，以促进《圣经》教义在国内外的传播。一次性捐助10几尼或每年至少捐助1几尼的中产阶级方具有成员资格。大多数委员会成员都是国教徒。1815年，在普雷斯顿辅助《圣经》协会的第三次年度会议上，任职长达40年的治安法官约翰·格里姆肖（John Grimshaw）认为，严刑酷法并不足以震慑各类犯罪行为和堕落者的放荡，“唯有上帝的福音和宽容才能真正净化社会风气，促进道德水平的提高和良好社会秩序的形成”。博尔顿《圣经》协会秘书，W. 瑟斯特斯韦特牧师认为，《圣经》协会的宗旨是促进各教派之间的有效合作与和睦相处：

> 《圣经》协会在促进基督教不同宗派之间的和谐相处方面具有令人惊叹的作用。其他许多组织也试图协调宗派争端，但最终都归于失败，原因在于宗教信仰不是非此即彼的信条。而《圣经》协会不要求其成员为某些教义妥协或牺牲，它只需每个人发自内心的对上帝的虔诚与《圣经》的信奉。

布莱克本独立派牧师约瑟夫·弗莱彻也同意这种观点，认为“《圣经》，唯有《圣经》”是消弭教派争端的准则。[1] 普雷斯顿辅助《圣经》协会1815年的委员会成员包括：威廉·汤姆林森骑士、托马斯·霍华德律师、袜商托马斯·利奇、铸铁工厂主托马斯·克拉

---

① *Preston Auxiliary Bible Society – Address and Reports*: *Report of the Preston Auxiliary Bible Society*, Harris Reference Library, 1815, pp. 5 – 36.

克、律师约翰·亚伯拉罕、茶商兼亚麻布商人塞缪尔·科林、棉纺织工厂主 W. 威尔逊、银行家 H. P. 弗利特伍德、制革匠约翰·斯雷尔法、工厂主约翰·巴伦、棉纺织工厂主理查德·哈默和约翰·哈默、律师约翰·霍华德、工厂主蒂姆斯·弗兰斯、工厂主约翰·帕克、乡绅约翰·伯内特和罗杰·科林、布商丹尼尔·乔治·利迪尔和詹姆斯·威尔、零售商 M. 萨特斯韦特和罗伯特·本森。秘书是唐尼牧师、W. M. 沃克尔牧师和亚麻布商人约翰·菲舍，财产托管人是银行家理查德·纽舍姆。①

1817 年，威尔森牧师来到普雷斯顿，被推选为辅助《圣经》协会的副主席（下院议员塞缪尔·霍洛克斯任主席）。在 1817 年 10 月的年度会议上，威尔森表示他将致力于提高协会成员的经济收益和福利水平。威尔森牧师还筹备建立了普雷斯顿地区家庭巡访协会。其目的是加强富有阶层与贫困阶层的联系，鼓励贫困者形成良好的家庭管理，协助教区牧师履行教职，增强贫困者宗教义务感。协会资助人是切斯特主教，协会主席兼财产托管人是约翰·贝尔斯托，秘书由 W. W. 利雷和 W. 韦尔宁担任。② 1836 年 4 月，在由下院议员彼得·赫斯基斯·弗利特伍德主持的集会上，威尔森提出成立一个地方协会以便与伦敦的《圣经》协会保持联系。但他反对公共浴室、阅览室以及诸如此类的与市民生活密切相关的公共设施和场所的建立。③

1833 年 12 月，在由托马斯·巴蒂·埃迪森主持的公共集会上成立了普雷斯顿地区互助会。互助会主席由埃迪森担任，副主席是约翰·埃迪森、C. 杰克逊、威廉·克莱顿、约翰·劳和 R. 皮尔金顿，财产托管人是 C. 圣·克莱尔，秘书是约翰·克莱牧师、哈里森·安斯沃思和威廉·安斯沃思，委员会成员由雷文牧师等 22 人组成。约翰·克莱牧师指出，这个社团是在妇女互助会的基础上发

① *Rogerson' s Lancashire Directory*, Blackburn, 1818.

② Preston Chronicle, Dec. 7, p. 2; Dec. 14, 1818, p. 2.

③ Preston Chronicle, Apr. 16, 1836, p. 3.

展而来的，其目的是联合社会富有阶层为贫困者提供各种救助，并引导他们形成节俭、有计划储蓄资金以备不时之需的习惯。[①]

1832 年，布莱克本成立了伦敦爱尔兰人协会的分支组织，其目的是传播圣经教义和国教精神。1834 年的资助人是切斯特主教，主席由厄尔·豪担任，副主席是下院议员威廉·费尔登和威廉·特纳、托马斯·克莱顿、约翰·哈格里夫斯、约翰·霍恩比、罗伯特·惠勒，财产托管人是詹姆斯·坎利弗，秘书是 S. J. 艾伦牧师，委员会成员包括约翰·埃克尔斯、威廉·埃克尔斯、亨利·哈格里夫斯、理查德·马兰德和迪克森·鲁滨孙。[②] 1833 年的第一次年代会议由约翰·费尔登主持，参加者大多数是附近教区的安立甘教牧师和教徒。[③]

二　基督教知识促进会

1698 年，英国国教会成立的基督教知识促进会（Society for Promoting Christian Knowledge）是一个传播福音和国教精神的组织，规划在全国各地建立慈善学校（Charity School）。它发动社会捐助慈善学校时实行认捐原则，以此来激励地方集资建立贫困者能够接受教育的学校。在它的倡导和建议下，许多地区建立了地方协会，通过每周和每季的募捐活动为慈善学校筹集资金。慈善学校要遵守基督教知识促进会确定的办学方针，并由认捐者委员会负责管理。布莱克本教区牧师惠特克致力于基督教知识促进会（the Society for the Promotion of Christian Knowledge）的建设与各项活动。1824 年、1832 年和 1835 年惠特克任协会主席。独立派牧师约瑟夫·弗莱彻积极致力于新教各教派之间的合作，在 1814 年博尔顿《圣经》协会成立时指出："非常不幸，教派之间的偏见和高教会的破坏阻碍了我们的合作。"在博尔顿，圣·乔治教区牧师威廉·西斯尔思韦

---

① Preston Chronicle, Dec. 14, 1833, pp. 2 – 3.

② Blackburn Alfred, Mar. 12, 1834, p. 1.

③ Blackburn Alfred, Mar. 20, 1833, p. 1.

特是 1813 年成立的博尔顿辅助《圣经》协会的创建者。他领导了许多宗教社团，包括基督教知识促进会、博尔顿妇女基督教知识促进会、博尔顿牧师协会（财产托管人），并参加了 SPG 和 CMS 两个宗教社团。[①] 1838 年，在西斯尔斯韦特牧师的葬礼上，独立派牧师威廉·琼斯评价说："也许英国国教讲坛上处处都留下了他的智慧和虔诚。"[②]

三　禁酒协会

19 世纪早期英国社会的饮酒风气——至少在男性中间——作为日常生活的一部分而被广泛接受，"所有晚宴结束前的高潮时刻就是开怀畅饮，无论是因为快乐还是悲伤，无论是出于公事目的还是纯粹的消遣，如喧闹的婚礼，庄重的葬礼，无休止的娱乐活动等，都在小酒馆中进行。人们都涌向这种提供自由空间的场所，在这里，他们可以忘却俗世、发泄情感，远离家庭的束缚和控制或者夫妻之间的相互埋怨和指责"。[③] 一些著名人物的作品，如艾伦·罗姆斯恩、罗伯特·弗格森和罗伯特·本斯极力赞赏酒馆文化的朴实，沃特·斯卡特对绅士俱乐部会员资格的倡导反映了城市社会的风尚环境。在稍后的历史情境中，在工业精英的社会身份认同中，优雅体面的生活方式已成为其中的评判标准。斯卡特 1824 年的小说《圣·罗恩那斯的井》描述了克雷克姆酒馆一位有进取心的老板梅格·道格拉斯先生，他精湛的厨艺和充裕的藏酒在讲究饮食的中产阶级中间引起了反响。[④] 在酒馆中举行晚宴和畅饮交谈使得中产

---

① George Thistlethwaite, *Memoirs of Life of the Rev. W. Thistlethwaite, M. A.*, London, 1838, pp. 57 – 63.

② William Jones, *The Fainting of a Standard – Bearer. A Sermon Preached at Mawdley – Street Chapel, Bolton, on Sunday, January 14th, 1838, Occasioned by the Lamented Death of the Rev. William Thistlethwaite, M. A.*, Bolton: R. M. Holden, 1838, pp. 4, 7 – 8.

③ Thomas Dunham Whitaker, *An History of the Original Parish of Whalley, Vol. II*, London: G. Routledge, 1872, p. 217.

④ Mark Weinstein, *Sir Walter Scott's. St. Ronan's Well*, Edinburgh: Edinburgh University Press, 1995.

阶级男性的业余生活看起来非常舒适悠闲。但是，这种表面上看来有益而愉悦的酒馆文化和苏格兰社会普遍的烈性酒消费受到广大评论者的批评。酗酒问题，特别是在城市中，已经成为公共领域热烈讨论的主题，既有对酗酒现象更加严重而感到担忧的啤酒酿造者和葡萄酒爱好者，也有认为酗酒将会是国家道德风化和民族身体素质威胁的宗教虔诚者，如苏格兰禁酒运动的先驱约翰·邓洛普。与邓洛普同时代的许多知名人士非常担忧地指出，自政府 1822 年对烈性酒减税之后，威士忌的消费量在普通群众中急速上升。[①] 在威士忌的法定价格下跌后，所有的消费量在国家税收中反馈的信息更加透明。1827 年《苏格兰人》杂志宣称在过去的五年中，烈性酒的饮用已增长三倍，"并且我们街头的日常景观表明情况已经变得更为糟糕"。[②] 有一些文章提出补救措施，如通过提倡饮用"发酵饮料"（葡萄酒和啤酒）代替更辛辣的"烈性白酒"以改变民众的饮酒习惯。由于商业原因，苏格兰酿造者也在担心威士忌的刺激性会令饮用者不断提高对其口味的要求。从 19 世纪 20 年代中期起，酿造者也支持加强控制苏格兰宽松的许可证法的运动。由托利党下议院议员亨利·休谟·杜蒙德在议会提议的 1828 年立法，第一次正式形成了对旅馆、酒馆、餐馆营业时间的限制。[③] 这种限制旨在对烈性酒供应进行控制。

兰开夏禁酒运动倡导者约翰·克莱（John Chaplain）牧师也认为大多数犯罪的根源在于"不良的酗酒习惯和悲惨的生活境遇"，他指出：

---

① Daniel C. Paton, "Drink and the Temperance Movement in Nineteenth – Century Scotland", Ph. D thesis, Edinburgh University, 1976.

② Anonymous feature article, "Intemperance – causes and remedies", *The Scotsman*, 16 June 1827.

③ George B. Wilson, *Alcohol and the Nation: A Contribution to the Study of the Liquor Problem in the United Kingdom from* 1800 *to* 1935, London: Nicholson&Watson, 1940; Daniel C. Paton, "Drink and the Temperance Movement in Nineteenth – Century Scotland", Ph. D thesis, Edinburgh University, 1976, p. 103; Rudolph Kenny and Anthony Mooney, *People' s Palace: Victorian and Edwardian Pubs of Scotland*, Edinburgh: Paul Harris, 1983, pp. 19 – 20.

> 如果说谨慎和节俭的美德能够引导中产阶级走向成功，那么忽视这种美德将会使他们陷于失败和贫困。对于工人阶级来说也是如此。贫困者如果想要摆脱对慈善救济的依赖，中产阶级要想减轻济贫税负担，我认为，必须将酗酒者从放纵和堕落中唤醒。①

布莱克本禁酒社团成立于1831年，社团主席由教区主教担任，一名贵格派、一名安立甘教和两名公理会教徒担任副主席，委员会成员由安立甘教徒、长老会教徒、浸礼会教徒、卫理公会教徒和贵格派教徒组成。社团秘书弗朗西斯·斯金纳牧师，试图将禁酒社团发展成为典型的自愿社团——搁置各个宗派的分歧，联合起来应对共同的社会问题。②

博尔顿禁酒社团也于1831年成立，由教区主教担任主席。威廉·西斯尔思韦特担任社团秘书。为满足普通成员的需求，社团会议每月在本教区的主日学校、阿利公爵教堂、埃比尼泽教堂等场所举行。③ 1833年，在对利夫西和普雷斯顿参观之后，博尔顿成立了新禁酒协会。1837年，博尔顿禁酒协会开始募集资金修建禁酒会所，罗伯特·纳雷斯、彼得·罗斯韦尔、亨利·阿什沃斯、罗伯特·海伍德和查尔斯·詹姆斯分别捐助25—50英镑不等。禁酒会所于1840年建成使用。④

普雷斯顿禁酒社团的创立与其他两个城镇相比有些不同。在普雷斯顿，禁酒问题是与中产阶级下层的激进运动联系在一起的。

---

① Lancashire Record Office, OGR/2/29, Chaplain' s Report, Oct. 1839, p. 9.

② Brian Harrison, *Drink and the Victorians: The Temperance Question in England 1815 - 1872*, Pittsburgh: University of Pittsburgh Press, 1971, p. 107.

③ D. O' Connor, *The Temperance Movement in Bolton' MS*, Bolton Archives and Local Studies, 1974, pp. 3 - 4.

④ D. O' Connor, "Temperance Movement", Bolton Free Press, Jan. 4, 1840, pp. 6 - 31.

1832年3月成立大会在一个剧院由天文学家兼卫理公会牧师摩西·霍尔登主持召开，来自布莱克本禁酒社团的代表斯金纳牧师和银行家协会成员乔治·埃德蒙森参加了会议。当地的神父和牧师是委员会的主要成员。但是事实很快就证明这个禁酒社团与其他非宗派性的自愿社团不同，它是一个对政治活动很感兴趣的团体。普雷斯顿禁酒社团很快就与以约瑟夫·利夫西为代表的新教小店主激进团体以及他们的风化改革运动联合起来，他们把贵族利益集团以及与其相关联的伦敦的啤酒酿造商作为主要敌人。为了地方和个人的独立，这个激进团体认为滋生社会弊病的根源有两个方面：腐败的寡头政府和人性的弱点。因此，禁酒社团作为激进个人主义道德改革的一部分猛烈抨击旧的贵族阶层。然而它有助于促进来自各种社会背景的新教利益集团的形成（比较富有的不信国教者能够认同激进改革主义，尤其是对旧的机能失调的社会政治结构的改革）。以利夫西为首的禁酒社团在1832年9月公开宣称，他们不仅反对烈性酒的销售和饮用，还主张绝对禁酒。自我控制禁酒不足以鼓舞禁酒社团成员的热情，除此之外，他们还限制啤酒和杜松子酒的饮用。普雷斯顿绝对禁酒者在城镇各工厂区域巡回宣传，自1834年开始，利夫西出版社还公开发行了传单和刊物，其中包括颇有影响的《普雷斯顿禁酒倡导者》（*Preston Temperance Advocate*）。普雷斯顿禁酒社团在1835年投票通过了绝对禁酒行动计划。①

第六节　英国中产阶级女性自愿社团的发展

中产阶级“两分领域”的主流观点把女性视为处于男性领导权之下的从属的沉默的角色。19世纪三四十年代，严重的性别观念

① Frank Hodgkinson, The Social Origins of the Teetotal Movement in Preston 1820 - 1835, Unpublished Cert. Ed. dissertation, Chorley College of Education, 1974.

和两分领域思想将妇女的角色限定在了狭小的家庭生活领域。中产阶级女性在公共领域的活动遭到反对。19世纪中期，伯明翰极富号召力的不信国教者牧师约翰·安杰·詹姆斯曾公开表示：

> 没有什么比听说年轻的妇女游荡在街上挨家挨户为贫民募捐，或强行进入账房责问财务人员更让我感到厌恶的了。①

近年来的研究也表明，中产阶级与男性精英领导下的自愿社团之间有一种相互依存的历史联系。但是这种联系可能由于“外围团体”（Out - Groups）的参与而被打破，如妇女组织、中产阶级下层和工人阶级因为社团文化的性质以及公开的捐助民主制度而卷入政治社会生活。② 实际上，许多19世纪的中产阶级妇女在阶级责任感和宗教热情的鼓舞下，通过自愿社团这种灵活的组织形式进入了公共领域。她们从慈善公益、教育和政治三个领域逐渐突破家庭生活的限制。中产阶级妇女在前两个领域的活动虽然基本上是家庭生活的翻版，但她们以此为接触公共生活的突破口，逐渐延伸其社会角色。

例如，利兹城镇中产阶级妇女创办和开展的慈善活动颇为著名。成立于1783年的伯德尔妇女友善社团（Bedale Ladies Amicable Society），一年救济了123名病人和年老体弱者。皮尔斯夫人（Mrs. Pierce）、珍妮·诺斯夫人（Mrs. Jane North）、安·波格斯夫人（Mrs. Ann Burgess）等在社团中非常活跃，她们将这种慈善救助行为视为基督徒的职责。③ 根据“改善贫困者境遇协会”1803年

---

① Leonore Davidoff and Catherine Hall, *Family Fortunes: Men and Women of the English Middle Class* 1780 - 1850, London, New York: Routledge, 2002, p. 430.

② Clive Behagg, *Politics and Production in the Early Nineteenth Century*, London: Routledge, 1990; Eugenion F. Biagini and Alastair J. Reid. eds. , *Currents of Radicalism: Popular Radicalism, Organized Labour and Party Politics in Britain*, 1850 - 1914, Cambridge: Cambridge University Press, 1991; Brian Harrison and Patricia Hollies eds. , *Robert Lowery, Radical and Chartist*, London: Europa Publications, 1979.

③ Amanda Vikery, *The Gentlemen's Dauthter: Women's Lives in Georgian England*, New Haven, London: Ylae Untiversity Press, 1988, p. 256.

的年度报告，利兹中产阶级妇女已建立了 5 所工业学校为 50 名贫困家庭的女孩提供阅读、编织和缝纫等知识教育。[①] 卡斯尔女子访问学校（The Carsile Female Visiting School）建于 1803 年，其主要目的是为不幸的人、没有住处的人提供帮助。[②] 1796 年，利物浦成立了救济贫穷产妇慈善协会（Ladies Charity for the Poor Women in Childbed），这个组织由妇女领导和管理，通过家庭探访的形式为贫病交加的城市贫民孕妇和产妇提供救助。1818 年，利物浦成立了辅助社团女士分会（The Ladies Branch of the Liverpool Auxiliary Society）等慈善社团。[③] 沃肯顿（Workington）城镇的婴儿服社团（An Infant Clothing Society，1811 年成立）、多卡斯社团（Dorcas Society，1818 年成立）、布兰科特社团（A Blanket Society，1819 年成立）在 1821 年一年之中向穷人发放了 600 件其成员缝制的衣服。[④] 在哈可希德（Hawkshead），1798 年妇女联合社团（Female Union Society）成立；1818 年成立的华勒姊妹友爱会（Whalley Sisters Love Society）的活动闻名全英国。[⑤] 19 世纪 30—40 年代，科切斯特的产期慈善社团（Lying - in Charity）每年处理了近 250 件慈善事务。这些慈善社团犹如“勤政的天使”，为需求者提供了经济支持和精神安慰。[⑥]

19 世纪 30 年代以后，中产阶级妇女活跃在自愿社团网络中的人数显著增加。她们积极参与为医院、布道者协会、教堂修建和政

---

① Thomas Bernard, “An Account of the Ladies’ Schools and Some Other Charities at Leeds”, *Report of the Society for Bettering the Condition of the Poor*, 4, 25 Dec. 1803.

② Amanda Vikery, *The Gentlemen’ s Dauthter: Women’ s Lives in Georgian England*, New Haven, London: Ylae Untiversity Press, 1988, p. 342.

③ M. B. Simey, *Charitable effort in Liverpool in the nineteenth century*, Liverpool: The Liverpool University Press, 1951, p. 21.

④ Amanda Vikery, *The Gentlemen’s Dauthter: Women’s Lives in Georgian England*, New Haven, London: Ylae Untiversity Press, 1988, p. 342.

⑤ Ibid. .

⑥ Leonore Davidoff and Catherine Hall, *Family Fortunes: Men and Women of the English Middle Class* 1780 - 1850, London, New York: Routledge, 2002, p. 434.

治社团如反谷物法同盟而举行的募捐销售和义卖活动。通过《圣经》和传教士协会等社团的辅助性组织，她们也承担了一定的活动任务，主要工作是从朋友和社区那里募集资金。其结果证明她们拥有令人尊敬的强大力量。[①] 慈善委员会领导者的妻子们在男性不方便活动的私人家庭领域的募捐中发挥了积极作用。[②] 1835 年，伦敦的“卫公理会基督教导会”的 2000 名女性志愿探访者，每月两次去探访穷人，被探访者总数达 4 万户之多。1843 年，在伦敦主教帮助下创办的“首都探视和救济协会”一年之内就有 1000 名中产阶级妇女成为志愿探访者，1873 年女性志愿探访者已增至 2000 余名。据 L. M. 哈伯德（L. M. Hubbard）估计，1893 年，伦敦的中产阶级女性志愿者约有 8.4 万人。[③] 1869 年，伦敦成立慈善组织协会（Charity Organization Society，COS），欧科特维娅·希尔（Octavia Hill）是创办者之一。其组织宗旨是，通过慈善活动在穷人和富人之间建立和睦关系，帮助穷人实现经济自立。只要穷人能接受自力更生的培训和培养，摒弃好逸恶劳和不节俭的恶习，他们便可自食其力，既不向国家伸手，也不接受富人的施舍。[④] 19 世纪 80 年代，在上层和富裕的中产阶级妇女中参加慈善活动成为一种时尚，有不少妇女认为“行善积德，施舍穷人，照顾病人，赈济老人的活动”，有利于“把家庭成员的相互关照的行为模式带向社会”。[⑤] 中产阶级妇女在公共领域中的慈善活动在很大程度上重现了其崇尚的温馨、甜蜜的家庭生活方式。

18 世纪末以来至 19 世纪，英国中产阶级妇女以办学和争取女性受教育权利等形式在文化教育领域展开自愿参与活动。如，1789

---

① F. K. Prochaska, *Women and Philanthropy in Nineteenth - Century England*, New York: Oxford University Press, 1980, pp. 5 - 27.

② Annual Reports of the Leeds Guardian Society, Leeds, 1820 - 1851.

③ Sandra Burmand, *Fit Work for Women*, London: Croom Helm, 1979, p. 34.

④ Ibid., p. 54.

⑤ Yaffa Clair Drazanin, *Victorian London's Midddle - Class Housewige*, London: Grennwood Press, 2000, p. 146.

年，著名教育家汉娜·莫尔（Hannah More）与其妹妹玛莎（Martha）在福音派银行家和下院议员亨利·索顿（Henry Thornton）的资助下，建立了主日学校，在缺乏足够教育的蒙底普斯（Mendips）的矿区和村庄里进行扫盲教育。1795 年，莫尔已经建立了九所学校，大约有 1000 名儿童入学。其中三所学校和她分别在谢普汉姆（Shipham）和切达（Cheddar）所建立的妇女利益俱乐部一直存在到了 20 世纪。[①] 1797 年，简·阿登（Jane Arden）与加德纳先生（Mr. Gardiner）夫妇创办的学校一直存在到她去世的 1840 年。[②] 1800 年 7 月，维尔斯夫人（Mrs. Wells）在维特尼（Witney）创办了母女共同经营的学校。墨尔（More）姐妹在布里斯托（Bristol），李（Lee）姐妹在巴斯（Bath）以及在伦敦的女王广场（Queen Square）创办了收费的寄宿学校。[③] 1848 年 10 月，多兰斯（Dowlais）的卡洛特·格斯特夫人（Lady Charlotter Guest）在其丈夫的炼铁厂为女青年办起夜习班。汉普郡特斯特乌德·浩司（Testwood House）的伯尼（Anne Sturges Bourne），牛津郡马科克里斯菲尔德（Macclesfield）伯爵夫人，办起了仆人培训学校。[④] 1850 年，弗兰西斯·巴斯（Frances Buss）创办了一所培训女教师的私立学校，后来该校成为女王学院的分院，被命名为北伦敦学院学校（the North London Collegiate School）。建于 1854 年的切滕汉姆女子学院（Chetlenham Ladies College）也是类似的教师培训学院，19 世纪该校两任校长均为女性。[⑤]

中产阶级女性在积极参与教育活动的同时，也希望获得与男性平等地参与公共生活的权利。她们认为妇女权利的获得是以女性接

---

① Sue Morgan, *Women, Religion and Feminism in Britain*, 1750 – 1900, London: Macmillan, 2002, p. 30.

② Hannah Barker and Elaine Chalus, *Gender in Eighteenth – Century England, Role, Representations and Responsibilities*, London: Longman, 1997, p. 118.

③ Ibid., pp. 114 – 119.

④ Pamela Horn, *Victorian Countrywomen*, Oxford: Basil Blackwell, 1991, p. 51.

⑤ Ibid., p. 60.

受教育为基础的。爱丁堡妇女教育协会为争取获得苏格兰地方大学的入学资格展开了奋斗，1892年，苏格兰大学为女性入学敞开了大门。弗洛拉·斯蒂芬森建立了第一所女性专业“家政学”学校——爱丁堡烹饪学校，并担任爱丁堡学校委员会的主席。约克郡女性教育委员会特别开设了卫生保健和伦理学课程。在伦敦，全国妇女委员会为宣传卫生知识出版了一系列教育性小册子。许多宣传册的内容大多数都是教妇女如何注意公共场所的卫生状况。①

除上述慈善和教育领域外，中产阶级妇女还广泛关注和参与社会与政治领域中的公共事务，并提出了对选举权的要求。早在18世纪末，中产阶级的妇女们就开始积极参与反奴隶制贸易的斗争。她们挨家挨户地组织向议会呈递请愿书的签名活动，印刷并散发宣传册，以激起人们对反奴隶制运动的同情和支持。② 妇女们在其中是资金募集者、听众和演讲者。如，1823年，反奴隶社团（Anti-Slavery Society）收到妇女捐款1093英镑，到1826年，社团收到捐款达2933英镑，主要用于印刷期刊，开展其他一些反奴隶制的活动。1825年4月8日，伯明翰成立“妇女救济黑人奴隶社团”（the Birmingham Ladies' Society for the Relief of Negro Slaves），其宗旨是“依靠英国的法律制度，改善非洲儿童尤其是女性黑奴的不幸遭遇”。路丝·汤赛德（Lucy Townsend）是主要领袖之一。这个全国性的反奴隶制组织，通过各地分会募集基金，并积极鼓动社会各界的参与热情。1827年，该社团举行了3.5万次宣传演讲，出版反奴隶制文学作品的费用达500英镑。在“妇女救济黑人奴隶社团”的影响下，英国大中小城市的妇女反奴隶制社团纷纷兴起。据统计，仅1831年全国有40个类似的社团先后成立。③

---

① Gordon Donaldson, edt, *Four Centuries: Edinburgh University Life*, 1583 - 1983, Edinburgh: University of Edinburgh, 1983.

② Jane Randall, *The Origins of Modern Feminism, Women in Britain, France and the U S.*, 1790 - 1880, London: Macmillian, 1985, p. 246.

③ Jane Randall, *Equal or Different Women' s Politcis* 1800 - 1914, Oxford: Basil Blackwell, 1987, p. 84.

19 世纪五六十年代，英国社会舆论对女性在政治领域活动的限制开始松弛。一些妇女已经开始明确使用“奴役”和“解放”等词汇来认识自己的社会地位和目标追求。中产阶级妇女对公共发言权以及通过获得选举权参与国家政治生活有着强烈的要求。1851 年，一位曾参与反奴隶制运动的辉格派成员安妮·赖特（Anne Knight）主张宪章派的妇女建立谢菲尔德女性政治协会（the Sheffield Female Political Association），并由该社团起草了妇女选举请愿书呈递给上议院。① 1866—1872 年爱丁堡妇女为女性选举权展开了讨论和呼吁。自愿社团的自由和灵活性为妇女争取公共领域的发言权提供了便利条件。1866 年，伊丽莎白·沃尔斯顿霍姆（Elizabeth Wolstenholme）组建的曼切斯特社团是早期妇女选举权运动的核心组织。1867 年，该组织联合全国地方性社团，组建了“全国妇女选举协会同盟”（the National Union of Women's Suffrage Societies）。沃尔斯顿霍姆担任曼切斯特同盟的第一任秘书。② 1870—1890 年，英国中产阶级女性成立了许多地方选举协会。1897 年它们与全国妇女选举协会同盟合并。自愿社团的灵活性使得这些团体相互之间密切联系。这些妇女选举组织继承了宪章主义者和反谷物法同盟的基本活动策略，它们召集聚会、举行游行和请愿活动，游说政府官员、发表演讲、散发传单和出版杂志。③ 在全国性的妇女运动中，她们增强了信心，自信有能力挑战社会舆论在心理、体力、能力和政治参与中对妇女的不平等待遇。

综上所述，19 世纪英国中产阶级自愿社团在城镇生活中蓬勃发展。从慈善救助团体到学术研究社团，从社会交往俱乐部再到政

① Jane Randall, *The Origins of Modern Feminism, Women in Britain, France and the U S.*, 1790 - 1880, London: Macmillian, 1985, p. 246.

② Harold L. Smith, *Suffrage Campaign* 1866 - 1928, London: Longman, 1998, p. 6.

③ Jill Liddington and Jill Norris, *One Hand Tied Behind Us: the Rise Of the Women' s Suffrage Movement*, London: Virago, 1978, pp. 64 - 83.

治行动团体等等类型的组织，与各种社会行动，如贫困救济、医疗救助、风化改革、公共秩序、教育和节俭、科学和文化的传播以及休闲娱乐等结合在一起。中产阶级自愿社团顺应了处于快速社会发展和经济变迁之中的持续兴起的城市精英社会身份认同的要求，有利于使尚处于贵族阶层管理之下的中产阶级形成相对一致的身份认同和阶级文化。在多元化的社会中，自愿社团为各种社会背景中的中产阶层提供了融合和交流的平台。同时，自愿社团代表了独立和自由的另一种含义——这些自律性组织除对其成员负责外，无须对政府或其他任何社会组织负责。

第三章　19世纪英国中产阶级自愿社团的组织形态与经济机制

自愿社团作为市民社会的实体性组织，虽数量繁多、类型有别、目标各异，但其组织形态具有基本的相似性和共同特征。一般来说，自愿社团都具有明确的组织宗旨、合理的组织结构和民主的组织管理等要素，以及根据特定原则建立起来的内部联系和外延网络。本章将对市民社会的这一实体性资源进行细致的组织形态分析，考察自愿社团的内部结构，社团成员的资格限制、经济地位及职业状况，社团的经济管理机制，以及自愿社团自我管理的方式，从微观层面揭示自愿社团的组织管理模式，勾勒出中产阶级自愿社团的立体结构，认识自愿社团内部自律和自治的基础。

第一节　中产阶级自愿社团的组织宗旨

所谓“组织宗旨”，是指自愿社团在创立时确立的本团体组建与开展活动的主要目的。美国独立部门（Independent Sector）的一项调查显示，要成为卓越的非营利组织，首要条件就是要有“清楚的使命感，以便上自管理委员会下至全体成员都能据此凝聚共识，全力投入”[①]。这种“清楚的使命感”即是明确的社团组织宗旨，

① *Profiles of Excellence: Studies of the Effectiveness of Nonprofit Organizations, Executive Summary*, Washington, DC: Independent Sector, 1989, p. 3.

它是自愿社团“建构长期性策略的基础，它为机构成员指引工作的方向，使整个机构能形成一体，朝共同目标前进”。[①]

一 组织宗旨的明确性

19 世纪英国城镇的中产阶级自愿社团在数量和功能目标多样化方面的发展，为分析其组织宗旨和规章制度的特征提供了基础。我们仍以布莱克本、博尔顿、普雷斯顿三个城镇的自愿社团为例，来考察其组织宗旨的明确性与行动目标的具体性。

1792 年 12 月成立的博尔顿“保护协会”的宗旨是：“作为公平和忠诚的使者，保护宪政体制免于破坏，消除煽动性言论的影响，为保护自由平等和民族利益而采取积极行动。”[②]

1809 年成立的普雷斯顿慈善医院的宗旨是：“为贫困者提供衣食和健康关怀。”[③]

1810 年成立的普雷斯顿文学和哲学社团的主要宗旨是促进知识和文化的传播。[④]

1812 年 10 月成立的普雷斯顿辅助《圣经》协会的宗旨是与不列颠和海外《圣经》协会保持合作，以促进《圣经》教义在国内外的传播。[⑤]

1816 年成立的普雷斯顿储蓄银行的宗旨是“为工人阶级、服务业人员、技术工人、小商人等提供安全的投资机会，以引导他们

---

① ［美］詹姆斯·P. 盖拉特：《21 世纪非营利组织管理》，邓国胜等译，中国人民大学出版社 2003 年版，第 9 页。

② W. Brimelow, *Political and Parliamentary History of Bolton*, Bolton: Tillotson & Son, 1882, pp. 7 – 10.

③ Lancashire Record Office, Preston Dispensary Records, Draft First Report, Oct. 1910.

④ At the Commencement of a Course of Lectures to the Society, on Natural and Experimental Philosophy, Preston 1811, pp. 9 – 10.

⑤ *Preston Auxiliary Bible Society – Address and Reports*: *Report of the Preston Auxiliary Bible Society*, Harris Reference Library, 1815, p. 5.

节约开支并减少因通货膨胀或其他因素而导致的财产损失。”①

1825 年成立的博尔顿城镇的技工社团的宗旨和首要目标是，通过阅读科学著作，听取演讲和参观科学实验，“为技术工人提供改进技术水平和自身素质的途径”，“对个人的幸福生活和禁酒活动产生积极影响，创造良好的社会秩序，提高国家的工业化和商业贸易水平，增强国家竞争力”，保持英国在工业生产中的技术优势。②

1832 年成立的布莱克本东印度协会的组织宗旨是：“与利物浦和其他地区相似的社团联合起来，结束东印度公司对中国贸易的垄断地位，取消对在印度的英国定居点的限制，在印度发展教育和传播基督教。”③

1833 年 2 月，威廉·休顿创建的南兰开夏保守主义者协会的宗旨是：“拥护王权的合法性；保护新教信仰；维护贵族的权利，与真正的自由派联合；继续反对普选权、秘密投票和废除谷物法的提案；继续加强与爱尔兰的联合；支持扩大商业贸易的合法性、提高人民的幸福生活水平，维护英国的利益和荣耀不受侵犯。”④

1837 年成立的博尔顿自由主义者协会的宗旨是：“协调城镇中产阶级改革者的利益，实现户主普选权、三年期议会、秘密投票、国民教育改革、废除衰败与合并衰败选区。”⑤

1841 年 2 月成立的博尔顿慈善节俭协会的宗旨是规范贫困者不良的生活习惯和促进阶级合作。⑥

1846 年 9 月成立的布莱克本促进废除东印度公司盐业垄断地位

① Souvenir of the Preston Savings Bank 1816 – 1907, Preston 1907, pp. 16 – 28; Lancashire Record Office, QDS/3/1/33, Preston Bank for Savings, Jan. 1, 1822.

② J. H. Arrowsmith, *Essay on Mechanics' Institute, with a Particular Relation to the Institute Recently Established in Bolton*, Bolton 1825, pp. 5 – 20.

③ Blackburn Gazette, Nov. 28, 1832, pp. 1 – 4.

④ Blackburn Alfred, Feb. 18, 1833, p. 8.

⑤ Bolton Free Press, Aug. 18, 1838, p. 3.

⑥ Bolton District Provident Society Report, 1840, pp. 30 – 33.

协会，明确提出其宗旨是："监督、保护和促进布莱克本及周边地区的商人的利益。"①

这些社团组织的宗旨陈述简洁、清晰而又直观，自愿社团管理者的任务是将明确具体的组织宗旨转化为协调一致的行动，以实现中产阶级参与社会管理和政治进程的最终目的。如，中产阶级利用文学和哲学社团处理教育等社会事务，并实现自主自强的愿望；经济类社团经常为城镇居民生活和政治活动提供关键性的公共资源，如公墓、市场和议会大厅，这在 18 世纪就已经普遍存在；② 从 19 世纪 30 年代起，他们通过不断建立选举协会组织以扩大选区政治中的权力；反谷物法同盟是代表各种"利益要求"的众多压力集团中的一个。自愿社团是保护个人自由和财产权利的有效方式，它也为了社会和经济的共同利益而集体行动。在英国，自愿社团有助于表达和克服中产阶级内部分歧。这些分歧表现在许多方面，在 19 世纪前期最为显著的分歧是：国教与新教之间的政党政治和宗教纷争，以及中产阶级上层精英与小店主、小工厂主和缺乏保障的专业人员之间的紧张关系。自愿社团以两种方式来消除这种紧张关系。首先，在特定类型的社团中限制讨论某些敏感性的政治和宗教问题，如，在文学和哲学社团中一般不允许讨论此类问题，但在其他类型的社团中则不加限制。其次，在保证不产生大的冲突的情况下允许并鼓励理性表达不同意见，如，爱丁堡的各类济贫社团避免了由社会地位、思想意识和宗教信仰而导致的冲突。同时，任何人从一个社团组织转向另一社团组织时都会发现相同的由中产阶级起领导作用的社团文化，如定期的年度会议，及时公布的社团报告、财务状况和捐助者名称，享有较高社会声望的社团领导者等，这些共

---

① *Minutes and Reports of the proceeding of the Blackburn Association for the effecting the abolition of the East India Company' s Monopoly of Salt, and reduction of the duty on Tea, and of the Commercial Association from Sep.* 24, 1846 *to Feb.* 9, 1848, Blackburn Reference Library.

② Peter Borsay, *The English Urban Renaissance: Culture and Society in the Provincial Town*, 1660 – 1770, New York: Oxford University Press, 1989.

同的组织结构和文化特征也是自愿社团协调行动消除分歧的关键因素。

二 组织宗旨的适应性

组织宗旨作为自愿社团概括性、观念化的行动目标，体现了自愿社团的奋斗方向和社会功能。一般而言，组织宗旨主要由三个方面的因素决定：社团所处的社会历史环境；社团成员的构成；社团在所属国家体制中的法律地位。换言之，组织宗旨基本体现了特定时代的历史使命，集中了其成员的现实需要，反映了社团与国家政治生活的相互关系。如，在相应的行动、反馈和调整过程中，哲学文化社团满足了城市中产阶级的文化需求，技工社团满足了工业技术的需求，慈善医院和医疗协会则满足了提高医疗水平和应对城市健康问题的需求。许多社团根据已有经验和具体情况制定、调整或改变它们的组织宗旨、规章制度、成员资格及活动内容。如，禁酒协会从适度禁酒转向绝对禁酒，技工社团从对技术工人的教育实践转向青少年走读学校和为成员提供娱乐讲座和书籍的组织。[①] 这种社团组织宗旨的适应性调整一方面是由客观环境促成的；另一方面也是与中产阶级获得社会声望的需求相联系的。我们以“伯明翰政治联合会”（the Birmingham Political Union）为例，考察社会历史情境对自愿社团组织宗旨的影响，以及在明确的组织宗旨指导下自愿社团的活动状况。

1830 年 1 月成立的伯明翰政治联合会是以英国 1832 年议会改革为历史背景的。它在 19 世纪 30 年代英国政治民主化进程中发挥了积极的作用，促进了 1832 年议会改革法案的通过与宪章主义运动的兴起。工业革命带来的交通运输业的发展加速了政治信息的传递，

① Report of the public meeting of the Leeds Temperance Society held in the Music Hall, 21 January 1836, Leeds, 1836; J. W. Hudson, *The history of adult education*, London: Longman 1851, pp. 92 – 95; Brian Harrison, *Drink and the Victorians: The Temperance Question in England* 1815 – 1872, Pittsburgh: University of Pittsburgh Press, 1971, p. 38.

法国资产阶级革命的冲击和影响，以及拿破仑战争以后英国民主运动的高涨使英国的政治生活发生较大变化，政治文化日益深入到中产阶级日常生活之中。在 18 世纪后期到 19 世纪初的数十年间，英国社会形成了颇具规模的群众性政治社团。如，1779—1780 年由教士克里斯托夫·怀维利领导的社团在近 40 个城镇和自治市中组织了要求经济改革和议会改革的请愿活动。[①] 1780 年，中产阶级成立的"宪法知识协会"（the Society for Constitutional Information）以宣传议会改革为目标，既向统治阶级要求宪政权力，也向下层传播理性的宪政精神。活动方式包括出版小册子、召开群众大会、演讲、请愿等。法国大革命爆发后，中产阶级改革派加强了他们的活动，并且又得到工人群众的支持，汇合成声势浩大的群众运动浪潮。[②] 它们以发行报刊、政治集会和议会请愿等方式，形成了强大的来自议会外部的民主改革压力。[③] 在此历史情境中，这个由伯明翰工商业中产阶级组建的政治社团的组织宗旨十分详尽，共有 10 条[④]：

第一条，利用各种公平而合理的手段改革议会下院，以期该院能真正有效地代表中产阶级和下层人民。

第二条，促使议会在制定与勤劳的中产阶级的自由和权利相关的政策时，应经过深入细致的调查、商议和权衡，并以法律手段保证其权益不受损害。

第三条，人民有权向国王和立法机关提交请愿书、抗议书和谏言，以维护和恢复公共权利，废止苛律，颁布良法。

第四条，防止和矫正地方公共权力对人民的压迫行为和侵犯社

---

① ［英］迈克尔·曼：《社会权力的来源》（第二卷·上），陈海宏等译，上海人民出版社 2007 年版，第 137 页。

② H. T. Dickinson, *Liberty and Property*: *Political Ideology in Eighteenth – Century Britain*, New York: Holmes and Meier Publishers, 1977, p. 52.

③ F. O' Gorman, *The Emergence of the British Two – Party System* 1760 – 1832, London: Edward Arnold, 1982, pp. 62 – 63.

④ Joel H. Wiener, ed., *Great Britain*: *the lion at home*: *a documentary history of domestic policy*, 1689 – 1973, vol. 1. New York: Chelsea House, 1974, pp. 1036 – 1037.

会公众权益的行为。

第五条，获得啤酒税法的废除并从总体上修改税法体制，以使富裕阶层获得更平等的国家税收权利。

第六条，促使议会削减个人税收和政府开支。

第七条，促进国内各阶层之间的联合、协调与和平相处，引导公众协调一致、合法行动。

第八条，促进公共舆论的理性表达，以公平、合法、有效的方式促进议会立法功能的完善。

第九条，利用各种合法手段影响议会议员的选举，以促进正直而能干的人民代表当选。

第十条，采用上述措施以促进议会对造成困窘局面的全国情势进行合法、有效调查；为帮助国家走出困境，无论处于何种境遇中的民众都应积极行动起来与犯罪和腐败行为斗争。

银行家、伯明翰自治市选区议员托马斯·阿特伍德（Thomas Attwood）是政治联合会的最初发起人和无可争议的领导者。与阿特伍德一起创建联合会的其他五位领导者：查尔斯·琼斯（Charles Jones）、托马斯·C. 索尔特（Thomas C. Salt）、本杰明·哈德利（Benjamin Hadley）、乔治·F. 芒茨（George F. Muntz）、乔斯哈·斯科尔菲尔德（Joshua Scholefield），均来自于中产阶层。[①] 同盟的常设机构——执行委员会，负责年度会议的筹办和公开言论的发布，有权在任何时候吸收能够为联合会提供资金支持的新成员，以确保联合会的领导权掌握在中产阶级手中。联合会的活动经费主要来源于有产者成员的捐助。阿特伍德认为联合会的最终目标“在于为全国两个‘勤劳的阶级’——中产阶级和下层阶级的政治联合而努力，这两个阶级因其所遭受的痛苦而分裂为相互对抗和愤恨的阶级”。[②] 1830 年 1 月，阿特伍德在政治联合会成立时发表的演讲中指

① Birmingham Journal, Aug. 4, 1832.

② Carlos Flick, *The Birmingham Political Union and the Movements for Reform in Britain*, 1830 - 1839, New York: St. Martin's Press, 1999, p. 28.

出："高贵的全体议会代表，就其现状而言，在习惯、财富和地位方面显然与中下阶级人民的要求相距甚远，没有任何代表他们的公正观点以及同他们密切一致的感情。它很好地代表着各种大贵族的政治利益。""而工业家和贸易家却几乎没有任何代表！国家最为要害的利益，它的全部财富和它的全部实力的源泉相对来说没有获得代表。"① 因而，政治联合会明确提出要使自己的代表在议会中拥有席位，进而影响到国家的权力分配。"把从自己中间选出来的和他们自己有同样的利益，了解同样的要求、生计的方式和方法，生活在和他们同样的习惯、感受与影响之下的真正的'市民和镇民'选到议会中去，那么工业阶级的权力和利益就能得到适当的维护和保障"。② 政治联合会主要以和平的政治集会和议会请愿等方式开展活动。

在1830年11月至1832年6月议会改革的关键阶段，伯明翰政治联合会在集合各种社会力量方面发挥了突出的作用。如，1831年11月，当威灵顿公然反对议会改革时，伯明翰政治联合会"立即起草了请愿书向国王表达他们的'忧虑和震惊'，恳请他利用宪法赋予他的权力保护他可靠而忠诚的人民，解散严重滥用信任的现行议会"。同时，伯明翰政治联合会强烈要求其他社团与其合作向国王呼吁，并在伦敦《太阳报》和《伯明翰杂志》上公开他们的请愿书和结果。③ 1832年5月7日，阿特伍德主持了在伯明翰纽豪尔山举行的约20万人参加的政治集会，强烈表达了群众要求议会改革的呼声。④ 伯明翰政治联合会还与普莱斯领导成立的"全国政治联合会"密切合作，给政府造成了极大的压力，在议会改革的最后关头起了重要作用，"这一新的形势是使政府感到改革压力的关

① Joel H. Wiener, edt, *Great Britain: the lion at home: a documentary history of domestic policy*, 1689 - 1973, vol. 1. New York: Chelsea House, 1974, pp. 1030 - 1031.

② Ibid., p. 1031.

③ Carlos Flick, *The Birmingham Political Union and the Movements for Reform in Britain*, 1830 - 1839, New York: St. Martin's Press, 1999, p. 50.

④ Ibid., pp. 80 - 82.

键一步”。[1] 1832 年 6 月 4 日，改革法案在上院获得通过，6 月 7 日法案得到国王批准。在“经过 50 年的提议、失望和骚动之后，古老的英国议会制度中最有害的弊病和陋习被扫除了。选举权扩大到一部分城市的中产阶级（收入为 10 镑的户主）和乡村的年收入为 50 镑的租户”。虽然“就‘改革法案’本身来说，它只是一个象征，而不代表实质性的变化”，但是“改革作为一种思想意识却已经取得了胜利”。“1832 年的改革法增强了人们要求变革的愿望和对变革可能性的信念。改革成了这一时代的旗帜。”[2]

随着 1836 年以工人阶级为主导的宪章运动的兴起，公共舆论日益赞同根本性的改革，伯明翰政治联合会进行了一次改组。此时，联合会的主要代言人是来自工人阶级的约翰·柯林斯。其执行委员会的首要人物仍是托马斯·阿特伍德，另外几位是芒茨兄弟，《伯明翰日报》的编辑格拉斯先生，以及调任市场参议会秘书的埃德蒙兹先生。联合会的组织宗旨已修改为同意有关提倡普选权、无记名投票和议会每年改选等方案。R. G. 甘米奇指出：“当它看到舆论的浪潮开始趋向于更加彻底的改革时，它就轻易地顺势投入那股滚滚的洪流，正式表示拥护宪章。”[3]

1838 年 5 月 28 日，宪章主义者计划在格拉斯哥的格林草坪举行一次大规模的群众集会。伯明翰政治联合会决定给予一切可能的赞助，使这次示威行动受人重视并具有声势。因此指派阿特伍德、道格拉斯、埃德蒙兹、芒茨和柯林斯先生去协助格拉斯哥的民主主义者。阿特伍德在大会上发表演讲，他首先非常有力而又富于感情地描述了工人阶级的疾苦，认为 1832 年的修正法案企图增进国家的利益，到头来却是彻底的失败。然后他阐明了由伯明翰政治联合

① Eric J. Evans, *The Forging of the Modern State: Early Industrial Britain*, 1783 – 1870, London and New York: Longman, 1996, p. 62.

② ［英］约翰·哈里森：《1830—1850 年英国激进的和社会的改革运动》，王觉非编：《英国政治经济和社会现代化》，南京大学出版社 1989 年版，第 465 页。

③ ［英］R. G. 甘米奇：《宪章运动史》，苏公隽译，商务印书馆 1996 年版，第 16 页。

会达成协议的行动计划。阿特伍德认为阻碍人民争取自由的事业的人包括“所有的贵族、十分之九的绅士、庞大的牧师队伍和一切养老金的领取者、无功受禄的冗员、以民脂民膏为生的吸血鬼”。[①]

集会结束后，晚上举行了宴会，参加者约600人。茶商莫依尔主持宴会，协助他的有阿特伍德、道格拉斯、芒茨、柯林斯、埃德蒙兹等。宴会上洋溢着与集会时同样的热烈情绪。每一位演说者都对未来充满着希望，表示要以坚定不移的决心把这项伟大的事业进行到底。他们乐观地预期，在不久的将来，这项事业将能使人民群众摆脱政治上的不平等和社会上的苦难。格林草坪上的示威集会给他们带来了新的鼓舞力量，他们表示，要为人民争取自由的事业贡献全部力量。[②]

由此可见，伯明翰政治联合会的组织宗旨具有随社会现实需求而做适时调整的灵活性和适应性。实际上，在实践中，自愿社团的组织运行和各项活动都以明确的活动宗旨、完善的规章制度为依据，然后根据可利用的社会资源开展活动，并根据现实环境需要而调整社团发展方向。

第二节　中产阶级自愿社团的组织结构

组织结构是自愿社团的内外关系网络，既包括社团自身的内部运行机制，也包括一个社团与其他社团及周围社会环境之间的关系。建立起一个正常、合理、有效的组织结构，协调好与其他社团及周围大环境的种种关系，是自愿社团增强组织凝聚力、提高组织运作效能的重要条件。

① ［英］R. G. 甘米奇：《宪章运动史》，苏公隽译，商务印书馆1996年版，第22—23页。

② 同上书，第23页。

一 内部组织结构

根据现有资料掌握情况并便于分析，笔者以爱丁堡禁乞协会（The Edinburgh Society for the Suppression of Beggars）、哈利法克斯技工社团（The Halifax Mechanics' Institution）、英国科学促进协会（the British Association for the Advancement of Science）为例，对其内部组织结构略作剖析，勾勒出其组织框架，然后再探讨 19 世纪英国中产阶级自愿社团在内部组织结构方面的共同特点。

爱丁堡禁乞协会[①]成立于 1812 年，其宗旨是为沿街乞讨者提供有益的救助方式。沿街乞讨者的增加，不但不利于社会治安管理，而且妨碍了“值得救助的人”获得救助。爱丁堡禁乞协会参照巴思等城镇此类社团的组织形式，采取委员会管理体制。其中，第一委员会审查申请救助者的资格；工作委员会为穷人寻找并提供工作机会；儿童委员会照料乞讨儿童；食品委员会管理施粥所；医疗委员会为申请救助者提供医疗服务；妇女委员会管理捐献而来的衣物仓库。协会从爱丁堡各社会阶层中募集资金，协会领导者和管理者如主席、副主席、秘书、财产托管人等由律师、牧师、商人等城市精英担任。

协会依照正式规章开展活动，实行家庭探访制的救助方式。当贫困者向协会申请救助，或协会向贫困者提供救助时，通常由一名巡访员首先对其资格审查。每个巡访员都有专门负责的特定区域。巡访员须持有一份此类规章的副本。在救助过程的各个阶段都必须填写记录和提交报告，巡访员需细致调查一系列设计好的问题，如

① R. J. Morris, "Urban Associations in England and Scotland, 1750 – 1914: The Formation of the Middle Class or the Formation of a Civil Society?" In Graeme Morton and R. J. Morris Eds, *Civil Society, Associations and Urban Places: Class, Nation and Culture in Nineteenth – Century Europe*, Ashgate, 2005; *The first Annual Report of the Society for the Suppression of Beggars*, Edinburgh 1814; *Report of the Society for the relief of the Destitute Sick*, Edinburgh 1817; *Report of the Committee for Affording Relief to the Labouring Classes in the City and Suburbs*, Edinburgh 1817.

被救助者的年龄，婚姻状况，是否接受过来自教区、社团组织或个人的救助，个人道德品质等问题。通过深入调查，协会将分别对需要救助者进行食物和现金救助，为其提供合适的工作，为儿童提供适当的教育，或遣返部分沿街乞讨的贫民。通过这种方式，协会逐渐形成了对贫困者有益的救助方式。

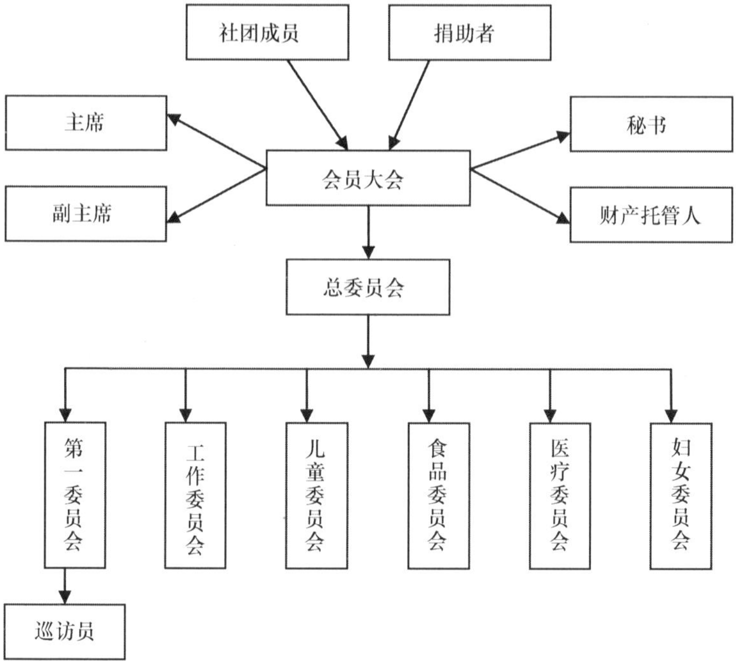

图 3－1　爱丁堡禁乞协会组织结构

资料来源：R. J. Morris, Urban Associations in England and Scotland, 1750－1914: The Formation of the Middle Class or the Formation of a Civil Society? In Graeme Morton and R. J. Morris, eds. , *Civil Society*, *Associations and Urban Places*: *Class*, *Nation and Culture in Nineteenth－Century Europe*, Ashgate, 2005.

哈利法克斯技工社团成立于 1825 年，其宗旨在于改善当地居民的文化环境并与哈利法克斯周围的其他城镇展开文化技术竞争。社团的活动内容主要包括：科学和各类主题演讲，阅读、写作、算术、绘画、希腊语和拉丁语的学习，以及图书馆和阅览室的建设。这些内容基本上以“实用知识就是力量”的讨论形式进行学习。社团中活跃的成员大多数来自中产阶级，他们支持这种沙龙式的学习方式，对提高社会道德水平和工人阶级的文化知识有着强烈的自信心和责任感，对利用其教育计划改变当地社会下层的混乱状况有着很高的积极性。哈利法克斯技工社团与其他自愿团体一样，其最高领导机构是由社团成员和捐助者组成的会员大会，通过会员大会选举产生社团主席、副主席、财产托管人、秘书等领导职务，并由其组成常务委员会负责社团的日常管理事务。①

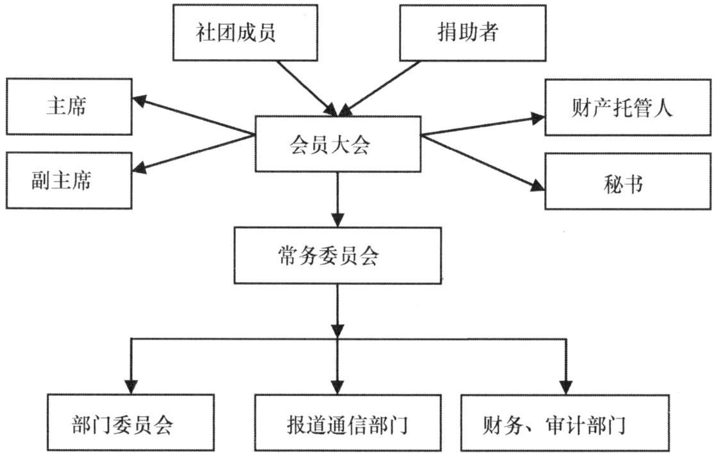

图 3－2　哈利法克斯技工社团组织结构

资料来源：Toshihiko Iwama，“Voluntary Societies And The Urban Local Community：A Case Study of The Halifax Mechanics' Institution”，Family & Community History，Vol. 11/1，May 2008.

① Toshihiko Iwama，“Voluntary Societies And The Urban Local Community：A Case Study of The Halifax Mechanics' Institution”，*Family & Community History*，Vol. 11，No. 1，2008.

英国科学促进协会成立于 1831 年 9 月，其宗旨是：“为科学研究提供有力支持和系统指导——促进英帝国范围内各地区之间以及与国外学者的科学文化交流，使科学发展获得更加广泛的关注，消除阻碍科学发展的不利因素。”①根据 1847 年的英国科学促进协会章程，② 其组织机构包括：会员大会、理事会、部门委员会、建议委员会、地方委员会、报道和通讯部门、财务管理和审计部门。协会领导者和管理者由一名主席、两名或多名副主席、一名或多名秘书、一名财产托管人组成，他们的任职需经会员大会选举产生。

协会章程对各机构的成员组成和职责进行了明确规定。协会定期举行集会，分为年度会议、周会、月会或季度会议。每次集会的地点由会员大会在此前的会议上议定；会议安排委托给协会管理人员制定。会员大会每周或更长时间举行一次，主要处理协会的日常事务。其成员包括：前任和现任协会主席与协会所有管理人员，以及协会活动报告的作者；与分会保持联络的会员；来自哲学协会的领导者或代表，总数不超过 3 人；来自哲学协会地方分会的领导者或代表，总数不超过 3 人；由协会主席和会员大会秘书任命的会议记录者；协会各个分支机构的主席、副主席和秘书。部门委员会由协会分支机构成员组成，其职责是为下一年度所要从事科学研究方向提供调查报告和建议。地方委员会由协会地方分支机构的领导者和管理者组成，协助会员大会安排年度会议和吸纳新成员。理事会成员由会员大会选举产生，在会员大会休会期间，由理事会处理协会的日常事务。协会每年的账目收支情况由会员大会任命的审计员清查审计并予以公布。

---

① *Proceedings of the fifth meetings of the British Association for the Advancement of Science*, Held in Dublin, Aug. 1835, Dublin: Philip Dixon Hardy, 3, Cecilia - Street, 1835.

② *Report of the Seventeenth Meeting of the British Association for the Advancement of Science*, Held at Oxford in June 1847, London: John Murray, Albemarle Street, 1848.

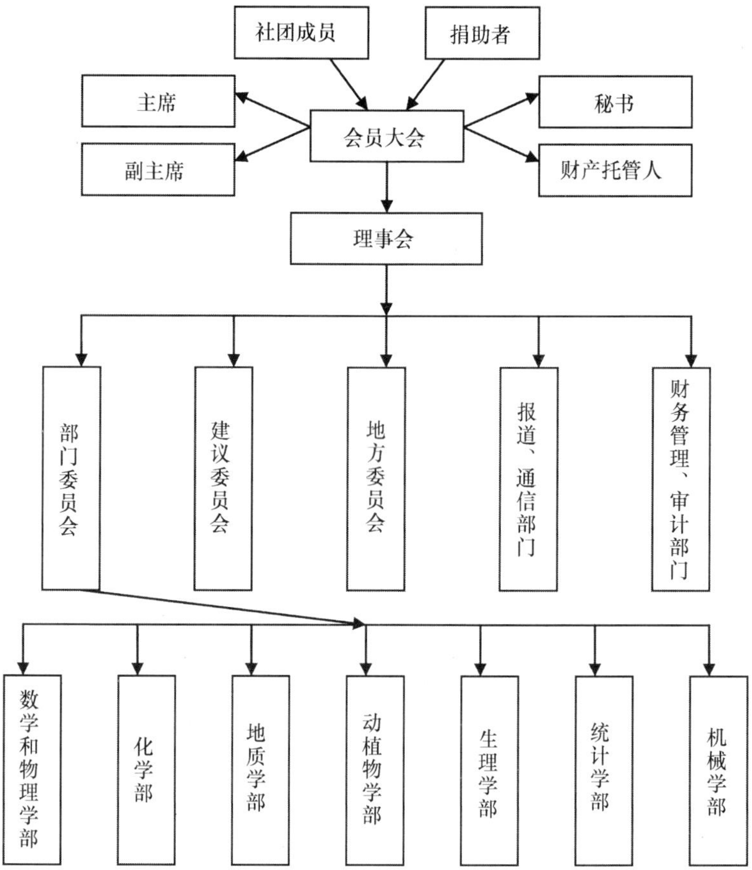

图 3－3　英国科学促进协会组织结构

资料来源：Report of the Seventeenth Meeting of the British Association for the Advancement of Science, Held at Oxford in June 1847, London: John Murray, Albemarle Street, 1848.

从上述自愿社团的组织结构和框架，以及第二章涉及的自愿社团的内部组织系统的介绍中，我们发现，19 世纪英国中产阶级自愿社团的组织结构普遍具有以下两个方面的共同特征：

第一，19 世纪英国中产阶级自愿社团在制定章程时，十分注意突出民主性的原则。在自愿社团制定的章程中，几乎都明确规定以“会员大会”或“社员大会”“赞助人大会”等为“最高权力机构”，会员大会定期举行，一般是每一年或每两年召开一次。会员大会有权对该团体的一切重要事项做出决定。在会员大会休会期间，以选举产生的理事会或执行委员会作为该团体处理日常事务的最高权力机构。

第二，19 世纪英国中产阶级自愿社团的组织结构，虽然层次不一，繁简不同，但是就较为完善的组织机构而言，则基本上是围绕两个方面的中心任务设置的，即：维持自身运转；履行宗旨职责。为维持自身运转，如筹措经费、管理共同财产等，各类社团普遍设置财产托管人、会计、审计等职务和机构履行此方面的职能；为履行本社团的宗旨职责，各类社团中常设理事会、部门委员会等机构，处理社团的日常事务。

二　外部组织网络

自 19 世纪早期开始，日渐增多的社团网络即开始相互影响，一个城镇成立新的社团时，经常援引其他城镇的范例。例如，1812 年爱丁堡禁乞协会的组织结构正是参照了巴思、赫尔和利物浦的组织模式和活动措施。[①] 爱丁堡兰开夏学院协会的创建，伦敦和利物浦等城市的大学协会起了重要的示范性影响。[②] 1824 年伦敦技工社团成立之后，各地纷纷效仿建立起技工社团。[③] 虽然伦敦不是社团活动创新的原发地，但它对自愿社团的组织结构和类型有着直接影响。如，来自“英国和海外《圣经》协会”总部的代表——皇家海军上尉费边，在 19 世纪三四十年代是利兹分会年度会议的特聘

① *Report of the Committee Appointed by the Commissioners of Police to Inquire into the Practicality of Suppressing the Practice of Common Begging and Relieving the Industrious Poor*, Edinburgh, 1812.

② *Report of the Ordinary Directors of the Edinburgh Lancastrian School Society*, Edinburgh, 1813; *Observations upon the Propriety of Establishing a Lancastrian School in Edinburgh*, Edinburgh, 1811.

③ J. F. C. Harrison, *Learning and Living, 1790 - 1960: A Study of the English Adult Education Movement*, London: Routledge and Paul, 1961, pp. 59 - 61; H. O. Horne, *A History of Savings Banks*, Oxford, 1847 (London: Oxford University Press, 1947).

访问者和指导者。① 教会团体尤其利用访问者以促进社团活动的热情。威廉·纳布教士在浸理会教徒社团的年度会议上呼吁结束在牙买加的奴隶贸易，并在社团内部引发了激烈的讨论。② 在许多情况下，来自伦敦和其他地区的社团思想往往在地方城镇自愿社团集会的演讲中获得赞同。1826 年，詹姆士·威廉逊医生在对利兹哲学和文学社团发表演讲时建议实行“早期教育和婴儿学校”，这是对塞缪尔·威尔德斯宾思想的解释。在接下来的几个月中利兹幼儿教育协会建立起来。③ 1840 年以后中产阶级自愿社团组织的重要形式大多来自苏格兰。技工社团运动起源于格拉斯哥，但是直至传播到伦敦后，这一运动才逐渐产生了全国性影响。信托储蓄银行也起源于苏格兰西南部，在 1818 年法案的影响下由伦敦向各地区城镇扩展。④

对许多自愿社团来说，模仿是一种短效影响，更为重要的是英国城镇公共生活中的社团思想和理念等文化因素对自愿社团网络发展的影响。我们以 19 世纪 30—40 年代的哈利法克斯技工社团和 19 世纪 20 年代末至 40 年代的苏格兰禁酒运动中的社团组织为例，剖析社团思想对自愿社团网络发展的影响。

从 19 世纪 30 年代起，哈利法克斯技工社团的思想理念，如改善知识分子的居住环境等，在其他自愿社团中广为传播。因此，由不信国教者发起的禁酒社团在哈利法克斯成立时，强调自愿社团的活动应该有益于城市居民。他们认为自愿社团有助于促进城市居民道德水平的提高和教育素质的增强。⑤ 实际上，哈利法克斯的各类自愿社团之间也相互影响，从而导致自愿社团网络、成员的集体意

---

① Leeds Mercury, 22 Aug. 1840.

② Leeds Mercury, 19 Sep. 1840.

③ *General Minute Book of the Transactions of the Leeds Philosophical and Literary Society*, 19 May 1826, Archives Department, Leeds University Library.

④ H. O. Horne, *A History of Savings Banks*, Oxford, 1847 (London: Oxford University Press, 1947).

⑤ Halifax and Huddersfield Express, 21 Jan. 1832.

识和公共意识等不断强化。例如，哈利法克斯技工社团、哈利法克斯文学和哲学社团、哈利法克斯步兵社团于 1840 年联合举办了一场展览。展览由管理委员会筹备，这个委员会由 36 名绅士组成，每个社团各出 12 人。① 另一个典型的例子是，19 世纪 50 年代早期以来，哈利法克斯技工社团开始邀请哈利法克斯市政当局的官员参加其各类活动仪式，以提高其公共影响力。哈利法克斯技工社团与哈利法克斯市政委员会的密切关系，在 19 世纪 50 年代也开始影响中产阶级和工人阶级的公共集体意识。

与此同时，自愿社团之间的竞争也促使哈利法克斯技工社团的领导者不断推行新的举措。19 世纪 40 年代末，哈利法克斯技工社团开始考虑与哈利法克斯互助会联合。哈利法克斯互助会在 19 世纪 40 年代由工人阶级组织成立，其目的是节约参加技工社团的费用。② 实际上，哈利法克斯互助会是哈利法克斯工人阶级主要的学习性社团。然而，与其他互助会一样，哈利法克斯互助会缺乏资金支持，尽管它也能不定期地从与个人的各类政治合作中获得资金帮助，如托利党的亨利·爱德华和辉格党的查尔斯·伍德，他们都是哈利法克斯的下院议员。③ 但是这类资助是远远不够的，1849 年哈利法克斯互助会同意与哈利法克斯技工社团合并。④

被誉为英国“禁酒运动之父”的苏格兰人约翰·邓洛普（John Dunlop），自 19 世纪 20 年代便利用个人的影响力在各种社交场合宣传饮酒的破坏性影响，并宣扬其“公益社团”的思想和观点。19 世纪 20 年代，邓洛普曾横渡海峡访问法国，他对自己所观察到的现象惊叹不已，并简洁概括了他对法国人行为方式的印象“没有争

---

① *Report of the Yorkshire Union of the Mechanics' Institutes*, 1841, p. 19.

② John Naylor, *Some Factors in the Making of the Soul in Halifax Parish*, Hebden Bridge: A. F. Thomas, 1911, p. 11

③ HG 2 Oct. 1847, 30 Dec. 1848.

④ Calderdale District Archives, the Halifax Mechanics' institution: 2, Jan. 1849 – Jan. 1850.

吵——没有酗酒”[①]。对比法国的天主教和苏格兰的长老会，他认为：“我们拥有的文明和宗教的最显著的特征在于以令人痛苦的方式剥夺我们的虔诚，并把它引向危险的放纵。”[②] 美国社会广泛的社团网络的示范性作用在邓洛普的思想和言谈中有显著的体现。在邓洛普开始筹建格拉斯哥禁酒协会期间，格拉斯哥有大量社团组织与美国社会的各类社团特别是禁酒协会建立了相互联系。[③] 美国的禁酒运动为邓洛普和他的社团提供了示范性的实践典型，并直接促使了 1829 年苏格兰禁酒运动的开始。1829 年 10 月，邓洛普在其致力于慈善活动的姨妈莉莲斯·格雷厄姆以及姨妈的好友帕斯特·艾伦的帮助下，在家乡格林那克城镇建立起一个社会基础广泛的禁酒协会。[④] 从一开始，邓洛普就有意建立一个以格拉斯哥为中心的禁酒协会网络，并覆盖整个西苏格兰地区。他指出，“主要社团的扩展”是促进禁酒运动深入发展的最有效的途径。[⑤]早期的禁酒运动倡导者并不是孤立行动的，而是相互交流各自的观点和信息，在直接反对威士忌的饮用和销售时，他们只是针对烈性酒的饮用习惯，而不是针对所有的酒精饮料。禁酒协会开展活动的主要目的在于戒绝“除医疗目的以外的高度烈性酒”[⑥]。

教会的推动是苏格兰禁酒运动兴起的原动力。19 世纪 20 年代，苏格兰宗教道德复兴的热潮起源于长老派理论家托马斯·查尔姆斯

---

① J. G. Dunlop. ed. , *The Dunlop Papers*, Volume 1 : *Autobiography of John Dunlop*, London: privately printed, 1932, p. 59.

② Ibid. , p. 60.

③ Bernard Aspinwall, *Portable Utopia*: *Glasgow and the United States*, 1820 – 1920, Aberdeen: Aberdeen University Press, 1984, pp. 109 – 119.

④ P. T. Winskill, *The Temperance Movement and Its Workers*: *A Record of Social*, *Moral*, *Religious and political Progress*, *vol. I*, London: Blackie & Son, 1893, p. 57; Alexander Thomson, *Random Notes and Rambling Recollections*, Glasgow: Kerr & Richardson, 1895, pp. 123 – 124.

⑤ John Dunlop, *On the Extent and Remedy of National Intemperance*, Glasgow: William Collins, 1829, p. ⅲ.

⑥ *Glasgow and West of Scotland Temperance Society*, *First Annual Report*, Glasgow, 1830, p. 3.

思想的推动。历史学家斯蒂沃特·J. 布朗把查尔姆斯运动的社会性质概括为："强调慈善、合作和勇于承担精神的基督教全面社会改革的实践运动。"[①] 禁酒运动虽然没有采取查尔姆斯号召的宗教改革运动的组织特征，但是邓洛普采取了个人示范和集体社团行动相结合的方式推动运动的发展。邓洛普的组织能力和洞察力应归功于他的法律训练。他激昂的辩论式的写作与演讲风格反映了他虔诚的福音派信仰，其社团思想的不断发展有助于解释这种相互关系。在其著作中，他把复杂的社团类型分为积极型和消极型。酒馆、赛马以及大型的公共娱乐活动、宴会俱乐部等都属于消极型社团。[②] "为促进艺术和科学精神进步、慈善互助或宗教目的进行的结社活动"[③] 则属于积极型社团。家庭生活也是培育积极社团的重要环境。他强调家庭美德对于指导禁酒运动发展成为包括妇女和儿童的包容型文化的重要性。邓洛普热情倡导"社交聚会方式"，意在鼓励娱乐性的绝对禁酒集会。他的禁酒思想体系吸收了启蒙运动和新教思想家关于环境对道德品质的影响的理念，并且在他的工作中也有对格拉斯哥大学神学理论家和社会改革家斯蒂芬森·麦克吉尔博士的思想的回应。[④] 在邓洛普求学的青年时代，对两种思想体系都有了深入的了解。他的"启蒙教育、政治社团和出版自由"的思想在禁酒运动和其他社会运动中都有影响。[⑤]

1831 年，格拉斯哥禁酒协会更名为苏格兰禁酒协会，其网络延伸到了苏格兰所有地区。社团领导人宣称他们此时已有 4.4 万名

---

① Stewart J. Brown, "Thomas Chalmers and the communal ideal in Victorian Scotland", In T. C. Smout, ed., *Victorian Values: A Joint Symposium of the Royal Society of Edinburgh and the British Academy*, Oxford: Oxford University Press, 1992, pp. 61 – 80.

② John Dunlop, *The University Tendency to Association in Mankind*, London: Houlston&Stoneman, 1840, p. 224.

③ Stevenson Macgill, *On Elementary Education*, Edinburgh: Waugh& Innes, 1819, pp. 192 – 238.

④ John Dunlop, *The University Tendency to Association in Mankind*, London: Houlston&Stoneman, 1840, p. 121.

⑤ John Dunlop, *The University Tendency to Association in Mankind*, p. 227.

成员。到 1833 年，其成员至少已达 5.04 万人。其地方分支社团的规模不等，既包括只有 6 名成员的法弗夏的西威梅斯协会，也有拥有 7000 名成员的格拉斯哥协会。① 社团的发展速度令人惊叹，苏格兰禁酒运动狂热者甚至渗透到南部边境。科林斯认为英国的禁酒事业仍然"处于初期阶段"，并主编发行了协会刊物《禁酒协会档案》。1833 年，邓洛普出版了他的畅销著作《饮酒须知》，此著作在随后的几年间重印数次。这部关于饮酒习惯的著作以图解的形式详细描述了酗酒问题的严重程度并提出了切实可行的解决方法。首先就是通过正面积极的典范提倡节制饮酒。邓洛普的社团思想和禁酒行动取得的成就，引起了政府的关注，促进了 1834 年下院关于酗酒问题特别委员会的成立。这个委员会主要任务是调查"联合王国工人阶级中普遍盛行的酗酒陋习的程度、原因和后果"。②

1838 年，邓洛普移居伦敦，以便更好地促进全国范围内的禁酒事业的发展。1839 年，邓洛普担任新成立的西苏格兰禁酒协会同盟主席。1840 年，110 个禁酒协会被接纳为分支机构，其中 28 个协会在兰开夏和格拉斯哥。1841 年同盟的报告中显示，有 6800 名新入会的成员。③ 许多数字可能只是大概估计出来的，但仍可视为协会的成就。1841 年，协会同盟领导者宣称已有 79387 名正式成员，其中格拉斯哥有 4 万名。根据同盟的统计，格拉斯哥参与禁酒协会的人数占这个城镇居民的 14.2%。④ 当然，这种数据并非都与禁酒运动完全相关，尤其与城市中兴盛的罗马天主教绝对禁酒社团完全相关。⑤

在全国范围内，苏格兰禁酒运动也与英格兰和爱尔兰的禁酒运动保持着密切的联系。爱尔兰的禁酒运动在西奥博尔德·马修的影

① *Scottish Temperance Society*, *Fourth Annual Report*, Glasgow, 1834, pp. 44 – 48.

② British Parliamentary Papers, 1834 (559), Ⅷ, Select Committee of the House of Commons on Drunkenness, p. 581.

③ *Western Scottish Temperance Union*, *Second Annual Report*, Glasgow, 1841.

④ 根据 1841 年的英国人口普查数据整理。

⑤ James Handley, *The Irish in Scotland*, Glasgow: John S. Burns, 1964, pp. 116 – 118.

响下获得了成功。爱尔兰人的禁酒运动通过移民活动遍布不列颠。1842 年，马修率领爱尔兰禁酒协会自发地访问了格拉斯哥。在西苏格兰禁酒同盟的主持下，数千群众在城市大厅举行了盛大集会，热情迎接马修的到来，庆贺两个地区之间的联合行动。① 当英格兰绝对禁酒运动在激进的不信国教者的直接领导下在普林斯顿和兰开夏迅速发展时，对苏格兰也产生较大影响。利物浦的铁器商人约翰·费舍是罗伯特·欧文社会合作思想的信徒。1836 年，费舍率领英格兰禁酒协会访问格拉斯哥，他的公共演讲具有很大的鼓动性。与许多主张绝对禁酒的巡回演讲的宣讲团一样，他也认为“酒精是恶魔”。费舍生动有趣的演讲促进了爱丁堡和格拉斯哥绝对禁酒社团的发展。自从 1836 年费舍代表团来访，苏格兰绝对禁酒的呼声日益高涨，许多人希望建立新的绝对禁酒社团组织与英格兰禁酒运动遥相呼应。②

随着禁酒协会网络在苏格兰和全国范围的迅速发展，禁酒运动成功地推动了 1853 年（苏格兰）许可证法的颁布。这部法律规定了酒馆获得许可证的前提条件和营业时间；并实行星期日停止营业制度。③ 这种合理化的限制性措施将会使饮酒文化更易于被人接受。因此，禁酒协会及其网络作为与众不同的以道德为导向的城市社团文化的组织手段，有助于社会公众的积极广泛参与，从而推动国家对禁酒问题的关注并采取相应的立法行动。由此可见，虽然 19 世纪英国中产阶级自愿社团基本上都基于当地现实的社会环境和面临的社会问题而建立，但是许多社团通过各种途径结成社团网络与社会事务管理和社会改革运动相联系。

自愿社团网络既包括上述社团之间的横向联合，也包括总社团

① Glasgow Herald, 19 August 1842.

② Brian Harrison, *Drink and the Victorians: The Temperance Question in England* 1815 - 1872, Pittsburgh: University of Pittsburgh Press, 1971, pp. 112 - 120.

③ George B. Wilson, *Alcohol and the Nation: A Contribution to the Study of the Liquor Problem in the United Kingdom from* 1800 *to* 1935, London: Nicholson&Watson, 1940, pp. 118 - 119.

与分支社团之间的纵向联合。例如，利兹圣经与传教士社团是以伦敦为中心的社团的分支机构。他们募集资金，组织讲道和召开会议，并在一些情况下分发《圣经》和安排当地的福音宣讲活动，但是这个分支社团仍然把大部分资金汇往伦敦。1849 年，利兹宗教宣传出版协会召开了第45 次年度会议，听取了总协会在从上海到博茨瓦纳途中的国外活动的情况介绍，并向利兹居民分发了4.2 万份《每月信使》杂志。再例如，全国大学协会和兰开夏大学协会虽然都有较强的地方独立性，但他们仍然遵守总社团的激励政策，并接受其提供的文学作品，如，教学手册等。总社团还雇佣长期讲师和职员，并组织游说团体向政府请愿。爱丁堡大学协会依靠伦敦的支持培训教师和完善教学体系，并把这些规章制度应用于爱丁堡大学协会的创建。纽卡斯尔和利兹社团的年度会议常有来自总社团的代表参加，他们总是在各种场合发表目标和政策相似的演讲。[①] 广泛的国家认同方式由围绕许多自愿社团而发展起来的宣传期刊得到强化，它们使当地订阅读者形成了在大规模社会运动中的共同利益感。[②] 无论是正式的还是非正式的组合，自愿社团是处于相似境遇中人们解决相同问题、被他人认可和满足独立行事的需求的网络。这是在民族国家基础上形成的阶级、教派和其他团体意识形式的一部分，有助于促进19 世纪英国城镇居民对于政治和社会活动的参与性。

第三节 中产阶级自愿社团的组织管理

组织管理是自愿社团贯彻其目标宗旨、维持其组织机构正常运

---

① *Report of the ordinary directors of the Edinburgh Lancastrian School Society*, Edinburgh, 1813; British and Foreign School Society, Manual of the System of Teaching, 1816; Leeds Mercury, 14 September 1839; " Annual general meeting of the British and Foreign School Society, Newcastle", In D. B. Wilson, *The Wilson Collection: A Catalogue of Part Of A Small Private Library*, *Vol. iv*, Durham: University of Durham, 1996, p. 866.

② *Scottish Missionary and Philanthropic Register*, vol. Ⅻ, Edinburgh, 1831.

转的保障，体现了自愿社团内部处于不同地位的成员的角色关系，亦即管理主体和管理对象之关系，而处理这种关系的方法则构成了管理方式。笔者将按照管理主体、管理对象和管理方式三个层次，对 19 世纪英国中产阶级自愿社团的组织管理进行剖析。

一　管理主体

19 世纪英国中产阶级自愿社团的管理主体即社团领袖，包括社团主席、副主席、财产托管人、秘书、理事会或常务委员会成员等。他们是各自所在社团的核心人物，是社团事务的主要决策者。这些人的社会声望、经济财富、个人品格、学识水平等能力素养，对其各自所领导的社团有着十分直接的影响。如，利兹建筑协会在其年度报告中公开对社团领袖们为本社团所做的贡献表示赞赏：

> 各位先生杰出的才智、能力和影响对社团来说是非常有益的，为了社团的利益，他们毫不犹豫地奉献他们的金钱。他们可以审查社团账目，调查社团基金支出的去向，他们对社团成员以合法和安全的方式举行活动非常满意。①

19 世纪英国中产阶级自愿社团属公益性民间组织，社团领导人不仅不能通过社团任职获得报酬，在通常情况下，还要为社团提供大量资金捐助。因此，担任社团领导主要是事业成功的中产阶级基于社会责任感或宗教热情的义务兼职。就自愿社团领袖的职业身份而言，主要分为三类：经济实力较强的工商业主、专业人员中的知名人士以及有较高威望的社会名流。对此，我们可从布莱克本、博尔顿和普雷斯顿三个城镇自愿社团领导人的职业状况和社会地位加以了解（见表 3－1）。

---

① *Second Annual Report of the Second Leeds Permanent Building Society*, Leeds, 1851.

表 3－1　　布莱克本、博尔顿和普雷斯顿三个城镇自愿社团领导人的职业状况

社团名称	成立时间	领导者	担任职务	职业状况
普雷斯顿文学和哲学社团[1]	1810 年	约翰·拉德	主席	牧师
普雷斯顿辅助《圣经》协会[2]	1812 年	塞缪尔·霍洛克斯	主席	工厂主、下院议员
博尔顿慈善医院[3]	1813 年	约翰·皮尔金顿	院长	工厂主、商人
		理查德·安斯沃思	副院长	工厂主
布莱克本储蓄银行[4]	1814 年	威廉·费尔登	财产托管人	工厂主、下院议员
		约翰·福登·欣德尔	财产托管人	土地所有者、工厂主
博尔顿技工社团[5]	1825 年	理查德·安斯沃思	主席	工厂主
		约翰·皮尔金顿	财产托管人	工厂主、商人
布莱克本禁酒协会[6]	1831 年	——	主席	教区主教
		弗朗西斯·斯金纳	秘书	牧师
布莱克本保守主义者协会[7]	1835 年	约翰·福登·欣德尔	主席	土地所有者、工厂主
		威廉·亨利·霍恩比	副主席	工厂主
博尔顿自由主义者协会[8]	1837 年	托马斯·索马森	主席	工厂主
普雷斯顿反谷物法协会[9]	1839 年	威廉·安斯沃思	主席	工厂主
		托马斯·巴克	秘书	染料制造商
布莱克本技工社团[10]	1844 年	约瑟夫·费尔登	主席	商人、工厂主
		詹姆斯·皮尔金顿	副主席	土地所有者、商人
博尔顿星座协会[11]	1844 年	约翰·马修·罗宾逊	主席	外科医生
		埃蒙德·哈沃斯	副主席	律师

续表

社团名称	成立时间	领导者	担任职务	职业状况
布莱克本协会[12]	1846年	M. J. 费尔登	主席	商人、工厂主
		威廉·皮尔金顿	副主席	土地所有者、工厂主

资料来源：[1] *At the Commencement of a Course of Lectures to the Society, on Natural and Experimental Philosophy*, Preston 1811, pp. 9 - 10.

[2] Preston Chronicle, Dec. 14, 1817, pp. 2 - 3.

[3] *Bolton Dispensary Minute Book* 1813 - 1818, HBO/1/1/1, Dec. 2, 11, 1813, Mar. 4, 1814, Bolton Archives and Local Studies.

[4] J. G. Shaw, *History of the Blackburn Saving Bank* 1831 - 1931, Blackburn and London, 1933, pp. 15 - 19.

[5] *The First Annual Report of the Bolton Mechanics Institute*, Bolton, 1826, pp. 5 - 12.

[6] Brian Harrison, *Drink and the Victorians: The Temperance Question in England* 1815 - 1872, Pittsburgh: University of Pittsburgh Press, 1971, p. 107.

[7] Blackburn Standard, Apr. 29, 1835, p. 8.

[8] Bolton Free Press, Aug. 18, 1838, p. 3.

[9] Bolton Free Press, Feb. 16, 1839, p. 3.

[10] *Minute Book for the Mechanics Institute*, B374. 2, 1844 - 1846, Blackburn Reference Library.

[11] John Taylor, *Autobiography of A Lancashire Lawyer, Being the Life and Recollections of John Taylor, Attorney - at - Law, And First Coroner of the Borough of Bolton*, Bolton, 1883, pp. 122 - 124.

[12] *Minutes and Reports of the proceeding of the Blackburn Association for the effecting the abolition of the East India Company' s Monopoly of Salt, and reduction of the duty on Tea, and of the Commercial Association from Sep.* 24, 1846 *to Feb.* 9, 1848, Blackburn Reference Library.

19世纪英国城镇中产阶级上层精英不但财力丰厚而且热心社会事务管理和慈善事业。他们积极组织、领导和参与了各类自愿社团，并且其社团管理者的身份具有多重性。如，布莱克本的约瑟夫·费尔登及其家族成员。费尔登家族原是布莱克本的小土地所有者，后来从事商业经营，18 世纪末购买了布莱克本庄园的一半所有权（另外一半由来自坎特伯雷的大主教购得）。约瑟夫·费尔登的父亲——亨利·费尔登，在距离城镇中心两英里的地方负责修建了威顿商务会所和威顿公园。1805 年，亨利和其兄弟威廉合股从罗伯特·贝尔·利夫西（Robert Bell Livesey）手中购得利夫西庄园。亨利和威廉还是 1811 年成立的布莱克本慈善基金会的成员，并各自为基金会提供了 50 英镑的捐助。① 后来，威廉成为城镇棉纺织业巨子之一，并当选为下院议员，而且在费尼斯科尔斯围绕其新办公场所修建了公园和工业园区。② 同时，威廉还曾担任 1814 年成立的布莱克本储蓄银行的财产托管人，③ 1832 年成立的布莱克本"伦敦爱尔兰人协会"分支机构的副主席。④ 19 世纪 40 年代，约瑟夫·费尔登成为拥有布莱克本 1/6 财富的大资产者，约瑟夫及其家族在当地享有极高的政治和社会声望，在布莱克本城镇发展和社会事务管理中发挥着重大影响。⑤ 1841 年，约瑟夫·费尔登为布莱克本济贫委员会捐资 100 英镑；⑥ 他曾担任 1844 年成立的布莱克本技工社团的第一任社团主席；他于 1846 年组织成立了为促进废除东印度公司盐业垄断地位的布莱克本协会。

又如，布莱克本的工业领袖威廉·埃克尔斯、罗伯特·霍普伍德、詹姆斯·皮尔金顿和威廉·皮尔金顿兄弟等中产阶级精英，不仅在城镇较好的地段有一处体面的住宅，而且在当地的政治、经济和社会生活中扮演着重要的角色。他们能够在郊区豪宅中与名流士

① Blackburn Mail, Feb. 27, 1811.

② William Alexander Abram, *Parish of Blackburn, county of Lancaster: A History of Blackburn, Town and Parish*, Blackburn: Blackburn J. G. & J. Toulmin, 1877 (New York: General Books LLC, 2011), pp. 284 – 285, 570.

③ J. G. Shaw, *History of the Blackburn Saving Bank* 1831 – 1931, Blackburn and London, 1933, pp. 15 – 19.

④ Blackburn Alfred, Mar. 12, 1834, p. 1.

⑤ *Feilden Papers*, *Rectory and Manor of Blackburn*, DDCm 2/45, Abstract of Messrs Feilden' s Title to the Rectory of Blackburn, Lancashire Record Office.

⑥ The Blackburn Standard, Nov. 17, p. 2, Dec. 1, 1841, pp. 1 – 3.

绅欢谈畅饮，在市政管理中有一席之地，并不仅仅是因其社会声望和巨额财富，还因其在各类捐助名册和自愿社团中处于首位，在大多数情况下都是如此。1845 年，埃克尔斯家族、皮尔金顿家族以及夏洛克家族在布莱克本和达温为“反谷物法同盟”举行经费募捐活动，每个家族至少提供了 1000 英镑的捐赠。① 詹姆斯·皮尔金顿曾担任 1844 年成立的布莱克本技工社团的副主席。威廉·皮尔金顿曾担任 1846 年成立的布莱克本协会的副主席。罗伯特·霍普伍德及其儿子在各类自愿社团中也非常活跃，他们为布莱克本济贫委员会提供捐助，参与布莱克本证券交易委员会、布莱克本火灾保险公司、布莱克本协会等自愿团体，并作为委员会成员在社团中发挥着领导者和管理者的职责。

1836 年成立的政治社团——博尔顿保守主义者协会长期由托利党精英担任领导者，其委员会成员有铸铁厂主约翰·弗莱彻、棉布印染商威廉·斯拉德、律师詹姆斯·诺利斯、土地测量员乔治·皮戈特、已退休的亚麻布商人约翰逊·罗蒙克斯、外科医生约翰·摩尔、烟草商约翰·巴伦、棉布印染商小威廉·格雷、海军上校朗斯肖、律师约翰·伍德豪斯和塞缪尔·加斯科尔、牧师 C. A. 亨特② 等中产阶级上层人士。

英国其他城市或全国性社团的管理主体也具有此类特征。如，苏格兰禁酒运动先驱约翰·邓洛普。邓洛普来自上流社会，1789 年出生于克莱德的港口城镇格林那克，从其母亲家族世系而论，他是格拉斯哥附近盖尔布莱德的格雷厄姆家族的后裔，18 世纪末，这个家族通过克莱德运河的土地交易获取了大量财富。③ 邓洛普最

---

① Bolton Free Press, Dec. 27, 1845, p. 3.

② *Report of the Proceedings at the Meeting of the Bolton Operative Conservative Association*, held in the Little Bolton Town Hall, June 1st, 1836, Bolton, pp. 3 – 28, 1836, DDPr/51/3a, Lancashire Record Office.

③ J. G. Dunlop, *The Dunlop Papers*, *Volume* 1: *Autobiography of John Dunlop*; J. G. Dunlop, *The Dunlop Papers*, *Volume* Ⅱ: *The Dunlops of Dunlop*, *and of Auchenskaith*, *Keppoach and Gairbraid*, London: privately printed, 1933.

初从事法律学习和研究。19 世纪 20 年代，在苏格兰社会普遍关注烈性酒消费和酗酒现象的情境下，作为虔诚的宗教信仰者，他认为酗酒将会是国家道德风化和民族身体素质的严重威胁。为此，他积极倡导“公益社团”和集体合作思想，强调戒酒对自身健康、家庭和谐与自尊的积极有益的影响，组织领导了苏格兰的多个禁酒协会团体。同时，他还培养了广泛的兴趣爱好，并参加了许多科学和教育社团，如比较著名的统计学社团。关于社会公众的健康卫生问题的讨论也深深吸引着他，他特别关注工人阶级的居住环境。他还参加缩短工时的宣传活动，甚至一度考虑代表议会作一次关于改革的宣传演讲。① 自 1829 年以来，邓洛普最为重要的盟友是格拉斯哥一位白手起家的出版商威廉·科林斯，他也是一位热情洋溢的演说家。② 后来研究英国禁酒运动的学者把他描写成“一位具有热情精神气质的人”，他“做任何事情都会全力以赴”。③ 除邓洛普和科林斯之外，格拉斯哥禁酒协会的领导者还有来自克勒蒙特的约翰·凯姆贝尔·考克豪恩，他是一位富裕的保守福音派下院议员，曾担任协会主席。④

又如，英国科学促进协会的领导者，他们大多数是享有较高社会声望的知名学者或上层社会名流，并拥有多重社团成员资格或多重社团领导者身份。第一届（1831）协会主席厄尔·菲茨威廉（Earl Fitzwilliam）是一位民法博士，同时也是皇家学会和地质学会会员；副主席 W. 韦诺恩·哈考特（W. Vernon Harcourt）是一位

---

① J. G. Dunlop, *The Dunlop Papers, Volume* Ⅱ: *The Dunlops of Dunlop, and of Auchenskaith, Keppoach and Gairbraid*, London: privately printed, 1933, p. 229.

② David Keir, *The House of Collins: the Story of a Family of Publishers from* 1789 *to the Present Day*, London: Collins, 1952, pp. 94 –98.

③ P. T. Winskill, *The Temperance Movement and Its Workers: A Record of Social, Moral, Religious and political Progress, vol. I*, London: Blackie&Son, 1893, p. 57.

④ Irene Maver, “The Temperance Movement and the Urban Association Ideal: Scotland, 1820s to 1840s”, In Graeme Morton and R. J. Morris, eds. , *Civil Society, Associations and Urban Places: Class, Nation and Culture in Nineteenth – Century Europe*, Burlington: Ashgate, 2005.

文学硕士，也是皇家学会与地质学会会员。而第三届（1833）协会主席亚当·塞奇威克（Adam Sedgwick），更是同时享有皇家学会与地质学会三个社团主席身份的殊荣（见表3－2）。[①]

表3－2　**英国科学促进协会主席社团参与简况（1831—1848）**

任期	姓名	社团参与简况
第一届	厄尔·菲茨威廉	民法博士，皇家学会会员，地质学会会员
第二届	W. 巴克兰	神学博士，皇家学会会员，地质学会会员
第三届	亚当·塞奇威克	文学硕士，皇家学会主席，地质学会主席
第四届	T. 麦克达格·布里斯班尼	高级巴思勋爵士，民法博士，皇家学会会员
第五届	普罗沃斯特·劳德	法学博士
第六届	兰斯道恩侯爵	民法博士，皇家学会会员
第七届	伯灵顿伯爵	皇家学会会员，地质学会会员
第八届	诺森伯兰公爵	皇家学会会员，地质学会会员
第九届	W. 韦诺恩·哈考特	文学硕士，皇家学会会员
第十届	布雷班尼侯爵	——
第十一届	惠韦尔教授	皇家学会会员
第十二届	劳德·弗朗西斯·埃杰顿	地质学会会员
第十三届	罗塞伯爵	皇家学会会员
第十四届	G. 皮科克	神学博士、皇家学会会员
第十五届	约翰·F. W. 赫舍尔从男爵	皇家学会会员
第十六届	罗德里克·因佩·莫奇森	皇家学会会员，GCS
第十七届	罗伯特·哈里·英格里斯从男爵	下院议员，民法博士，皇家学会会员
第十八届	北安普顿侯爵	皇家学会会长

资料来源：*Report of the Seventeenth Meeting of the British Association for the Advancement of Science*, Held at Oxford in June 1847, London: John Murray, Albemarle Street, 1848.

① *Report of the Seventeenth Meeting of the British Association for the Advancement of Science*, Held at Oxford in June 1847, London: John Murray, Albemarle Street, 1848.

二　管理对象

19 世纪英国中产阶级自愿社团组织管理的对象是社团的全体成员。社团资料文献中没有关于个人加入社团的动机的说明，也很少记录参加社团的原因。尽管如此，社团活动本身为我们提供了一些线索——参与社会公共事务管理、学术追求、对社交友情的渴望、享受闲暇等——每一种愿望都可以在不同的社团中得到满足。

莫利斯在《自愿社团和英国城市精英，1780—1850》一文中，以利兹、纽卡斯尔、爱丁堡三个城镇为例考察了自愿社团成员的社会身份，研究结果表明，社团成员主要来自于中产阶级，在大多数社团中中产阶级居主导地位。① 也有一些学者强调指出，除非作为资助人，几乎没有乡绅或贵族参与社团组织；工资收入者很少参加此类的自愿社团，当他们确实需要加入社团时，一般最可能的就是加入互助会或友谊社，因为对于他们来说，参加社团组织最为重要的并不是能为他们带来较高的社会地位，而是实际的帮助。②

事实上，就 19 世纪英国各城镇的具体情况而言，自愿社团成员中的大多数确实都来自中产阶级，但不可否认的是，城镇中的乡绅和熟练工匠也积极参与了自愿社团组织。如，1824 年纽卡斯尔图书馆、科学和技工社团建立时，乔治·杨格提出“乡绅”应该被允许参加下一次的社团会议，以“加强社团的力量和稳定性”。③

---

① R. J. Morris, “Voluntary societies and British urban elites, 1780 - 1850: an analysis”, *Historical Journal*, Vol. 26, No. 1, 1983.

② N. Babchuck and Alan Booth, “Voluntary association membership: a longitudinal analysis,” *American Sociological Review*, Vol. 34, No. 1, 1969, pp. 31 - 45; James Curtis, “ Voluntary association joining: a cross national comparative note,” *American Sociological Review*, Vol. 36, No. 5, 1971, pp. 872 - 879.

③ D. B. Wilson, *The Wilson Collection: A Catalogue of Part Of A Small Private Library*, *Vol.* 2, Durham: University of Durham, 1996, p. 336; G. Crossick, “The labour aristocracy and its values: a study of mid - Victorian Kentish London ”, *Victorian Studies*, Vol. 19, No. 3, 1976, pp. 301 - 328.

1825 年 5 月 3 日，成立哈利法克斯技工社团的公共集会的通告呼吁中产阶级要与当地富有的土地所有者形成合作关系：

> 为提高工人的技术水平，我冒昧地向诸位建议，本城镇技工社团的成立和组织管理，应以其他工业城镇的自愿社团为参照……我们认为，如果没有富有绅士的赞同和支持，我们将不能克服诸多困难并最终实现社团的宗旨。①

1835 年 6 月，普雷斯顿成立了由 T. D. 赫斯基斯领导的保守主义者协会北部分会，在可确认的 43 名成员中，有 15 名乡绅、15 名律师、5 名工厂主、3 名牧师、2 名银行家、2 名商人和 1 名内科医生（见表 3-3）。而 1825 年成立的哈利法克斯技工社团的成员则主要由中产阶级和工匠组成，社团成立之初有 90 名成员。在 1825 年的成员名单和 1830 年的商业名录的联合记录中，43 名成员的身份得以确认，其中有 12 名小工厂主和独立工匠，5 名零售商和中间商，5 名旅馆和饭馆老板，6 名专业人员，4 名工厂主，3 名商人，其他成员来自建筑承包商、小职员、房东或未知的职业。到 1835 年，社团的成员增加到 412 人，在 10 年中增长了 4 倍。从 19 世纪 30 年代中期到 40 年代，社团的成员有所减少。自 19 世纪 50 年代早期之后，由于技工社团与哈利法克斯互助济贫社团合并，其成员从 1850 年的 369 人增加到 1853 年的 790 人。在 1851 年的成员名单和 50 年代的商业名录的联合记录中，173 名成员得到确认，社团成员既有中产阶级上层与下层也有熟练工人。②

---

① *The Halifax Mechanics' institution*: 1, 1825, Calderdale District Archives.

② Toshihiko Iwama, "Voluntary Societies And The Urban Local Community: A Case Study of The Halifax Mechanics' Institution", *Family & Community History*, Vol. 11, No. 1, 2008, p. 18.

表 3-3 保守主义者协会北部分会部分成员的职业/身份状况（1835）

协会成员	职业/身份状况
威廉·亚当·休顿、约翰·戈斯特、迪克森·罗宾逊、约瑟夫·布雷、小托马斯·伯奇尔、约翰·法洛费尔德、菲利普·埃迪森、约翰·阿姆斯特恩、罗伯特·帕克、小约翰·特鲁斯顿、劳伦斯·克莱克、凯尔伯·奥克、约翰·耶茨、威廉·威尔逊、休·霍恩比	律师
小爱德华·佩德尔、威廉·克莱顿	银行家
威廉·圣·克莱尔	内科医生
罗杰·卡洛斯·威尔逊、E. R. 加勒、詹姆斯·斯特恩斯汉姆	牧师
乔治·杰克逊、小查尔斯·斯温森	棉布印染商
约翰·佩利、约翰·哈洛克、威廉·亨利·霍恩比、托马斯·H. 赫斯基斯、托马斯·佩蒂	工厂主
威廉·法灵顿、詹姆斯·诺威尔·法灵顿、罗伯特·汤利·帕克、托马斯·布莱特·克罗斯、约翰·帕克、约翰·泰勒、威廉·马歇尔、查尔斯·布兰德特、约翰·费登·欣德尔、威廉·惠利、罗伯特·惠利、约翰·李斯特、查尔斯·惠特克、H. H. 法扎克利、爱德华·锡尔弗斯特	乡绅

资料来源：Preston Chronicle, June 6, 1835, p. 3.

由此可见，自愿社团成员的社会身份和经济地位并不像对社团领导者那样有较高要求，基本上，凡能提供一定数额的捐助并同意遵从社团规章制度者即具有成为社团成员的资格。如，英国科学促进协会在入会须知中明确规定，“所有参加会议并同意遵守协会规章制度者都将获得会员资格”①。但是，许多社团在规章制度中仍对其成员做了明确的资格限制，并依据入会方式和捐助金额区分了成员类别及其权利义务。

哈利法克斯技工社团明确规定了成员的资格条件。根据社团会

① *Report of the Seventeenth Meeting of the British Association for the Advancement of Science*, Held at Oxford in June 1847, London: John Murray, Albemarle Street, 1848.

议记录第一卷，社团的成员资格由两部分构成：社团成员和捐助者。能够支付 2 英镑入会保证金，并每年缴纳 10 先令会费者即成为社团成员，同时，他们有权参与社团领导人的选举投票。提供 10 英镑资助或价值 10 英镑书籍者，即成为社团的资助者或荣誉会员。此外，每多提供 5 英镑捐助，捐助者即可获得每半年度的捐助人选举特权；如果捐助总额达 20 英镑，捐助人有权参与社团的任何选举活动。社团的普通成员基本上由来自哈利法克斯的中产阶级组成，而捐助人则主要是哈利法克斯的中产阶级上层和社会精英。第二类社团成员主要是熟练工人。他们又分为三个等级，半年缴 5 先令者、每季度缴 2 先令者和 6 便士者。①

英国科学促进协会章程②详细规定了会员、资金捐助者的等级及其享有的权益。协会会员分为终身会员（Life Members）、年度捐助者（Annual Subscribers）和一年制会员（Associates for the year）。其中，终身会员须一次性缴纳 10 英镑会费，他们可免费获得协会发布的各类报告，有资格参与协会所有领导和管理职务的选举。年度捐助者须一次性缴纳 2 英镑会费，其后每年缴纳 1 英镑，在年度捐助不间断的情况下，他们可免费获得协会发布的各类报告。一旦任何一个年度漏捐，即失去领取本年度及随后年度的协会免费报告的权利。但是，他们可以通过为随后的协会会议提供 1 英镑的捐助而重新获得会员资格和其他权益。他们有资格参与协会所有领导和管理职务的选举。一年制会员须缴纳 1 英镑会费，可以参与协会各类活动，但他们不能获得免费协会报告，也不能参与委员会事务的管理及担任协会领导职务。在实际的团体活动和组织结构中，协会成员又被细致划分为以下级别：

1. 1831—1845 年入会的终身会员，每人缴纳 5 英镑会费。

2. 1846 年或之后入会的终身会员，每人缴纳 10 英镑会费。

---

① *The Halifax Mechanics′ institution*：1，1825，Calderdale District Archives.

② *Report of the Seventeenth Meeting of the British Association for the Advancement of Science*，Held at Oxford in June 1847，London：John Murray，Albemarle Street，1848.

3. 1831—1839 年入会的年度捐助者，每人每年缴纳 1 英镑（包括年度捐助间断后重新获得会员资格者）。

4. 1839 年以后入会的年度捐助者，第一年缴纳 2 英镑，其后每年 1 英镑（包括年度捐助间断后重新获得会员资格者）。

5. 一年制会员，每人缴纳 1 英镑会费。

6. 联络会员，由委员会任命。

又如，纽卡斯尔植物园协会制定了一个详细的成员资格等级，长期捐助者每年 10 英镑 10 先令 6 便士，年度捐助者每年 1 英镑 1 先令，持票人每年 10 先令 6 便士，寄宿学校的学生和老师每年每人 5 先令，“工人阶级在任何时候入会都无须支付费用”——这些规定由委员会和受托人制定。① 利兹技工社团也在其成员中做了相似的资格限定和等级划分。②

如果说探讨中产阶级为何加入自愿社团的具体因素存在一定的难度，那么研究他们退出社团的原因就更加困难了。我们也只能根据零星的社团资料做一种推测，由于成员对社团一般都是很忠诚的，很少有人轻易退出社团。大多数退出社团者其主要原因大概是死亡或年龄较大或患病，或许是因为社团规章制度的严格而退出，或者是由于漏缴会费和捐助而自动退出社团。

三　管理方式

管理方式是一定社会团体内的管理主体和管理对象之间调整彼此关系，以保证本团体的宗旨目标得以实现的制度和形式。19 世纪英国中产阶级自愿社团实行捐助民主制和透明化的管理方式。

在组织管理和实践活动中，社团实行捐助民主制（the Sub-

① *Prospectus of the Proposed Botanical and Zoological Gardens*, Newcastle upon Tyne, 1838; D. B. Wilson, *The Wilson Collection: A Catalogue of Part Of A Small Private Library*, *Vol. 6*, Durham: University of Durham, 1996, p. 1398.

② Fredric Hill, *National Education: Its Present State and Prospects*, London: C. Knight, 1836, p. 195.

scriber Democracy)。如前所述，社团章程一般都根据入会时缴纳的会费或捐助金额而详细规定了社团成员的等级划分及其相应的权利义务。社团的领导者和管理者通常从提供资金较多的成员中选举产生。社团主席一职通常由经济地位和社会声望较高的当地名流担任，社团秘书职务通常由律师担任，财务人员可能是当地的商人或银行家。社团委员会由工作认真负责的社团成员组成。社团经费由委员会分配并用于组织活动，经费的管理者在年度大会上从捐助者中选举产生。基本原则是一名捐助者有一票表决权，不能反对通过正常的选举程序产生的管理者。由于需要资金支持，在许多情况下，正直的有产者成为社团财产的托管人。这样的组织安排，对于在财富和权力不平等的等级社会，为自尊和独立而奋斗的中产阶级来说是一种合理的组织构成。社团组织精心设计捐助等级、领导人、受托人和成员的级别，以确保成员的相互信任和积极参与。由选举产生并经社团委员会任命的主席、副主席、财产托管人、财务主管、审计员和秘书等领导者和管理者为社团提供无偿服务。

如，由中产阶级和熟练工人联合成立的哈利法克斯技工社团，为缩小贫富差距，自成立之日起就制定了一项规则，社团的领导机构由选举产生的 24 人组成，其中 12 名领导者通过年度会议投票从熟练工人中选举产生。[①] 这种规定在西约克郡的技工社团中普遍存在，一些历史学家把其称为“民主原则”(Democratic Rule)。[②] 19 世纪 20 年代末，哈利法克斯技工社团的活动陷入了停滞状态，社团开始改变这种选举产生领导者的“民主体制”(Democratic System)，以改革管理方式和制度。因而，在 1829 年，社团的领导者从 24 人减少为 12 人。其中，8 名从社团成员中选举，其余 4 名从

---

① *The Halifax Mechanics' Institution*: 1, 1825, Calderdale District Archives.

② J. F. C. Harrison, *Learning and Living*, *1790 - 1960*: *A Study in the History of the English Adult Education Movement*, London: Routledge and Kegan Paul, 1961, p. 70.

捐献者中选举。[1] 通过这种调整，中产阶级上层利用其经济优势掌握了哈利法克斯技工社团的领导和管理权。

如英国科学促进协会等此类科学文化社团，其领导者和管理者主要是享有较高学术声誉的知名学者。他们中的大多数都由全体会员民主选举产生，但也不乏德高望重的任期终身者。以英国科学促进协会 1847—1848 年的领导者和组织干事名册为例，其常任财产托管人有四位，他们是罗德里克·因佩·莫奇森（Roderick Impey Murchison）、约翰·泰勒骑士（John Taylor，Esq.）、乔治·皮考克（George Peacock）、伊利学院院长（Dean of Ely），四人均为皇家学会会员。在 1847 年 6 月 23 日举行的牛津年会上，会员大会选举皇家学会会长、北安普顿侯爵为新一届协会主席；巴特侯爵（The Marquis of Bute）等七人为副主席。选举医学博士、马修·莫格里杰骑士（Matthew Moggridge，Esq.）为 1848 年斯旺西年会秘书，约翰·圭内·杰弗里斯骑士（John Gwyn Jeffreys，Esq.）为协会 1848 年度财产托管人。[2]

自愿社团实行“透明化”管理，即通过举行年度会议、发布年度报告、公布捐助者名册、审查账目等方式与其成员和广大公众保持着密切的联系。[3] 年度会议与大多数社团的集会一样，形成提案和决议之后再进行投票表决。通常所有提议都在无人反对的情况下以欢呼表示通过。潜在的反对性意见在社团中也是普遍存在的。如，在大型集会和年度报告中对事实和数据的“讨论”惯例是每个社团体现其合法性的方式。这种理性的对事实的争论并不会破坏社团的观念和思想，因为理性争论的力量来自于社团成员的认同。年度报告和集会的目的之一就是维护这种认同的合法性。

---

① J. F. C. Harrison, *Learning and Living, 1790 – 1960: A Study in the History of the English Adult Education Movement*, London: Routledge and Kegan Paul, 1961, p. 70.

② *Report of the Seventeenth Meeting of the British Association for the Advancement of Science*, Held at Oxford in June 1847, London: John Murray, Albemarle Street, 1848.

③ R. J. Morris, "Civil Society and the Nature of Urbanism: Britain, 1750 – 1850", *Urban History*, Vol. 25, No. 3, 1998.

社团的收入和支出情况需提交社团的各个委员会。社团的账目公开化是社团透明度的主要体现，也是这一时期社团合法化的关键。这种公开制度不仅有助于社团成员之间的相互信任，而且有助于捐助者和社团成员的相互联系。公开账目成为社团的共同特征和评价标准。[①] 公开化的账目也有利于捐助资金的合理使用，为社团的合法性提供了依据。尽管捐助人名册常常体现了捐助者对社会名望和社会地位的追求，但它们也是确保资金募集并得到合理使用的方式。

英国19世纪的印刷品出版业和新闻媒体的发展对自愿社团管理的透明化具有非常重要的作用。英国的报纸杂志中刊登了很多关于当地社团集会的报道或宣传。最初，社团活动以启事的形式刊登在报纸的广告版面。19世纪20年代，社团报告成为一种新闻内容，经常被比较全面地刊登在报纸上。19世纪30年代以后，演讲内容以及演讲时被突然插入的对话也被逐字逐句地刊登出来。从共济会到皇家协会，人们可以了解到有关英国社团的许多详细信息。印刷品价格的低廉，报纸税率的降低以及报告小册子的传播都有助于社团活动的公开化和透明化。这种透明化是标志19世纪中产阶级自愿社团文化获得发展的关键特征。[②] 同时，在中产阶级组建社团时，各种报纸和宣传小册子成为他们重要的公共舆论工具。社团领导者和组织者在报纸或小册子上通过对公共问题的讨论宣传解释社团活动的目标宗旨。许多社团都公开发布他们的成员名册、规章制度、目标宗旨、社团账目、会议记录以及社团历史发展状况等信息。

如，哈利法克斯技工社团的领导者公开举行由成员和捐赠者

---

① Peter Miller and Ted O' Lear, "Accounts and the construction of the governable person", *Accounts, Organizations and Society*, Vol. 12, No. 3, 1987, pp. 235 - 265; C. Lehman and T. Tinker, "The 'real' cultural significance of accounts", *Accounts, Organizations and Society*, Vol. 12, No. 5, 1987, pp. 503 - 522.

② A. Giddens, *The Consequences of Modernity*, Cambridge: Cambridge University Press, 1990.

参加的年度大会。技工社团与哈利法克斯的其他自愿组织一样，通过年度会议和年度报告体现其社会职责和管理的民主化，如公布社团的财务收支状况、社团成员名册和社团会议记录等。这些信息都被定期刊登在当地新闻报刊上，如《哈利法克斯卫报》（*Halifax Guardian*）、《哈利法克斯和哈德斯菲尔德快讯》（*Halifax and Huddersfield Express*）和《哈利法克斯信使》（*Halifax Courier*）等都为技工社团开辟报道专栏。哈利法克斯城镇的新闻报刊成为公共舆论和信息交流的媒介，引起了中产阶级和工人阶级的广泛关注。[①] 英国科学促进协会等影响较大的全国性社团组织则单独印刷发行并保管其年度报告、会议记录、财产收支及审计状况、会员名册等社团资料。在当时的环境中，这种管理方式增强了社团工作的规范性，为社团组织提供了文献资料和记录并有利于监督集会的出席情况，规章和财务制度的执行情况。同时，从历史研究的角度来看，我们只有通过社团留存的资料才能了解其兴起发展与活动状况。

总体而言，19 世纪英国中产阶级自愿社团是较小型的正式社会组织，在组织形态方面较为规范。一方面，它们以明文规定的组织宗旨作为明确的行动目标，以逐层构建的组织结构作为实践活动的主体，以相对具体的权利划分确定成员之间的关系，并形成了程度不同，但相对广阔的社团网络；另一方面，它们在实行民主化的、透明化的，较为科学的管理方式的同时，也依靠社团领袖的个人声望、人际关系和骨干成员的积极与热情开展活动，因而，其组织结构与企业、股份公司或政府部门相比较为松散。自愿社团的这种规范的组织形态和灵活的管理方式，有利于其组织功能的发挥，从而避免国家行动所带来的不良后果和资源浪费，是城市民主化管理和社会自治的重要因素。同时，中产阶级的分歧也能够在社团内

① Toshihiko Iwama, "Voluntary Societies And The Urban Local Community: A Case Study of The Halifax Mechanics' Institution", *Family & Community History*, Vol. 11, No. 1, 2008, p. 19.

部得以解决，而不会造成与国家或宗教之间的冲突与紧张关系。

第四节　中产阶级自愿社团的经济机制

19世纪英国中产阶级自愿社团具有社会、文化和宗教等各种组织的特征。同时，自愿社团也是一种经济合作组织。尽管其组织宗旨或活动目的不同，但自愿社团都进行经济合作，共同承担财务支出，所获资金必须能够满足开展各种活动的需要。因而，对于19世纪英国中产阶级自愿社团来说，稳定的经济来源，健全的经济机制，是其顺利运行并有效发挥其社会功能的关键。因此，探讨19世纪英国中产阶级自愿社团经济管理机制，分析其资金募集方式，资金使用规划，以及如何使社团财产获得法律保护等方面的具体情况与特征，对于从微观角度考察19世纪英国中产阶级自愿社团具有重要意义。

一　经费募集

由于社团是非营利的民间组织，因此社团组建后，如何筹措维持社团活动和运行所需的经费，就成为社团组织必须首先面对的一个重要问题。19世纪英国中产阶级自愿社团广泛采用的筹措经费的方式大致可分为三类：社团成员缴纳的会费收入；合法获得的经营性收入；募捐（包括向社团成员募捐和向社会募捐）。

（一）会费收入

大多数自愿社团在章程中都明文规定其成员有按章缴纳会费的义务，并对会费类别、缴纳方式等作了具体规定。这些规定力求既适应本社团的实际情况，又有助于吸引更多人员入会，提高会员自动缴纳会费的积极性。

会费一般分为两类：入会费和常年会费。社团成员缴纳会费的金额与该社团主要成员的经济收入状况密切相关。如，1810年成立的普雷斯顿文学和哲学社团的成员仅限于中产阶级精英阶层，每个成员每年需缴纳 1 几尼会费，1 几尼的选举费用。[①] 布莱克本捐助图书馆规定缴纳 7.5 几尼者方可获得图书馆会员资格，此外每年再为图书馆提供 15 先令捐助即可获得图书馆管理的决策权。布莱克本阅览室的会员每年须缴纳 30 先令会费。[②] 普雷斯顿捐助图书馆是以律师为主要会员的图书馆，19 世纪 40 年代这个图书馆规定，图书馆的所有股份持有人必须提供 6 英镑的资金或价值相当的书籍，此外，每年需缴纳 1 英镑 10 先令的会费；律师会员只需缴纳 10 先令会费。[③] 1846 年成立的布莱克本协会是布莱克本及周边地区商人的团体，其成员每年的会费是 1 几尼。[④] 而有熟练工匠参加的自愿社团的会费则相对较低，并对会员中有特殊情况者，规定了少交或免交会费的优待条例。如，博尔顿技工社团规定，社团成员和资助人每年捐款 10 先令，社团成员的儿子（年龄低于 21 岁）和孤儿每年的捐助额减半。[⑤] 纽卡斯尔植物园协会则声明“工人阶级在任何时候入会都无须支付费用”。[⑥]

要求社团成员按章交纳入会费及常年会费，对于社团的正常运转、健全组织管理体系是非常有益的。首先，会员缴纳会费有助于社团获得一笔稳定可靠的收入，以利于开展活动；其次，入会者按章交费，也有利于增强成员对团体的归属感，会员资格明确，有利于形成较为稳定的会员群体。

（二）经营性收入

就其本质而言，自愿社团是非营利性的。按照英国普通法

① *At the Commencement of a Course of Lectures to the Society, on Natural and Experimental Philosophy*, Preston, 1811, pp. 9 – 10.

② Exchange News Room a/c' s& c, Blackburn Reference Library.

③ Susan Bullen, *The Cultural Life of Preston* 1742 – 1842, MA thesis, University of Leicester, 1970, pp. 43 – 44.

④ Blackburn Standard, Sept. 23, 1846.

⑤ *The First Annual Report of the Bolton Mechanics Institute*, Bolton, 1826, pp. 5 – 12.

⑥ *Prospectus of the proposed botanical and zoological gardens*, Newcastle upon Tyne, 1838; D. B. Wilson, *The Wilson Collection: A Catalogue of Part of A Small Private Library*, Vol. 6, Durham: University of Durham, 1996, p. 1398.

的惯例，自愿社团的非营利性即是不分配利润，而在非营利和不分配利润的框架内，允许进行商业活动，但必须满足社团活动的目的这一标准。[①] 以有限的营利活动来弥补本团体从事公益事业及开展活动的经费，是 19 世纪英国中产阶级自愿社团解决经费来源的重要途径之一，主要包括出售股份、设立基金会等方式。

有些社团通过向社会公众出售股份募集资金。如，一些促进公共利益的经济社团以出售股份的方式募集经费。为满足居民对公共设施的要求，1818 年成立的布莱克本煤气灯公司发行每股价值 10 英镑的股票，在募得大量资金后使公司的管道铺设和用气量逐渐上升。1838 年经法律批准公司成为法人组织。股票持有者的投资得到了合理回报。[②] 1836 年 9 月成立的普雷斯顿公共浴室公司发行每股 10 英镑，共 4000 英镑的股票。[③] 布莱克本火灾保险公司 1845 年 7 月注册时，发行每股价格为 25 英镑，共 50 万英镑的股票。正是这种每年缴纳一定金额保费的保险公司使布莱克本及周边地区免于火灾带来的重大财产损失。[④]

设法筹募一笔较大的款项，作为本金，注册成立基金会，然后或将本金存入银行生息，或通过较可靠的投资活动，将赚取的收益用以支持社团活动，19 世纪英国各类慈善机构通常以这种方式获得长期、稳定的经费来源。如，1811 年布莱克本慈善社团成立，亨利·苏德尔以其典型的家长主义方式将个人财产的一部分用于设立慈善基金。[⑤] 赛恩顿（Thornton）家族的约翰·赛恩顿在其一生中用于慈善事业的财富达 15 万英镑。其儿子亨利·赛恩顿，一位

---

① ［英］阿米·古特曼等：《结社：理论与实践》，吴玉章等译，三联书店 2006 年版，第 414 页。

② William Alexander Abram, *History of the Blackburn Gas－Light Company*, *From its Formation in* 1818 *to its Dissolution in* 1877, Blackburn: Blackburn J. G. & J. Toulmin, 1879.

③ *Extracts from Various Authors on the General Advantages of Bathing*…, Bolton, 1846.

④ Blackburn Standard, July. 23, 1845, p. 1.

⑤ Blackburn Mail, Feb. 27, 1811.

城市银行家和慈善基金会的负责人，由于结婚才将其对慈善事业的捐助由占收入的6/7 降低为 2/3。① 1862 年，在伦敦 640 个慈善机构中，有 72 个不同行业的基金会，56 个传教士基金会，还有 4 个专为印度灾荒提供救济的基金会。②

（三）募捐

为社团兴办的公益事业或重要活动而举行募捐，是 19 世纪英国中产阶级自愿社团较为常见的经费筹措方式。募捐方式，既有常规性的年节募捐，也有遇到重大突发性事件时的专项募捐；捐赠的内容以现金为主，也包括实物、地产等；就捐赠者的构成而言，既包括社团的领导人，也包括社团的普通成员，同时还包括社团成员之外的社会各界人士。

作为自愿社团的领导者，除了要付出时间和精力之外，还经常要为社团的各种活动带头“认捐”，这是其为社团所应尽的责任和义务。以 1839 年成立的“反谷物法同盟”博尔顿分会为例，领导者亨利·阿什沃斯和托马斯·索马森在 1845 年埃克尔斯家族、夏洛克家族以及皮尔金顿家族在布莱克本和达温举行的募捐活动中，每人捐献了 1000 英镑。此外，委员会成员加德纳和贝兹雷、J. R. 巴恩斯、W. R. 卡伦德、比克汉姆及其公司、弗里德利希·斯坦纳每人 500 英镑；约瑟夫·克罗克、P. R. 阿罗斯密斯和约翰·斯拉特每人 250 英镑；罗伯特·海伍德、彼得·马丁和查尔斯·波特和埃德温·波特每人 100 英镑。③

义卖是为筹集社团活动所需经费而举行的募捐活动。它使得作为个人捐助者和喜好炫耀财富的精英阶层获得在报纸公开露面的机

① John Venn. The Life and a Selection from the Letters of the Late Rev. Henry Venn, New York: Protestant Episcopal Society for the Promotion of Evangelical Knowledge, 1855, p. 365; Ernest Marshall Howse, *Saints in Politics: the "Clapham Sect" and the Growth of Freedom*, Toronto: University of Toronto, 1952, pp. 126 – 127.

② Edward Royle, *Modern Britain: A Social History*, 1750 – 1985, London: Edward Arnold, 1987, p. 181.

③ Bolton Free Press, Dec. 27, 1845, p. 3.

会，也能够吸引上层妇女参与慈善和公益活动。义卖的物品大多是参加活动的妇女自己制作的手工艺品。[①] 如，1827年，在科切斯特的一位著名银行家的私家花园里，举行了一次大型义卖募捐活动，妇女们的积极行为使这次义卖为慈善医院筹集了700英镑的善款。[②] 1849年4月，普雷斯顿文学和哲学社团为筹集修建会所经费而举行了一次义卖活动。《年鉴》的主编评论道，这次活动赢得了各社会阶层、各宗派和政党的支持。这座建筑共花费6000英镑，1849年10月，社团在报纸上公开了账目。[③] 即使不如公共晚宴普遍，义卖也是代表和提高包括妇女在内的资产阶级精英社会地位和声望的一种方式。因为这种活动也无处不在：

> 无论想要做什么，义卖都能够提供帮助：如果一个教堂完工了，肯定有义卖的功劳；教堂钟楼的修理也是通过义卖募集资金；宗教社团筹集资金，施粥所需要锅炉，主日学校开办等等活动都通过义卖募集所需经费。兰开夏北部普雷斯顿的最漂亮、最经典、最令人满意的建筑的落成也有义卖募捐的功劳，这座为当地居民服务的建筑得到了社会各阶层的广泛关注，并为其捐助资金。[④]

通过各种方式，大多数自愿社团都能够从社团领导者和成员以及社会公众那里募集到数目相当可观的活动经费（见表3－4）。

① Frank. K. Prochaska, *Women and Philanthropy in Nineteenth – Century England*, New York: Oxford University Press, 1980, pp. 44 –45.

② Leonore Davidoff and Catherine Hall, *Family Fortunes: Men and Women of the English Middle Class* 1780 –1850, London, New York: Routledge, 2002, p. 434.

③ Preston Chronicle, Apr. 21 1849, p. 4; Apr. 28 1849, pp. 4 –7; Atticus Hewitson, *Preston Town Council, Or Portraits of Local Legislators*, Preston: Printed at the Chronicle Office, 1870, pp. 449 –450.

④ The Preston Institute Bazaar Gazette, 4, Monday, Apr. 30, 1849, p. 2.

表 3 - 4　　　　1859 年全国性自愿社团所获捐助金额

社团名称	募集资金数额（英镑）
国家协会（National Society）	725000
英外教育协会（British and Foreign School Society）	157000
天主教贫困者学校委员会（Catholic Poor School Committee）	72000
国内和殖民地协会（Home and Colonial Society）	116000
神学教育协会（Church Education Society）	10000
卫斯理教育协会（Wesleyan Education Committee）	88000
宗教团体教育委员会（Congregational Board of Education）	174000
伦敦贫困者学校协会（London Ragged School Association）	58000

资料来源：R. C. on Popular Education（C. 2794），1861，I，p. 575.

二　自愿社团的法律地位与财产管理

英国市民社会的基本原则是结社自由。公民可以自由地组织在一起追求合法的个人目的。法律的作用是支持并鼓励公民负责地行使这一权利。登记和问责程序体现了结社自由原则，促进而非妨碍和控制市民社会组织的创立及运作。因而，在英国普通法体系中，社团是最松散的法律形式，其设立不需经过法律程序，也不要求进行登记，一群人为追求共同目的而简单地结合在一起，就可以组成社团，所以，社团自身并不具有独立的法律人格。社团的规章制度具体规定社团的目的、权力和社员资格，其法律责任由社员个人或集体承担。因此，任何交易行为，如购买社团用品或支出活动经费，均是所有成员的责任。对于没有复杂结构和资源的非正式团体来说，社团过去是，现在仍然是理想的简单形式。但是一旦涉及财产所有权，欠缺法律人格甚至对小型团体都会带来难题。所有社团持有的财产，都面对着如何确保其合法所有权的难题。在法律上，社团无权要求继承或转让这种财产，只有个人拥有这种权利。对此，慈善社团很久之前就采取了补救措施，它们根据 1601 年《慈善法案》（*the Charitable Uses Act 1601*），允许为财产所有权的目的成立法人，采取信托的形式，将资金或财产交给（或“委托给”）某人，使其以“受托人”而不是作为所有人而持有金钱或财产，受托人则根据捐赠人声明的意图使用信托财产，从而使社团独立于其成员存在，并能够自己拥有财产。[①]

社团“财产托管人”即是“信托”这种法律形式中的受托人。在英国的历史情境中，社团财产是一种信托财产，其管理方式是由受托人根据委托人（即社团）的委托，对信托财产进行管理、经营，并将因此获得的收益移交给委托人指定的受益人（全体社团成员）。在法律上，受托人对信托财产享有所有权，他可以根据自己的意愿进行管理，委托人与受益人原则上不得介入信托财产的经营管理。可以说，在信托事务的处理上，法律赋予受托人几乎完全自主的权利。在早期的信托关系中，受益人期待的可得利益完全寄托于受托人的良好的道德品质而得不到法律的保护。勒内·达维德曾这样表述受托人的义务：“对于他的所有权的限制不是法律上的，而是道德上的。他不是依照法律而是依照良心，应当像当家人那样管理财产。”[②] 因此，19 世纪英国中产阶级自愿社团通常将财产托管于个人品格正直的、经济实力较为雄厚的银行家或社会声望较高的工业界领袖。如，1815 年成立的普雷斯顿辅助《圣经》协会的财产托管人是银行家理查德·纽舍姆。[③] 1814 年布莱克本储蓄银行的财产托管人威廉·费尔登和约翰·福登·欣德尔是布莱克本工业界领袖。1825 年博尔顿技工社团财产托管人约翰·皮尔金顿是财

① ［英］阿米·古特曼等：《结社：理论与实践》，吴玉章等译，生活·读书·新知三联书店 2006 年版，第 410—418 页。

② ［法］勒内·达维德：《当代主要法律体系》，上海译文出版社 1984 年版，第 327—329 页。

③ Rogerson's Lancashire Directory, Blackburn, 1818.

富丰厚的工厂主兼商人。

但是，受托人的道德自律性并不能使其免于为社团债务和损失承担个人责任，因此无法满足保护社团受托人的需要。为保护受托人的合法权益，以慈善类社团为例，有限公司就成了慈善机构所采取的普遍形式。许多慈善机构被作为公司而设立，并因此不得不在负责监管公司的公共机构“公司注册处”（Companies House）进行登记且遵守其规定。这就使受托人获得了有限责任的保护，但代价却是法律的复杂化。而且，由于受托人同时又是董事，所以不得不根据公司法和慈善法承担双重法律义务。① 因此，既为保护受托人的合法权益也为避免双重法律责任和义务，大多数自愿社团的策略是将财产托管给值得信任的与本社团有良好关系的数人，而不是托管给个人，这些财产不是由一人掌管，因此减少了受托人的道德风险和法律责任。社团在托管财产的同时，制定本社团的财产管理规章，设立专门的财务管理和审计部门。受托人拥有社团财产所有权，受托人与财务主管和审计员一起保障社团财产真正服务于社团宗旨和目标。在财务管理中，实行财务账目公开和定期审计制度。如，英国科学促进协会 1847 年的年度报告②显示，其财产托管人有 4 名，经选举产生的总财务主管 1 名，审计员 3 名。各分会各有 1 名选举产生的财务主管。同时，年度报告还详细公布了 1846 年 9 月 10 日北安普顿年会至 1847 年 6 月 23 日牛津年会期间协会的财务收入与支出情况（见表 3－5 和表 3－6）。从其账目清单可以看出，协会的收入与支出基本平衡，比较清晰地反映了协会经费收入来源与支出目的。自愿社团的声望和成功在于其公开透明和正直坦诚，他们的账目随时可以接受审计员和会员的审查。

① ［英］阿米·古特曼等：《结社：理论与实践》，吴玉章等译，三联书店 2006 年版，第 416 页。

② *Report of the Seventeenth Meeting of the British Association for the Advancement of Science*, Held at Oxford in June 1847, London: John Murray, Albemarle Street, 1848.

表3－5　　　**1846年北安普顿年会至1847年牛津年会协会的财务收入情况**

<table>
<tr><th colspan="2">收入来源</th><th>金额</th></tr>
<tr><td colspan="2">阿尔伯特亲王殿下的捐助</td><td>100英镑</td></tr>
<tr><td colspan="2">北安普顿年会终身会员补交的会费</td><td>130英镑</td></tr>
<tr><td colspan="2">年度捐助者缴纳的会费</td><td>165英镑</td></tr>
<tr><td colspan="2">一年制会员缴纳的会费</td><td>270英镑</td></tr>
<tr><td colspan="2">女性会员缴纳的会费</td><td>196英镑</td></tr>
<tr><td colspan="2">会员购买协会资料所得收益</td><td>13英镑</td></tr>
<tr><td colspan="2">协会所持股票的收益（4500英镑的3%）</td><td>65英镑10先令8便士</td></tr>
<tr><td colspan="2">补助金收益</td><td>3英镑9先令</td></tr>
<tr><td rowspan="15">协会单本发行的出版物所获收益</td><td>第一卷</td><td>2英镑3先令4便士</td></tr>
<tr><td>第二卷</td><td>3英镑8先令</td></tr>
<tr><td>第三卷</td><td>3英镑15先令</td></tr>
<tr><td>第四卷</td><td>2英镑10先令5便士</td></tr>
<tr><td>第五卷</td><td>2英镑10先令4便士</td></tr>
<tr><td>第六卷</td><td>4英镑2先令6便士</td></tr>
<tr><td>第七卷</td><td>3英镑5先令</td></tr>
<tr><td>第八卷</td><td>4英镑4先令7便士</td></tr>
<tr><td>第九卷</td><td>5英镑4先令</td></tr>
<tr><td>第十卷</td><td>5英镑11先令7便士</td></tr>
<tr><td>第十一卷</td><td>5英镑19先令8便士</td></tr>
<tr><td>第十二卷</td><td>6英镑17先令7便士</td></tr>
<tr><td>第十三卷</td><td>21英镑16先令</td></tr>
<tr><td>第十四卷</td><td>50英镑</td></tr>
<tr><td>协会名人目录</td><td>103英镑2先令8便士</td></tr>
<tr><td colspan="2">收入总计</td><td>1167英镑6先令10便士</td></tr>
<tr><td colspan="2">另：上年度账目结余</td><td>81英镑1先令7便士</td></tr>
<tr><td colspan="3">审计员：安斯蒂教授、T. H. 谢德维尔·克莱克、G. R. 波特骑士</td></tr>
</table>

资料来源：Report of the Seventeenth Meeting of the British Association for the Advancement of Science, Held at Oxford in June 1847, London: John Murray, Albemarle Street, 1848。

表 3－6　　　　**1846 年北安普顿年会至 1847 年牛津年会协会的财务支出情况**

<table>
<tr><th colspan="2">支出项目</th><th>金额</th></tr>
<tr><td colspan="2">偿还上年度提前预支款项</td><td>125 英镑 3 先令 1 便士</td></tr>
<tr><td colspan="2">总会和地方财务主管支出的杂项：北安普顿的会务费用、版画印刷品、资料印刷品费用等</td><td>156 英镑 15 先令 3 便士</td></tr>
<tr><td colspan="2">支付第十五次年度报告的印刷费用（共 14 卷）</td><td>332 英镑 8 先令</td></tr>
<tr><td colspan="2">支付总协会秘书和会计等工作人员 6 个月的薪酬</td><td>175 英镑</td></tr>
<tr><td rowspan="6">为科学研究而订阅的杂志</td><td>1839 年的《统计学》</td><td>50 英镑</td></tr>
<tr><td>《海洋生物习性》</td><td>10 英镑</td></tr>
<tr><td>《医药生理学》</td><td>20 英镑</td></tr>
<tr><td>《康沃尔海洋动物学》</td><td>10 英镑</td></tr>
<tr><td>《气象波研究》</td><td>6 英镑 9 先令 3 便士</td></tr>
<tr><td>《种子的活力》</td><td>4 英镑 7 先令 7 便士</td></tr>
<tr><td colspan="2">基尤天文台（Kew Observatory）的完善与维护费用</td><td>107 英镑 8 先令 6 便士</td></tr>
<tr><td colspan="2">支付银行家的咨询、管理等费用</td><td>151 英镑 7 先令 1 便士</td></tr>
<tr><td colspan="2">支付总财务主管的象征性薪酬</td><td>7 英镑 8 先令 5 便士</td></tr>
<tr><td colspan="2">支付分会财务主管的象征性薪酬</td><td>10 英镑 19 先令 8 便士</td></tr>
<tr><td colspan="2">支出总计</td><td>1167 英镑 6 先令 10 便士</td></tr>
<tr><td colspan="2">另：1847 年的政府补助金用于支付协会名人目录的印刷费用</td><td>81 英镑 1 先令 7 便士</td></tr>
<tr><td colspan="3">审计员：安斯蒂教授、T. H. 谢德维尔·克莱克、G. R. 波特骑士</td></tr>
</table>

资料来源：*Report of the Seventeenth Meeting of the British Association for the Advancement of Science*, Held at Oxford in June 1847, London: John Murray, Albemarle Street, 1848。

三　经费用途

自愿社团将其财产和经费委托于受托人并设立财务主管、秘书和例行的财务审查以及详备的会议记录等规章制度，不仅有助于维持社团生存，而且能够实践创立社团的目标和宗旨。19 世纪英国中产阶级自愿社团类型多样，其经费的具体用途也不一而足。但总体说来，也不外乎维持社团运行的基本费用、组织活动的专项开支等。

首先，维持社团运行的基本费用主要包括用于“人”的和“物”的两大部分。社团关于“人”的经常性开支，是付给工作人员的薪金或报酬。虽然自愿社团的领导人一般是无偿服务，不从社团领取薪金，但社团正式聘用的财务主管、秘书及其他专职工作人员，则须付与薪俸或象征性地付与薪金。如上文所述科学促进协会经费支出中的付与银行家的咨询、管理等费用以及支付总会和分会财务主管的象征性薪酬等。

一般而言，规模与影响较大的社团一般都独立拥有或与其他社团共用一个相对固定的会所。有的社团设法募资修建或购买会所，有的社团则长期租用。如，博尔顿禁酒协会成立之初，每月在本教区的主日学校、阿利公爵教堂、埃比尼泽教堂等场所举行社团会议。1837 年，协会开始募集资金修建会所，并于 1840 年建成使用。① 还有一些小型的社交休闲社团通常在咖啡馆或小酒馆中定期集会，如，19 世纪 30 年代的博尔顿每晚信息交流俱乐部成员经常在咖啡馆举行聚会，交流有关工商业经营、城镇事务管理和奇闻轶事等各类信息。② 但是咖啡馆或酒馆提供食物、饮料和服务的花费常常大于实际所需的费用。

此外，自愿社团需要购买社团运行和活动所需的各种物品和设备。所有的社团都需要笔墨纸张，大多数社团都有多本簿册来记录他们的会议内容和财务收支状况。这些物品和资料通常由财务主管保存，包括所有的会议记录、活动计划以及社团的财务账目。除了这些基本物品，各类社团还要根据其活动需要购置物资设备。有些社团，如捐助图书馆需要购买书籍。社团还需要向当地的出版商支

---

① D. O' Connor, "Temperance Movement", Bolton Free Press, Jan. 4, 1840, pp. 6 - 31.

② John Taylor, *Autobiography of A Lancashire Lawyer, Being the Life and Recollections of John Taylor, Attorney - at - Law, And First Coroner of the Borough of Bolton*, Bolton, 1883, pp. 68 - 69.

付报酬。社团经常使用报纸，许多社团在一家或多家报纸上刊登提醒成员按时参加集会的启事，社团需要把其每年度的详细的财产收支状况公开发布在当地报纸上。有的社团如普雷斯顿禁酒协会，印发其领导者演讲的小册子宣传他们的活动并吸引更多的新成员和捐助者。[①] 除了为公共目的而印发资料，社团还要为内部需要印制材料。如，英国科学促进协会为其成员印制了社团规章制度手册、年度会议报告和议会记录等各类资料。

其次，社团的大量经费用于支付组织各项活动的花费，如开展科学文化技术的学习、兴办慈善公益、举行公共集会等各类活动的支出。在通常情况下，这些集体性开支的数额之大是不可能由领导者或富裕的成员个人独立承担的。由于各社团所处的社会环境不同，奉行的宗旨目标不同，其所具有的经济实力不同，各社团在活动经费的安排与投入方面也就呈现出种种差异。

一些科学文化团体的专项开支主要用于提高本团体成员的科学文化素养方面。如，普雷斯顿文学和哲学社团的经费主要用于购置书籍、科学实验设备以及举办各类知识讲座等。社团成员经常能够听到工厂主威廉·索普关于蒸汽机，威廉·泰勒关于燃料、辐射和磁场，外科医生威廉·亚历山大关于化学以及 T. D. 怀特克牧师关于罗马碑文等各种主题的演讲。[②]

慈善互助类社团的经费主要用于为贫困者和需要救助者提供食品、衣物、生活费用、丧葬费用、返回家乡的旅途费用等经济援助，以及帮助其寻找工作、提供医疗等救助。有时，社团也为贫困经营者提供贷款。如，利兹借贷友谊社为小经营者提供小额贷款帮助其从事商业活动，收到了许多内容大致相似的信件[③]：

---

① Joseph Livesey, *A Word to Publicans*, London: S. W. Partridge & Co. 1868.

② Minutes of the Preston literary and Philosophical Society, Mar. 12, 20; Apr. 30; May 3, 14; Dec. 3, 1810, Harris Reference Library.

③ *Second annual report of the Leeds Friendly Loan Society*, Leeds, 1846, p. 9.

先生们——我非常高兴地告诉你们，我从社团获得的贷款给我带来了很大的帮助……我用这些贷款还清了房屋租金的欠款，并重新经营一个小商店……它为我带来了很好的收益，我衷心感谢利兹借贷友谊社委员会和各位先生。

你们的朋友

H. S.

各类社团为宣传本社团的宗旨目标和扩大影响，通常举行公共集会并在此后举行宴会活动，其费用也成为社团经费的一笔经常性开支。如，1836 年 2 月 21 日，利兹禁酒社团的公共集会在利兹音乐大厅举行，其间一名警察和一名委员会成员在大厅入口维持秩序。而集会所使用的场所是需要交付一定租金的。[①] 1840 年，利兹禁酒协会在马绍尔的新磨坊举行了 2600 人的游行集会活动，随后举行宴会。宴会场所彩旗飘扬，绿色的月桂树装点着大厅，这次宴会消耗了 2640 磅葡萄干蛋糕、小圆面包和普通面包；400 加仑茶水，30 加仑奶油，400 磅蔗糖。[②] 这么多的食物，这么大的花费，但是至少这顿晚宴并没有令任何人破产。为筹备这次晚宴，协会成员们动用了所有力量并几乎采办了市场上的所有商品。《利兹信使》刊登了集会启事；协会租用了马绍尔的新磨坊作为晚宴场所。协会还从当地商人那里购买了葡萄酒、啤酒、烟草和烟斗。为准备足够的食物，协会雇佣厨师烹饪和仆人服务。餐后的餐具和餐布清洗也雇人完成。[③] 总之，为了这次宴会，利兹禁酒协会向出版商、马绍尔磨坊主、零售商、食品商以及厨师、仆人、清洗工等支付了费用。

---

① *Report of the Public Meeting of the Leeds Temperance Society Held in the Music Hall*, Tuesday 21 January 1836, Leeds, 1836.

② Leeds Mercury, 13 June, 1840.

③ Ibid..

从自愿社团的经济机制中寻根溯源，可以将所有类型的社团都视为经济合作组织。文化的、政治的、慈善的和宗教类的社团是社团组织的诸多外在表现形式，但是，作为一个社团具有决定性意义的组织模式必然有其最终的目的宗旨——最大限度地实现内部成员的利益要求和外在的为社会提供公共福利的理想。因而，自愿社团合理而透明化的经济管理机制——其募集资金的方式与策略、社团财产的管理方式以及由此产生的经费使用方式，满足了自愿社团所追求的价值目标——公共理性。首先，这种经济管理机制有利于培养社团成员公平理性地分担社团费用的意识，实现了在风险和责任面前所有成员一律平等的社会公正的理想。其次，所有的经济管理与合作的基础是互信。社团成员彼此之间的交流增强了这种互信。社团财产的受托人和财务主管等人员必须在法律许可的范围内忠实管理社团经济事务，如果有需要，社团也会采取法人组织的形式（主要是经济类和慈善类社团）。当然，这种经济管理机制也不是完美无缺的。但即使是在并不完善的保护措施下，社团的经济合作模式也历经了长期而平稳的运行，其根源就在于社团成员之间相互信任，这是 19 世纪英国中产阶级自愿社团最重要的文化价值。

第四章　19世纪英国中产阶级自愿社团的功能分析

从组织类型角度考察，19 世纪英国中产阶级自愿社团在经济、政治、文化和社会等各领域内开展了丰富多彩的活动。从组织形态角度分析，19 世纪英国中产阶级自愿社团体现出鲜明的民主性、自律性等特征。本章将结合 19 世纪英国现代化的广阔社会历史背景中的自愿社团行动，从慈善公益、文化价值认同以及政治参与和社会治理等方面考察中产阶级自愿社团担负和履行的社会责任，并分析中产阶级自愿社团作为民主制度认同根基的特质。

第一节　自愿社团的慈善公益功能

慈善机构是英国中产阶级自愿社团采用的最普遍的法律形式，也是法律和规制术语中发展程度最高的一个。口语中的慈善是指帮助穷人和有需要的人，法律文本中慈善的本质则指公共福利。[1] 由于英国的历史性经验是国家只对社会服务负担最少的责任，而由个体公民和社群承担现代国家公共部门的大部分的职能，因而，19 世纪时期的各类慈善社团和互助组织就成为服务于公共福利，如济贫助困、促进教育发展及其他有利于社会生活的事业的主要支柱。

① ［英］阿米·古特曼等：《结社：理论与实践》，吴玉章等译，生活·读书·新知三联书店 2006 年版，第 411 页。

在此，笔者以济贫助困和促进教育发展两个方面为例，简析中产阶级自愿社团的慈善公益功能。

一　济贫助困

19 世纪时期，英国社会文化的一个重要传统——“自助”，成为广受中产阶级认同的价值观。这种传统认为，无论是从经济上还是从道德上，一个人主要应该依靠自己而不是依赖于他人，因为“社会的发展和进步最终不是依靠集体的行为，也不是依靠议会的立法，而是依靠自助实践的发扬和光大”。[①] 塞缪尔·斯迈尔斯所著《自己拯救自己》一书是当时英国最为畅销的书籍之一，它全面阐述了中产阶级对这种自食其力、独立自强的思想的继承与发展。该书于 1859 年首次出版时就销售了 2 万册，至 1905 年斯迈尔斯去世时，此书已经售出 25 万册。在书中，斯迈尔斯指出，“自助精神是所有个人真正成长的根基，它展示在许多人身上，构成了民族活力和力量的真正源泉”，“自助者天助”是一句经历反复验证的座右铭，“是人类伟大的经验结晶”。斯迈尔斯强调，人的天性是懒散和多欲的，做人的第一步就是抵制这些癖性，第二步则是养成俭朴、勤奋、严谨、谦恭、顺从等良好习惯。这种习惯一经养成便成为中产阶级根深蒂固的性格。[②] 这些思想中渗透着斯迈尔斯倡导的德行化和宗教化的“自助”观念。斯迈尔斯展现了一个个人主义的世界，在其生活的社会和政治环境中，他鼓励并参与主要社会领域的自愿社团和其他市民社会组织的创建和活动。[③]

斯迈尔斯思想的主要特征，如社会生活的理性化、德行化和个人主义，成为 19 世纪英国中产阶级崇尚的社会哲学信条——“维

---

① Asa Briggs, “Samuel Smiles, The Gospel of Self - Help”, *History Today*, Vol. 37, No. 5, 1987, p. 36.

② ［英］塞缪尔·斯迈尔斯：《自己拯救自己》，刘曙光等译，北京燕山出版社 1999 年版，第 1 - 3 页。

③ R. J. Morris, “Samuel Smiles and the Genesis of Self - Help; the Retreat to a Petit Bourgeois Utopia”, *Historical Journal*, Vol. 24, No. 1, 1981, pp. 89 - 109.

多利亚价值观”（Victorian Values）的主要内容。“维多利亚价值观”信奉亚当·斯密自由放任的古典经济思想，认为经济具有自我调节能力，个人尽管去自由地追求自己的利益，自然会有一只“看不见的手”来调节劳动力和社会资源的配置，个人只要勤奋工作就能免遭贫困的厄运，所以贫困并不是社会因素造成的，更多的原因在于个人的懒惰与无能。既然贫困不是社会造成的，那么国家就不必对其承担多少责任。济贫法的功能仅仅在于收容那些极端贫困者，以期通过济贫院的各项措施来提高贫困者的自助能力。维多利亚价值观渗透到当时社会生活和社会思潮的各个方面，决定了当时人们对贫困和公共福利的看法与具体行为。① 在这一价值观的主导下，英国社会广泛认为非官方的自愿组织和低收入阶层自力更生的互助组织（如友谊社等）是解决贫困问题的主要途径。

自助自立、克勤克俭的英国中产阶级的社会责任感、宗教热情和市民自豪感，以及出于对自身利益的考虑和对社会动荡的忧惧，促使他们捐资支持并组织领导了各种慈善事业。19 世纪中叶以后，英国出现了塞缪尔·莫利、乔赛亚·梅森、巴洛奈斯·博德特·库茨、弗里德里克·大卫·莫卡塔、帕斯莫尔·爱德华、乔治·坎德伯雷等一批著名的慈善家。织造商塞缪尔·莫利为解决老年人的贫困问题，19 世纪 60 年代开始在自己的织袜厂中雇佣老年织工，并每年向他们提供一定数额的养老金。这是英国历史上较早给工人提供养老金的事例。19 世纪 70 年代，英格兰东部棉纺织业不景气，莫利多次为贫民捐款。被誉为“维多利亚时代第一位慈善家”的库茨是一位银行家，她继承了祖父留下的银行，毕生致力于慈善事业。仅在 19 世纪 80 年代，她就捐助 300 万—400 万英镑给各类慈善机构。她捐施的食堂，在几年之内给贫民提供了 7 万多次免费用餐。在 19 世纪 80 年代的饥荒中，她还曾捐助 25 万英镑用于购买

① ［英］戴维·罗伯兹：《英国史：1688 年至今》，鲁光恒译，中山大学出版社 1990 年版，第 271—282 页。

土豆种子，免费发放给受灾的贫民，帮助他们进行生产自救。她的慈善行为大大推动了英国政府采取类似的行动。莫卡塔是一名犹太人，自己管理一家很大的公司，被称为是“英国犹太人慈善家的杰出典范”。他非常关心在英国的犹太贫民的生活，尤其是犹太儿童的生活与教育。他在去世前立下遗嘱，把一笔 3.5 万英镑的款项捐给了慈善医院和疯人院。为了能使更多的犹太人在全世界过上安定的日子，他曾发起一次百万英镑募捐活动，自己带头捐赠一万英镑，但是这项计划最终没能实现。①

为协调各慈善机构之间的关系，促进相互合作，集中财物以便有计划地、最大限度地使其充分发挥作用，1869 年，英国成立了全国性的慈善组织机构“慈善组织协会”。协会的工作主要依靠各地区委员会进行。地区委员会的主要职能是收集各类救济申请。慈善组织协会第二年度报告指出：“协会委员会主要为私人慈善扫清道路，办法是收集私人常常无法收集的资料，然后，再把申请交给任何一个愿意和能够提供帮助的私人慈善者。”到 1873 年英国慈善组织协会已经至少有 35 个地区委员会。②

19 世纪，英国慈善类社团组织的工作涉及很多方面。每个教区基本上都设有家庭探访社团（home visiting societies），为贫困者提供物质供给，通过培训一些专门人员为穷人家庭提供医疗卫生指导。关注贫困儿童教育，创办主日学校（Sunday School）和贫民学校（Ragged School），为贫困儿童提供基本教育和道德教育等。开办专业性的慈善医院，病人可以经由捐赠者的推荐进入慈善医院接受诊治，其大部分资金来自中产阶级的捐赠，少部分是病人的缴费。此外，慈善组织还通过为穷人提供便宜的住所来解决工人阶级的住房问题。19 世纪末期，当失业日益成为难以解决的社会问题

① David Owen, *English Philanthropy, 1660 - 1960*, Cambridge: Harvard University Press, 1964, pp. 394 - 443.

② 丁建定：《从济贫到社会保险：英国现代社会保障制度的建立》（1870—1914），中国社会科学出版社 2000 年版，第 127 页。

时，慈善组织则捐资建立劳动移居地为失业者提供就业机会。[①]

慈善组织为各类济贫助困行动提供了大量资金。如，1820 年，仅伦敦慈善机构的各种财产收入达 831373 英镑，个人捐款收入达 1600594 英镑，当年支出为 1425063 英镑。[②] 根据 1888 年英国上院对慈善机构支出的调查报告，当年英国各类慈善机构的总支出为 2050962 英镑，其中用于教育方面的支出最多，为 778528 英镑，医院方面的支出为 534701 英镑，养老金方面的支出为 236523 英镑，用于个人救济方面的支出为 193834 英镑，用于济贫院的支出为 157101 英镑，用于宗教事业的支出为 102232 英镑，其他各项支出为 48043 英镑。[③]

19 世纪英国的友谊社种类很多，有的是全国性的，有的是地方性的，各机构章程的内容、管理形式和保险项目等方面相互之间也存在一些差别，但它们的根本组织目的和宗旨却是共同的，其功能主要包括：给老弱病残和丧失工作能力的成员提供福利；给丧亡成员家属提供救助；给失业成员提供补贴；给去外地寻找工作的成员提供经济支持；给丧亡成员支付丧葬开支；给女性成员提供哺乳和孕期福利；给成员及其家属提供教育福利，如夜校、初级教育、艺术和工艺课程以及流动图书馆等。[④] 友谊社对会员基本没有资格限制，一些规模较大的友谊社通常向一切能够缴纳会费的人开放。例如，1845 年，布里斯托尔的友谊社对其成员要求的最低工资标准为每周 12—14 先令，低于熟练工人工资的平均水平，木匠的周工资为 18—20 先令，造船工人每周为 24—30 先令；这个城镇

---

① Alan Kidd, *State, Society and the Poor in Nineteenth - Century England*, Hampshire: Macmillan Press, 1999, pp. 80 - 106.

② Edward Royle, *Modern Britain: A Social History, 1750 - 1985*, London: Edward Arnold, 1987, p. 181.

③ David Owen, *English Philanthropy, 1660 - 1960*, Cambridge: Harvard University Press, 1964, p. 335.

④ ［英］罗伯特·D. 帕特南：《使民主运转起来——现代意大利的公民传统》，王列、赖海榕译，江西人民出版社 2001 年版，第 161 页。

1858—1899 年的一项职业调查显示，友谊社成员 31% 来自非熟练工人，白领工人只占 4%。[①] 友谊社虽然通常被作为工人阶级的组织，但是某些特定的社团也吸收了许多中产阶级成员，如律师、会计职员、零售商等。无论成员来自哪个阶层，友谊社是男性的世界，至少 95% 的友谊社成员是男性。在 1905 年的英格兰，大约有 5762000 名成年男性属于不同的友谊社（占总人口的 18%）。[②]

一般情况下，友谊社成员定期缴纳会费，在遇到失业、疾病、年老或贫困时即可向协会申请领取一定数量的津贴；会员如果死亡，协会除负责办理丧事外，其家属还可得到一部分津贴。如，1847 年的伦敦的一个由 20 岁以上的手工业工人组成的友谊社规定，成员的会费为每月 3 先令，成员可以领取的补助金包括：疾病补助费 10 先令一星期，养老金 5 先令，丧葬费 7 镑，妻子丧葬费 4 镑。[③] 1891 年，英国各类友谊社的基金总数已经达到 2270 万英镑。津贴标准因会而异，或逐月支付，或一次性支付。如，曼彻斯特联合共济会会员在生病的一年内每周津贴为 9 先令，一年以后每周为 4 先令 6 便士。若会员去世，一次性支付 9 英镑；会员妻子去世，一次性支付 4 英镑 10 先令。[④]

友谊社的存在与发展在为工人提供基本生活保障方面发挥了重要作用。友谊会的救助活动“使很多卑微的生命得到了鼓舞，在社会保险方面做了脚踏实地的工作，为它们的会员减轻了对于疾病、分娩、丧失工作能力和年老的担心，也为他们的子女减轻了一笔像

① M. Gorsky, “Charity, mutuality and philanthropy: voluntary provision in Bristol 1800 - 70”, Ph. D. thesis, University of Bristol, 1995, ch. 6.

② Christopher J. Prom, “For The Glorious Privilege of Being Independent: Friendly Societies And Mutual Aid In Great Britain, 1870 - 1910”, PhD, University of Illinois at Urban - Champaign Graduate College, 2004.

③ ［英］克拉潘：《现代英国经济史》（上卷），姚曾廙译，商务印书馆 2011 年版，第 722 页。

④ Eric Hopkins, *A Social History of the English Working Class*, 1815 - 1945, London: Edward Arnold, 1979, p. 142.

样丧葬的开支”。[1] 这种带有自发性福利色彩的民间组织，无疑就为当时社会上收入不高，而又特别需要社会救助的工人阶级提供了一定的保护，在帮助劳动大众摆脱生活困境，协助失业者重新就业等方面发挥了一定的积极作用。凡是友谊会开展活动活跃的地区，其贫民人数就相对较少，反之则较多。英国经济学家约翰·巴顿在其著作《论影响社会上劳动阶级状况的环境》中指出：“一个体质不健康的人，或者不幸失去视力、中风或其他原因而永远不能自行谋生的人，都特别地成为救济对象。”根据巴顿调查，“在1779年还没有一例表明，友谊会的某一成员成为他的教区的负担；甚至在今天，从济贫法委员会所得到的证据来看，这种例子似乎也是很少的。比较一下每个郡贫民的人数和各友谊会的人数，就能明显证实这一点——从大多数情况中可以发现，两个数字是成反比的”。[2] 同时，友谊社又不像工会那样为执行“协调劳资关系、决定劳动条件”等职能而表现出很强的斗争性、排他性以及明显的政治诉求，从而使得英国政府对其另眼相看，于1793年通过一项法令——“罗斯条例”（Rose Act），承认友谊社组织的合法地位，鼓励它的发展，对其采取鼓励、支持、规范、利用的政策。英国政府认识到，这类机构的存在和开展的活动有助于减轻政府的济贫负担。根据1874年英国的官方报告，友谊会可使济贫法制度每年节省救济费约200万英镑。[3] 大卫·格林对英国友谊社团的研究也进行了相似的研究，他认为没有强权国家的介入互助社团也能够形成完善的福利体制。格林的研究表明，互助社团的行动使社会形成了自助和

---

① ［英］克拉潘：《现代英国经济史》（上卷），姚曾廙译，商务印书馆2011年版，第374页。

② ［英］约翰·巴顿：《论影响社会上劳动阶级状况的环境》，薛潘康译，商务印书馆1990年版，第63页。

③ 刘燕生：《社会保障的起源、发展与道路选择》，法律出版社2000年版，第57页。

个人主义的道德风尚，促使社团成员独立于济贫法的约束。①

二 发展教育

至 19 世纪上半叶，英国的主流教育体系是自愿捐助制度，学校不受国家控制，资金来自个人或某些组织，学生入学不是强制性的。② 英国历史学家 G. M. 杨曾指出："维多利亚社会的力量和弱点在哪里都没有在教育领域体现得更明显。在教育领域，国民教育不受重视。优等的文法中学到处都有，通过这些中学，通过私人的特许，有才华的青少年就可以爬到顶点，或进入法律界，或在学术上深造，或进入教会。而广大民众，只要把他们束缚在农耕和手工业之中，保持平稳的、有秩序的日常生活，进不进学校似乎无关紧要。"③ 当时广泛的社会舆论也认为："贫困儿童的教育，除了慈善家支持之外，不需要更多的帮助，国家干预初等教育，从政治和宗教角度来看都是不可取的，会造成不必要的麻烦，从而妨碍初等教育事业的发展。"④

但随着社会发展，越来越多的中上层阶级认识到，使广大社会下层群众接受基本的读、写、算的教育，有助于使他们了解基督教教义和原则，维护社会现有的秩序。"在每个国家，特别是在这个自由的国度，广大的贫困民众构成了社会的基础，如果它不稳定或者不牢靠，那么在这个基础之上的每个部分都会受到波及。宗教教育是维持公共秩序稳定的根源，它不仅使贫困民众怀有道德之心，

---

① D. G. Green, *Working Class Patients and the Medical Establishment: Self - help in Britain from the Mid - nineteenth Century to 1948*, Aldershot: Gower, 1985; D. G. Green, *Reinventing Civil Society: The Rediscovery of Welfare Without Politics*, London: IEA Health and Welfare Unit, 1993.

② ［英］安迪·格林：《教育与国家形成：英、法、美教育体系起源之比较》，王春华等译，教育科学出版社 2004 年版，第 286 页。

③ G. M. Young and W. D. Handcock. edt, *English Historical Documents, XII (I)*, 1833 - 1874, London: Eyre and Spottiswoode, 1956, p. 829.

④ Ibid., p. 894.

而且通过灌输忏悔和信念使他们感激上帝的爱。"① 因而，19 世纪英国中上社会阶层广泛捐助那些由教会兴办的贫困家庭子女就读的学校，如主日学校、导生制学校和主妇学校等。

主日学校主要是对儿童与青少年进行宗教和道德教育的学校，通常由当地教会组织兴办，教师基本也由神职人员担任。主日学校由教会委员会直接管理，其管理人员如秘书、财产托管人、学校主管等每年从教师中选举产生。学生主要是来自工人阶级家庭的 6 岁以上的儿童，也有 2—6 岁的幼儿班学生及成年学生。主日学校根据学生的不同年龄划分为不同的年级：2—6 岁的幼儿班，6—14 岁的普通班（又根据其阅读能力划分为 2—3 个阶段），14 岁以上的高级班。学生入学须进行登记注册，其入学和结业时间都有详细记录，他们在星期日参加学校的课程学习。②

英国第一所主日学校由格洛斯特郡的热心于贫民教育的慈善家罗伯特·瑞克斯（Robert Raikes，印刷商兼杂志社主编）于 1780 年创办。他仿照学校方式组织牧师和社会热心人士为童工和流浪儿童在星期日办学，教授读、写、算和宗教道德方面的基本知识。自 1780 年之后的 10 年间，瑞克斯在格洛斯特郡创办了四所主日学校。③ 1785 年，伦敦商人威廉·福克斯组织成立了主日学校协会（Society for the Support and Encouragement of Sunday Schools in the Different Counties of England），在这个协会的帮助下，许多城市迅速建立起了为贫困家庭子女提供受教育机会的初等教育机构，并有组织地在英格兰各地推行这种主日学校方式。④ 根据当时的统计资料，

① Phillip McCann, *Popular Education and Socialization in the Nineteenth Century*, London: Methuen & Co Ltd., 1977, p. 1.

② Census of Great Britain, 1851. Education. England and Wales, Report and Tables, London, 1854, p. 65.

③ C. Birchenough, *History of Elementary Education in England and Wales from* 1800 *to the Present Day*, London: W. B. Clive, 1920, p. 19.

④ Ellwood P. Cubberley, *The History of Education: Educational Practice and Progress Considered as a Phase of the Development and Spread of Western Civilization*, New York: Houghton Mifflin Company, 1920, p. 618.

至1787年，约有25万名儿童每周参加主日学校。1801年，仅伦敦就有1516所以上的主日学校，近156500名贫困儿童在此接受教育。[①] 英国人口普查资料显示，1818年英格兰和威尔士有主日学校5463所，在校人数为477225人。1833年增长为16228所，在校人数为1548800人。1851年更是发展到23514所，登记在册的学生有2407642人，教师有318135人。[②] 主日学校为工人阶级贫困儿童提供了接受教育的机会，并最终使其获得谋生的能力，有利于缓和社会阶级矛盾。如贝恩斯所言："6万名在宗教精神感召下的教师，其大多数来自中产阶级，40万名学生大部分来自工人阶级……主日学校成为了两个社会阶级之间的重要联系纽带。"[③] 而这些成果的取得都需要自愿社团付出切实的行动和巨大的努力。

导生制学校（Monitorial School）由英国国教会牧师安德鲁·贝尔（Andrew Bell）和约瑟夫·兰开斯特（Joseph Lancaster）率先创立，主要教学方式是教师选择数名年长及学习能力较强的学生当导生，由导生指导其他学生自主学习。贝尔曾经骄傲地说："今天给我24名学生，我明天就还你24名教师。"[④]

导生制教学一般在一个大教室进行，以便教师对整个教学过程进行监督。学生根据学习能力而分为不同班级，每班以10人为宜。每班任命一名教学导生，由班中较为聪明且学习能力较强的学生担任。导生每天提早到校，先接受教师指导，然后将从教师那里刚学到的内容传授给班里的其他学生，并对学生的学习效果进行检查。除有专门负责教学的导生外，还有专门负责其他管理工作的导生，如负责收缴作业、检查学生出勤率、负责升降级等。导生制学校主

① C. Birchenough, *History of Elementary Education in England and Wales from 1800 to the Present Day*, London: W. B. Clive, 1920, p. 19.

② Census of Great Britain, 1851, Education. England and Wales, Report and Tables. pp. 65 - 112.

③ Edward Baines, *The Social, Educational and Religious State of the Manufacturing Districts*, London and Leeds, 1843 (New York: General Books LLC, 2012), pp. 24 - 25.

④ 林玉体:《西洋教育史》，文景出版社1985年版，第422页。

要面向贫困儿童，读、写、算等构成了学校的主要教学内容，此外，女生还要学习缝纫。导生制学校办学的目的和主日学校相对一致，主要也是给广大贫困儿童以基本的文化道德和职业技能教育，使他们成为守法的公民和合格的劳动力。

导生制学校是英国革新初等教育的重要举措，这种学校节省了大量的教育资金和师资投入，使教育成本大为降低，易于通过地方性的慈善捐助而广泛推行。据全国贫民教育促进会（National Society for the Promotion of the Education of the Poor）统计，1812 年仅有导生制学校 52 所，在校学生为 8620 人；至 1830 年，导生制学校数量增至 3670 所，在校学生达 346000 人。[①] 导生制学校促进了英国初等教育的发展，使下层民众子女获得了更多的受教育机会。由于它具有一定的初等教育教师培训功能，也有学者将其看作英国师范教育的雏形。

这一时期，专门为贫困儿童提供基本日常知识的主妇学校也较为常见。此类学校主要由已婚妇女开设，地点就在自家厨房、客厅或庭院中。主妇们在家事较清闲时教导邻居子女，并收取小额费用以贴补家庭开支。实际上，主妇学校的主要职能是照看贫困家庭儿童，以便其父母能够外出挣钱养家糊口。1837 年威斯敏斯特地区的主妇学校中共有 759 名儿童，其中 379 名在 5 岁以下。[②]

19 世纪早期，以自愿捐助为显著特征的英国初等教育体系，在政府职能缺位的状态下，勇于承担社会责任。不仅教化了儿童，在一定程度上提高了他们的认知水平，同时也有助于减少和预防社会混乱，降低儿童与青少年犯罪率。更为重要的是，它使人们逐步意识到城市化所带来的社会问题，引起了社会对初等教育的广泛关注。

---

① James Bowen, *A History of Western Education*, Vol. 3, London: Methuen & Co. Ltd., 1981, p. 297.

② E. G. West, *Education and the Industrial Revolution*, New York: Bames & Noble, 1975, p. 32.

自 19 世纪 30 年代始，英国社会关于加强国家对教育事业的控制，建立公立初等教育制度的呼声日益强烈。如，查尔斯·狄更斯（Charles Dickens）提出建立世俗的公立义务教育的主张，约翰·密尔（J. S. Mill）从人的发展和政治制度的完善出发阐述了国家资助教育和实施义务教育的重要性。[①] 国家初等教育的早期倡导者之一，汤姆斯·巴宾顿·麦考莱在 1847 年做的有关初等教育国家化的提案中指出，“我坚持认为，为普通老百姓提供初等教育是国家的权利与职责……”“如果在我们的社会里，普通劳动阶级都使自己的头脑开化，接受教育，教育他们用自己的智力发现乐趣，教育他们尊重自己的劳动产品，教育他们以善待人，教育他们尊重合法当局，同样也教育他们怎样通过合乎宪法的方式去申雪自己遭受的真正冤屈。”那么，就不会出现“大众的粗野、残忍和愚昧无知”，而国家也免于“陷入可怕的动乱之中的危险”。[②] 19 世纪 60 年代，英格兰各地成立许多推动议会建立国家初等教育体系的社团组织。1864 年，曼彻斯特教育援助协会（Manchester Education Aid Society）成立，其主要目的是研究城镇的教育状况和儿童入学问题，促使议会建立一个由地方税收维持的、地方管理的完整的义务初等教育体制。1867 年和 1869 年，伯明翰相继成立了教育援助协会和教育同盟（Birmingham Education League），其宗旨也是建立一个由地方维持、国家补贴的世俗的全民义务教育制度。为推动这一行动目标，伯明翰教育同盟在曼彻斯特、谢菲尔德、利兹和许多重要城镇设立了分支机构，并得到社会民众的广泛认同。1869 年，全国教育联盟（National Education Union）成立，呼吁建立义务教育制度。[③]

---

① C. Birchenough, *History of Elementary Education in England and Wales from* 1800 *to the Present Day*, London: W. B. Clive, 1920, p. 57.

② ［美］克伯雷选编：《外国教育史料》，任宝祥等译，华中师范大学出版社 1991 年版，第 590 页。

③ C. Birchenough, *History of Elementary Education in England and Wales from* 1800 *to the Present Day*, London: W. B. Clive, 1920, pp. 101 – 103.

1870 年，枢密院教育委员会副主席 W. E. 福斯特（W. E. Forster）向议会递交的《初等教育法案》（*Elementary Education Act*）获得通过，标志着英国国家初等教育体系的确立。由于该法案的主要目的是在最少的公共开支、尽可能不破坏教会的合作和争取最大限度的家长支持的基础上，“弥补教会捐助学校的不足”[①]，英国的初等教育形成了公立体系和捐助体系并存的局面。1870 年之后，英国政府对自愿捐助学校予以财政补贴，慈善机构和团体组织也为其发展提供了大量的资金支持，自愿捐助学校的入学人数和数量也在不断增长。英国教育部门 1885 年 8 月的调查统计数据显示，1871 年和 1880 年自愿捐助学校在校生人数分别为 1802419 人和 2809944 人，学校各项费用支出总额分别为 1643669 英镑和 3482669 英镑，其中来自社会捐助的数额分别为 437401 英镑和 737257 英镑，各占总支出的 26.61% 和 21.16%（见表 4－1）。具体到自愿捐助学校的每个学生，英国教育部门 1885 年的另一项调查统计数据显示，1871 年和 1880 年自愿捐助学校在校生每人年均费用分别为 1 英镑 5 先令 5 便士和 1 英镑 14 先令 7.75 便士，其中政府每年补助每生的金额分别为 9 先令 9.25 便士和 15 先令 5 便士，每生每年接受的社会捐助金额分别为 6 先令 11.75 便士和 7 先令 3 便士，学生自费部分分别为 8 先令 4.25 便士和 10 先令 9.75 便士。[②]

由此可见，英国中产阶级慈善公益组织对贫困儿童教育事业的热情十足，他们兴办和捐助初等教育机构行动代表了“公众的利益”，并推动了国民教育体系的建立。在此意义上，可以说城市中产阶级是英国现代教育事业的先导，促使英国社会慈善救助中传统的满足衣食之需向现代意义上的公共福利方向发展，这也正是中产阶级自愿社团公益性的集中体现。

---

① Keith Evans, *The Development and Structure of the English School System*, London: Hodder and Stoughton, 1985, p. 40.

② *Voluntary Schools*, *Return for the Years 1869 to 1884*, *Showing the Following Particulars for Voluntary Schools*, Ordered by The House of Commons, London, 1885.

表 4-1　　1870—1884 年英国自愿捐助学校发展状况

年份	自愿捐助学校在校生数（人）	学校支出总额（英镑）	学校经费来源（英镑）				每年新增学校数（所）
			学费收入	自愿捐助	政府补助	其他收入	
1870	1693059	1527023	502023	418839	562611	76509	436
1871	1802419	1643669	539548	437401	639660	78224	517
1872	1955411	1866946	596869	492851	785827	94823	1056
1873	2103236	2111988	666140	535908	867471	107877	729
1874	2276576	2398783	762184	601473	956348	119914	755
1875	2392333	2627769	836702	673204	1027697	130079	752
1876	2450998	2829124	888084	748319	1102460	134846	596
1877	2528103	3012481	942502	782424	1234956	142899	428
1878	2688667	3222516	1022200	770846	1399092	152554	506
1879	2757274	3375452	1061240	751292	1469802	166813	416
1880	2809944	3482669	1082566	737257	1528194	177086	154
1881	2841618	3553842	1112710	726675	1570207	187722	189
1882	2884250	3611511	1144133	723301	1629288	185270	51
1883	2874643	3685121	1169172	715669	1669947	189828	70
1884	2853604	3812149	1205440	732524	1768140	192975	89

资料来源：*Elementary Education*, *Return*, *Showing*, *During the Period from 1870 to 1885*, *in Each Year*, Ordered by The House of Commons, London, 1885。

第二节　自愿社团的价值认同功能

价值认同是自愿社团的功能在市民社会理论语境中的展开，即社团通过为公众提供一个公共生活平台，促进社会核心价值认同和公共道德的形成。自愿社团对 19 世纪英国复杂的工业社会和城市化进程的重要贡献，是为中产阶级的城市生活提供了可资利用的自由选择方式，并为高度分化的、异质性的多元化社会中的个人行动提供了互助合作的基础。现代社会的高度分化所带来的社会结构的复杂化使得人们的价值观念更趋多元化，自愿社团通过建立公共交流的平台，使异质化的中产阶级以此为中介相互交流，满足自身需要、实现自身权利，形成本阶级的价值观念和身份认同感。

一　自愿社团与价值认同的理论意义

"'价值'这个普遍概念是从人们对待满足他们需要的外界物的关系中产生的。"① 即从哲学角度分析，价值是指客体满足主体需要的积极意义即客体的有用性。它揭示客体对主体生存、发展的肯定或否定关系。在本书的语境中，自愿社团的价值认同功能是指社团所提供的公共生活环境对中产阶级社会、政治、文化生活中的观念意识、行为方式的形成和发展所体现出来的积极意义或有用性。

中产阶级的价值认同是与个人的社会交往和公共生活紧密相关的。对于社会交往与合作的重要性，学者们各有见地。德国教育学家、哲学家威廉·冯·洪堡（Wilhelm Freiherrvon Humboldt，1767—1835）指出："单个人注定只能是一种不全面的教化的产物，因为他直接面对复杂多样的对象，只能分散其能量，致使其能量减弱。人具有避免片面性的能力，通过努力将其本性的各种不同的和一般来讲是分散使用的能力联合起来，通过使其诸种能力形成的自发合作，使他在每一个人的生活时期的活动都闪烁着生命的活力，而且通过把那些将在未来闪耀生命之光的能力与他正在努力工作增长和多样化的各种能力和谐结合起来，而不是面对各种各样的对象来分散使用自己的能力，他的那些能量将在未来焕发出活力。通过将过去、未来与现在连接起来，个体所达到的成就就可以依靠社会不同成员的相互合作而在社会中创造出来。因为在个体的各个人生阶段，每一个个体只能达到这些完善的某一种，而这些完善代表着人类品格的可能性特征。因此正是通过基于内在需求和社会各成员的

① 《马克思恩格斯全集》（第 19 卷），人民出版社 2006 年版，第 406 页。

诸种能力基础上的社会联合，才使每个个体都能够分享所有他人之丰富的集体资源。”①

美国新自由主义政治哲学的代表约翰·罗尔斯（John Rawls）也指出：“使一种社会诸联合体之社会性联合成为可能乃是我们社会本性的三个方面。第一个方面是，各种各样人类才能的互补使许多人类活动及其组织形式成为可能。第二个方面是，我们所可能成为和可能做到的要远远超过我们在任何个人生活中所能够做到的和所能够成为的，因此，我们之所以依赖他人的努力，不仅仅是为了获得通达福宁的物质手段，而且也是使我们可能成为和可能做到的潜能成为现实。第三个方面是，我们追求一种有效正义感的能力可以将一种适宜的相互性的观念作为其正义原则的内容。”②

政治哲学家汉娜·阿伦特（Hanna Arendt）从缺乏公共生活环境而带来的不良后果的角度阐明了社会交往与合作的重要性。她认为，个人交往活动缺少必要的空间，不但无法成就社会价值认同而且还会形成被动和奴性人格。阿伦特把缺少社会交往与联系的人群称为“群众”，“群众是形成于一个高度分化、分崩离析的社会，这个社会的竞争性结构，以及随竞争产生的孤独感，唯有透过阶级的组成，才能被消除。群众的真正性格并不是残酷、野蛮，而是隔离、孤独以及缺乏正常的社会关系”③。她认为群众的这种特性，是产生整体顺从、效忠的心境——全面控制的心理基础。在这样的社会中，暴力倾向也就有了发挥作用的空间，“在一个人民没有任何机会参与公众事务活动，没有机会表现语言、行动，以及立德、立言、立功的地方，暴力行径就会进入这个死寂的领域里，取代了

---

① 转引自［美］约翰·罗尔斯《政治自由主义》，万俊人译，译林出版社 2000 年版，第 339—340 页。

② ［美］约翰·罗尔斯：《政治自由主义》，万俊人译，译林出版社 2000 年版，第 341 页 。

③ ［德］汉娜·阿伦特：《极权主义》，蔡英文译，联经出版事业公司 1982 年版，第 42 页。

权力”①。

上述思想理论表明，中产阶级的社会联合和公共生活空间是其价值认同形成的基本场域。19世纪英国自愿社团组织结构中的人际关系网络代表了当时中产阶级开展社会交往的公共空间。当然，自愿社团也并非中产阶级社会交往的唯一形式。社会交往网络还包括由血缘关系、婚姻关系、邻里关系、宗教信仰和种族等因素构成或塑造的组织。然而，这些组织具有很强的自然特征，而且受地域和亲缘的限制，一旦超越了这些范围，中产阶级价值认同的普遍性就有可能受到质疑。而以自愿社团为核心的市民社会在国家和个人之间构建的既隔离又连接的公共空间，既维护了私人权利，又为公民建立广泛的社会联系提供了广阔的空间。这样，中产阶级在参与社团的活动中建立起的广泛的社会关系网络，就成为个人实现自己意志与实践相互协作的场域。罗尔斯指出：“社会合作的概念不仅仅是将可协调起来的各种社会活动有效组织起来，并用公共认可的规则来指导活动以达到某种整体目的。社会合作永远是为了互惠互利，而这意味着它包含两个元素：第一个元素是一种共享的公平合作项目的概念，即可以合乎理性地期待每一个参与者都能接受这些项目，假如大家都能同样接受的话。公平合作项目准确表达了一种相互性和互惠性的理念：所有参与合作的人都必须以某种适宜的方式（以一种合适的比较机准来判断，该方式是适宜的）来共享利益，或分担共同负担。另一种元素与‘合理的’相对应，它指每一个参与者的合理利益，这正是作为个体的参与者所努力发展的。”②在这样的过程中人们在情感和利益上得到了双重的满足，而且有可能通过长期稳定的协作，反复博弈，从而建立适合中产阶级相互需求和符合社会基本标准的价值观念与行为准则。“社团把多数人的

---

① ［德］汉娜·阿伦特：《极权主义》，蔡英文译，联经出版事业公司1982年版，译者序言。

② ［美］约翰·罗尔斯：《政治自由主义》，万俊人译，译林出版社2000年版，第318页。

精神力量集结在一切，促使他们精神饱满地奔向由它指明的目标。”①

二 异质化的中产阶级世界

关于英国中产阶级文化的研究，甚或广义上的中产阶级的概念，都是引发学术争论的焦点。学者们广泛认为，19 世纪英国中产阶级世界并非一个文化价值观念均质的世界。② 在对 18、19 世纪英国中产阶级的研究中，两个主要问题日益值得关注：“中产阶级”是在何时出现的；如果中产阶级仅是经济和政治意义上的概念，那么，应该如何看待文化领域里的中产阶级价值观？一些学者至少对在 19 世纪之前是否存在中产阶级或中产阶级意识持怀疑态度。③ 他们的怀疑是有充分理由的。由于土地贵族在政治上居于主导地位，农业在社会经济构成中占据很大的比重，而中产阶级在地理分布上比较分散，又由于党派和宗教分歧而处于分裂状态，即使在自由贸易等问题上也很难形成联合。④ 在阶级之外还有许多影响社会身份认同的因素：地理区域、民族、社区、经济地位、职业状况、宗教、政治派别和性别等。⑤ 历史学家又怎能把这样一个分散

① ［法］托克维尔：《论美国的民主》（上），董果良译，商务印书馆 1988 年版，第 214 页。

② A. Kidd and D. Nicholls, eds, *The Making of the British Middle Class? Studies of Regional and Cultural Diversity since the Eighteenth Century*, Gloucestershire: Sutton, 1998; S. Gunn, *The Public Culture of the Victorian Middle Class: ritual and authority and the English industrial city*, 1840 – 1914, Manchester: Manchester University Press, 2000.

③ Tom Nossiter, “The Middle Class and Nineteenth Century Politics: Notes on the Literature”, In John Garrard, eds. , *The Middle Class in Politics.* Farnborough: Saxon House, 1978, pp. 80 – 81; Norman McCord, “Review: Adding a Touch of Class”, *History*, Vol. 70, No. 230, 1985, pp. 410 – 419.

④ David Cannadine, edt. , *Patricians, Power and Politics in Nineteenth – Century Towns*, Leicester: Leicester University Press, 1982, pp. 8 – 10; Keith Robbins, “John Bright and the Middle Class in Politics”, In John Garrard, eds. , *The Middle Class in Politics.* Farnborough: Saxon House, 1978, pp. 28 – 32.

⑤ John Langton, “The Industrial Revolution and the Regional Geography of England”, *Transactions of the Institute of British Geographers*, Vol. 9, No. 2, 1984, p. 164.

的群体作为一个统一的阶级来认识和研究？怀疑论者在中产阶级“形成”时间问题上的态度也是有道理的，阶级意识和稳定成熟的思想观念因各中产阶层的状况不同而有所差异。即使把中产阶级形成的时间界定在 1815 年之后，他们也会发现中产阶级上下阶层之间纵向的对立和社会各阶级横向的固化状态仍旧非常严重。①

然而，也有学者普遍认为，英国中产阶级在法国大革命时期已经出现，中产阶级意识也在这一时期重大历史事件的影响下迅速兴起：皮特的所得税征收、对美国的贸易禁运、谷物法、彼得卢惨案、卡洛琳王后事件、天主教解放法令和议会改革等。② 1832 年英国议会改革具有重大的历史意义，10 英镑的财产资格限制或者反映了中产阶级在政治上的兴起，或者表明英国社会人为地制造了中产阶级群体。③ 如果没有 1832 年议会改革，19 世纪 40 年代就不会引起学者们那么广泛的关注，正是当时工人阶级的对抗情绪促进了中产阶级的联合，宪章主义的威胁使得异质化的城市有产者紧密地团结在一起。④

另外，哈贝马斯关于 18 世纪独立的资产阶级公共领域的概念引起了学者们的普遍关注，实际上，所谓的公共领域是英国汉诺威时期的私人空间。⑤ 虽然学者们研究的角度不同，但他们得出了相

① Harold James Perkin, *The Origins of Modern English Society* 1780 - 1880, London: Routledge & Kegan Paul, 1969, p. 209.

② Edward Royle and J. A. Sharpe, *Modern Britain: A Social History* 1750 - 1985, London: Arnold, 1987, pp. 96 - 98; Clive Emsley, *British Society and the French Wars* 1793 - 1815, London: Macmillan press, 1979, p. 177; Michael E. Rose, "Social Change and the Industrial Revolution", In Roderick Floud and Donald McCloskey. eds., *The Economic History of Britain Since* 1700, *Vol.* 1, Cambridge: Cambridge University Press, 1981, pp. 256 - 258.

③ ［英］E. P. 汤普森：《英国工人阶级的形成》（上），钱乘旦等译，译林出版社 2001 年版；F. M. L. Thompson, *The Rise of Respectable Society: a Social History of Victorian Britain*, 1830 - 1900, Mass.: Harvard University Press, 1988。

④ Theodore Koditschek, *Class Formation and urban Industrial Society: Bradford*, 1750 - 1850, Cambridge: Cambridge University Press, 1990.

⑤ ［德］哈贝马斯：《公共领域的结构转型》，曹卫东等译，学林出版社 1999 年版；Geoff Eley, "Nations, Publics, and Political Cultures: Placing Habermas in the Nineteenth Century", In Craig Calhoun, edt., *Habermas and the Public Sphere*, Mass.: MIT Press, 1992。

似的结论：18 世纪的英国是一个发生着剧烈变革的商业社会，商人、专业人员和中产阶级下层开始崛起。[①] 18 世纪的城市化与农业资本主义和以贸易为基础的帝国主义的扩张，催生了一个生机勃勃的商业社会，形成了拥有半独立特权空间的“中等阶层”。在伦敦，这个群体主要是拥有劳动力和资本的雇主，他们热衷于资本积累和自我完善，有相似的生活方式和消费模式，从 17 世纪末期开始，他们逐渐地建立起自己的日益广泛的团体组织。[②] 18 世纪这一进程随着地方城市文化的发展而发展，乡绅和中等阶层盈余的财富促进了乡村周围的城镇的复兴，并刺激了中产阶级广泛的攀比性消费，使得工厂主和商人逐渐从屈从的、危险的经济代理关系中解脱出来。斯梅尔对哈利法克斯的研究也发现，18 世纪的中产阶级形成了阶级认同，在工匠和商人兴起的过程中通过身份的自我认同，在公共领域和政治生活中形成了共同的阶级意识和文化价值观念。[③]

无论这些观点是否符合英国中产阶级发展的真实历史情景，这些研究成果都是非常有价值的，他们以特定历史时期不断兴起的中产阶级为研究对象，表明在城市空间、市场体系和公共领域中，中产阶级文化价值观是不断发展成长的。威廉·雷迪（William Reddy）鲜明地提出了他的逻辑结论。他认为有关中产阶级的研究只适用于个案研究，不能从工业部门、贸易、地区和城镇等整体的角度，更不能以全国的中产阶级为考察对象开展研究。[④] E. P. 汤普

---

① Peter Earle, *The Making of the English Middle Class. Business, Society and Family Life in London*, 1660 – 1730, Berkeley: University of California Press, 1989; Peter Borsay, *The English Urban Renaissance: Culture and Society in the Provincial Town, 1660 – 1770*, New York: Oxford University Press, 1989; Penelope J. Corfield, *The Impact of English Towns, 1700 – 1800*, Oxford: Oxford University Press, 1982; Paul Langford, *A Polite and Commercial People: England 1727 – 1783*, Oxford: Oxford University Press, 1989.

② Peter Earle, *The Making of the English Middle Class. Business, Society and Family Life in London, 1660 – 1730*, Berkeley: University of California Press, 1989.

③ ［美］约翰·斯梅尔：《中产阶级文化的起源》，陈勇译，上海人民出版社 2006 年版。

④ William M. Reddy, *Money and Liberty in Modern Europe: A Critique of Historical Understanding*, Cambridge: Cambridge University Press, 1987.

森也指出："阶级意识在不同时间和不同地点以相同的方式出现，但绝不会有完全相同的方式。"[①] 认识到这一点，许多研究方法都是殊途同归：无论是从社会身份、语言还是政治体制的角度，对中产阶级的研究都是有意义的。"阶级"作为一种描述性的研究工具，它指的是具有相似经济环境或经济地位以及思想意识和价值观念的群体。[②] 在此意义上，"中产阶级"是一个根据相似的生活习惯、价值观念、财富状况、经济收益方式等把工厂主、商人、银行家和专业人员与贵族阶层及社会下层区分开来的社会群体。[③]

艾瑞克·霍布斯鲍姆在关于 19 世纪早期至中期英国中产阶级的精彩描述中，援引了狄更斯在《艰难时事》中塑造的焦炭镇的格雷因和邦比德俗气、自私且贪得无厌的经典形象。[④] 尽管霍布斯鲍姆的著作引人入胜，但是近年来学者们的研究逐渐改变了对中产阶级旧形象的认识。如，安立甘教—托利派中产阶级在北方城市的公共视野中最为活跃。大多数人从事土地经营，很少有白手起家者、热衷于盈利者和行为粗俗者。[⑤] 中产阶级思想体系构成非常繁杂，

---

① ［英］E. P. 汤普森：《英国工人阶级的形成》（上），钱乘旦等译，译林出版社 2001 年版，第 7 页。

② Richard H. Trainor, "Authority and Social Structure in an Industrialized Area: A Study of Three Black Country Towns, 1840 – 1890", Ph. D. thesis, University of Oxford, 1981, p. 12.

③ David Blackbourn and Richard J. Evans, eds., *The German Bourgeoisie: Essays on the Social History of the German Middle Class from the Late Eighteenth to the Early Twentieth Century*, London, New York: Routledge, 1991, p. xiv; Roy Lewis and Angus Maude, *The English Middle Classes*, London: Penguin Books, 1953, p. 14.

④ ［英］艾瑞克·霍布斯鲍姆：《革命的年代：1789—1848》，王章辉等译，江苏人民出版社 1999 年版，第 227—231 页。

⑤ Janet Wolffe and John Seed, eds., *The Culture of Capital: Art, Power and the Nineteenth – Century Middle Class*, Manchester: Manchester University Press, 1988; Leonore Davidoff and Catherine Hall, *Family Fortunes: Men and Women of the English Middle Class* 1780 – 1850, London, New York: Routledge, 2002; Anthony Howe, *The Cotton Master*, 1830 – 1860, Oxford: Oxford University Press, 1984.

其中最基本的信条是自由主义。[①] 许多学者都明确或含蓄地以某种模式为基础，分析研究中产阶级这个既分化又统一的社会力量。其中分裂性的因素包括政党和宗派竞争，专业人员群体内部的分化，国内外市场的竞争，劳动或资本的紧张关系，新教和国教的矛盾对立，性别、出身和地域的差异。当然，许多因素也促进了中产阶级的形成。如，专业人员和商人的竞争有助于其自助、勤劳、自律、恪守天职等个人品格的形成。而性别差异为中产阶级的家庭生活和公共生活的两分领域提供了合理的解释。宗教可能会将中产阶级分为不同的派别，但是受教派影响的自愿社团能够在一定程度上缓和由身份地位的差异而导致的对立情绪，在构建亲属网络、促进资本流通、提供基础设施建设的过程中发挥了积极作用。[②]

三　中产阶级价值认同的形成

自愿社团是跨越经济地位、职业界限、政治立场和宗教分歧进行协作的纽带。在中产阶级的形成过程中，自愿团体对其思想的发展，利益的表达，社交的建立以及加强中产阶级内部交往方面起了决定性的作用。正如莫利斯所说的那样，自愿团体是中产阶级的上层人物在整个中产阶级内部维护文化和经济权威的一种方法，也是中产阶级区别于工人阶级，维护自己的阶级认同和权力的一种方

---

① Simon Gun, "The 'Failure' of the Victorian Middle Class: A Critique", In: Janet Wolffe and John Seed, eds., *The Culture of Capital: Art, Power and the Nineteenth – Century Middle Class*, Manchester: Manchester University Press, 1988, pp. 36 – 37.

② Philip Hills, "Division and Cohesion in the Nineteenth – Century Middle Class: the Case of Ipswich 1830 – 1870", *Urban History Yearbook*, Vol. 14, 1987, pp. 42 – 50; John L. Field, "Bourgeois Portsmouth: Social Relations in a Victorian Dockyard Town, 1815 – 75", Ph. D. thesis, Warwick University, 1979, pp. 348 – 488; P. Jones, Perspective, "Sources and Methodology in a Comparative Study of the Middle Class in Nineteenth – Century Leicester and Peterborough", *Urban History Yearbook*, Vol. 14, 1987, pp. 22 – 32; M. J. Daunton, "'Gentlemanly Capitalism' and British Industry 1820 – 1914", *Past and Present*, No. 122, 1989, p. 256; R. J. Morris, *Class and Class Consciousness in the Industrial Revolution* 1780 – 1850, London: Macmillan, 1979; Leonore Davidoff and Catherine Hall, *Family Fortunes: Men and Women of the English Middle Class* 1780 – 1850, London, New York: Routledge, 2002.

法。自愿社团为中产阶级在社会变迁中建立自己的权威、获得社会声望提供了组织形式，中产阶级通过自愿社团表达其提升社会声望、政治权利以及塑造社会风尚的愿望与抱负，它避免了中产阶级对国家公共权威的过分依赖，并有助于回避那些急需解决的有产阶层在世俗法律和宗教法律关系上的文化冲突。在此意义上，自愿社团成为 19 世纪英国中产阶级价值观念和身份认同的基础。安东尼·豪、西奥多·科迪茨切克、约翰·斯梅尔等学者的研究也都显示，自愿社团既为早期中产阶级的政治抱负的展示提供了基础，也为他们正在形成中的阶级意识和文化价值观提供了现实场域。[①] 文雅、体面、社会声望、成功的优越感、社会治理的责任感等——这些 19 世纪英国中产阶级广泛认同的价值观，很大程度上是从公共交往和社团活动中得以体现并加强的。但这并不否定中产阶级家庭和亲缘关系对中产阶级文化价值观形成的重要作用。公共交往和家庭关系都是中产阶级价值观念形成的组成部分，它们表明中产阶级文化价值观具有公共的和私人的两个方面。每一个方面都为中产阶级成员“提供了一种手段，使他们可以感受并明确表达自己作为一个集团在利益上不同于其他集团的认同感”。[②]

在中产阶级家庭中，家人之间的亲密关系，主人与来访的亲朋好友之间的友好关系形成了中产阶级甜蜜温馨的私人生活空间。在家庭内，中产阶级也经常通过家庭聚会交流诗歌以及相关的文学知识，他们崇尚文明优雅的行为方式，在精英和中产家庭范围内通过家庭社交活动培养优雅的谈吐和文学素养。在家庭之外，户外、街头、市场、酒馆和其他公共领域为中产阶级提供了公共交往空间。与家庭交往祥和安静的饮茶与交谈氛围相反，公共集会和社团活动

---

① Anthony Howe, *The Cotton Master*, 1830 - 1860, Oxford: Oxford University Press, 1984; Theodore Koditschek, *Class Formation and urban Industrial Society*: *Bradford*, 1750 - 1850, Cambridge: Cambridge University Press, 1990; ［美］约翰·斯梅尔：《中产阶级文化的起源》，陈勇译，上海人民出版社 2006 年版。

② ［美］约翰·斯梅尔：《中产阶级文化的起源》，陈勇译，上海人民出版社 2006 年版，第 138 页。

显得热闹丰富。同时，与家庭交往不同，公共交往在更大程度上是男人的事务。最初，和这个男性空间密切相关的是城市酒馆、咖啡馆——社团的定期聚会通常在此举行，社团成员的入会仪式也多在其中进行。这是一个以男人为中心的领域。也许，由于没有妇女在场，男人们的交谈更能够无所顾忌。男人们对各种问题都非常关心——从社团的责任和义务到科学知识的讨论到养蜂、捕鱼、狩猎、赛马的技巧，以及消防安全、公共事务、政治事件等，都远远超过了妇女组织所关心的范围。具有相似经济地位、社会经历，以及共同兴趣的中产阶级获得了交流的场所和机会，这种公共交往是中产阶级的一种重要的"利益表达"和"利益集结"形式，是中产阶级迅速创立他们的阶级意识和表达自己不同于其他集团的阶级认同的手段。通过自愿社团活动和公共交往，公共领域的形成使这个由商人、工厂主和专业人士构成的集团与社会等级上低于他们的集团明确区分开来，将他们排斥出权力范围之外，同时，公共领域的形成也为确立他们不同于社会等级上高于自己集团的认同感提供了话语氛围。[①] 中产阶级价值认同的表达既关系自己社会阶层界限的维持，也包括对英国传统精英的社会和政治霸权的挑战。

19 世纪英国城镇中数量众多的文化社交团体及其频繁的活动，是中产阶级成功的优越感和文化价值认同充分体现的场域。如，城镇中的文学和哲学社团成员仅限于精英阶层，许多知名学者在社团中展开知识交流，培养人们的行为礼仪、启蒙文化素养、提高专业人员的技能。每个成员每年至少需缴纳 1 几尼的会费及数额不等的选举费用和捐助资金，这笔款项对大多数社会下层民众来说是不小的负担。城镇中的流通图书馆和捐助图书馆也体现了为高雅文化活动提供服务场所的发展。图书馆同样使得中产阶级可以明确界定他们成员的社会下限。凭借每年 1 几尼捐助费和每年 5 先令会员费的

---

① Linda Colley, *Britons: Forging the Nation, 1707 - 1837*, New Haven: Yale University Press, 2009.

规定，图书馆的组织者有意将教区大多数人口排斥在会员资格之外。这些文化团体融学问（learning）、文雅（refinement）和社会美德（social grace）于一体，有助于城镇中产阶级共同经历中尚不明确的价值认同得到清晰的表达。[①] 考究的服饰、舒适的住所和丰裕的财富并不是中产阶级全部的身份象征。良好的阅读和思考习惯、体面文雅的生活方式、博学的交谈和得体的举止才是社会精英的真正素养。社团成员可能被所谓的社会身份象征弄得筋疲力尽，但是对于文化素养的追求则是大多数社团的一致目标。探讨深奥哲学问题的哲学协会、图书馆中的阅读交流活动，甚至舞蹈协会优雅的社交方式等，都能够提高人们的思想深度、交谈技巧和风度涵养。

普雷斯顿的一神论派牧师约翰·拉德曾指出："对开阔视野和启发心智的追求是人类最可贵的品质——它是使人之所以为人的根本——也是体现人与人之间差距的分界线——物质财富乃身外之物，得之偶然，失之容易；但是，聪慧的头脑所储存的知识财富则是人尊贵的象征。"[②] 文化社交团体成员的文化水平、个人素养、休闲时光，当然也包括会员费的制约，造成了他们与普通工人的隔离。在各类文化团体中，中产阶级可以与自己世界观、利益、目标和期望相同的他人进行交流，他们用体现在自愿团体中得到广泛认同的文化价值话语宣告了中产阶级成功的优越感和对文雅、体面生活方式的追求。因而，在公共交往中参加社团活动与在家庭领域获得和使用奢侈品一样，也是社会地位的一种象征。在社团中的成员身份有利于提高人们的社会声望，事实上这种身份意味着学识、文化素养，也许还意味着高贵的血统。

---

① Arnold Thackray, "Natural Knowledge in Cultural Context: The Manchester Model", *American Historical Review* Vol. 79, No. 3, 1974, p. 678; John Seed, "Unitarianism, Political Economy, and the Antinomies of Libra Culture in Manchester, 1830 – 1850", *Social History*, Vol. 7, 1982, pp. 1 – 25; R. J. Morris, *Class, Sect and Party: The Making of the British Middle Class: Leeds*, 1820 – 1850, Manchester: Manchester University Press, 1990, pp. 170 – 171.

② *At the Commencement of a Course of Lectures to the Society, on Natural and Experimental Philosophy*, Preston, 1811, pp. 9 – 10.

随着中产阶级经济政治地位的上升，获得的社会认可越来越多，他们的自信心大大地增强，自我意识也日益提高，中产阶级在注重对自我形象的改善与提高的同时，逐渐形成了本阶级的政治意识。1790—1820 年出现了贵族阶层对与中产阶级利益至关重要的国家事务的控制不断下降的趋势。例如，矿井税收、地方议会的长期危机以及彼得卢惨案等事件证明了国家的金融管理、地方治理和公共政策的失败。[①] 这些事件为中产阶级寻求参与国家政治和社会治理提供了持续的推动力。但是，城市精英和工业资本家既无意也不希望快速地以暴力方式获得国家权力，相反，他们极力避免或减弱运用国家权力的愿望，而以自愿社团网络的方式积极寻求参与城镇事务的管理。他们可能出于个人利益，认为自己对公共服务建设负有责任，而更多中产阶级成员则从公共事业对社会和经济发展的重要性的角度，来承担社会责任。从查尔斯·S. 西德诺（Charles S. Sydnor）到戈登·S. 伍德（Gordon S. Wood）的社会历史学家都认为参与公共服务——尤其是政府公共服务——是对一个希望获得或保持社会声望的人的基本要求。[②] 英国城镇中大量的自愿社团为人们参与政府以外的公共服务提供了机会，同时也扩大了参与者的范围。中产阶级对于社会公共事业的热情证明了自愿社团所蕴含的公共精神的重要性。

自愿社团既可作为追求自身利益的方式，也可作为主张公共利他主义的手段。因而，自愿社团的行为方式和社会关系，代表了中产阶级理想的工业社会的范式。作为一系列政治机构组合体的国家不再是建立和维护城市权力的唯一因素。自愿社团网络的形式是对上述压力和需求的选择性应对。在经济利益和社会责任感的推动

---

① Asa Briggs, *Age of improvement*, London: Longmans, 1959, pp. 162 - 192; Donald Read, *Peterloo: the massacre and its background*, Manchester: Manchester University Press, 1958.

② Charles S. Sydnor, *American Revolutionaries in the Making: Political Practices in Washington's Virginia*, New York: The Free Press, 1952; Gordon S. Wood, *The Radicalism of the American Revolution*, New York: Vintage Books, 1991, pp. 83 - 89.

下，个人企业、合伙企业、股份公司等创立了许多可供替代的方式，为快速发展的城镇提供水源、公墓和教育等服务。1780 年之前数个世纪中主要依靠家庭、邻里和职业团体等社会关系解决的问题，在 19 世纪通过自愿社团进行解决，这是传统与创新的结合。如，普雷斯顿的“房客和亲属共同居住”方式有助于中产阶级下层增加家庭收入、减少贫困和获得融入城市社会的机会。[①] 对于中产阶级上层来说，他们能够依靠个人雄厚的财力维持与工资劳动者和穷人的家长制关系。如，许多开明的矿主和工厂主为他们的工人提供住房和教育，工人阶级的疾病、酗酒和休闲文化以及储蓄等问题也备受中产阶级的关注。在利兹，执法官、大亚麻厂的工厂主，建立了自己的工厂学校，并为友谊社提供捐助，同时也致力于当地自愿社团网络的发展。[②] 通过对城市治理和市政管理的参与，中产阶级及其支持者获得了表达和利用其公民权利的政治和社会基础，使其免于地方的和国家范围内的土地精英的压制，并掌握了影响其生活和利益的更多的社会资源。包括公共健康服务、烟尘和河流污染治理、专卖权、道路交通、迅速增加的公共事业等多种重要形式。当议会选举和政府管理不能为民众所接受和认可，自愿社团为民众的理性批评和行动提供了场所和途径。可见，中产阶级自愿社团基本承担了从公共服务、城市治理到社会风尚倡导等几乎所有社会生活领域的职能。正如有学者指出的那样，“这种自愿组织是新的政治组织形式，它们使得地方商人、工厂主和专业人士在社区共同发挥一种远远超过仅靠各自个人收入捐赠能够产生的影响”。[③] 因而，

---

① Michael Anderson, *Family structure in nineteenth century Lancashire*, Cambridge: Cambridge University Press, 1971, pp. 43 – 52.

② Rhodes Boyson, *The Ashworth cotton enterprise*, Oxford: Oxford Clarendon Press, 1970, pp. 84 – 140; William Gordon Rimmer, *Marshalls of Leeds, flax spinners*, 1778 – 1886, Cambridge: Cambridge University Press, 1960, pp. 104 – 105, 194, 216 – 217.

③ John Brewer, "Commercialization and Politics", Neil Mckendrick, John Brewer and J. H. Plumb, *The Birth of a Consumer Society*, London: Europa Publications Limited, 1982, p. 224.

在英国的历史环境中，自愿社团文化是塑造、发展和维护中产阶级价值观念和公共领域活动的必要组成部分。社团捐助者和委员会成员主要由中产阶级组成，如商人、专业人员、制造业资本所有者、固定地租收入者、店主和独立工匠。在捐助者名册中频繁出现的主要是中产阶级男性，有时也包括中产阶级妇女，他们以各种方式和途径掌握着社团的管理权和领导权。社团的领导者、财产托管人、财务人员、秘书和报告撰写人的工作能力在社团事务管理中比较容易获得，同时，他们也能够为社团的存续和维持提供稳定的资金来源，这就使以理性和智慧方式主张社会权利的英国中产阶级在社会公共领域和国家政治参与中获得了更稳固的合法性基础。从 19 世纪 30 年代起，他们通过不断建立社团组织以扩大城镇议会政治中的权力。中产阶级“在政治上的作为不只是反映出他们的社会与经济处境，而且也反映出他们对政治的特定观点以及他们也许试图表达的一定价值观”①。

总之，众多健康和普遍发展的自愿社团在满足中产阶级身份认同和社会需求方面具有很强的灵活性。大卫·S. 希尔兹（David S. Shields）指出，自愿社团把自己作为“自由的港湾”，承担着由于国家、宗教团体或其他公共机构的失责而缺位的社会服务和管理责任。由于免受政府管理的束缚，社团能够利用自身的资源和创造力，灵活而深入地致力于本社团的社会行动计划。在此意义上，自愿社团为热心于社会公益的中产阶级提供了政府管理之外具有吸引力的参与途径。② 同时，由于强调社团内部的个人平等，强调理性是观察世界的正确方法，由自愿社团行动构建的公共领域的政治话语是具有吸引力的，它为新的社会精英提供了可以明确表达其阶级认同和文化价值观的语言。中产阶级也在这种广纳众意的组织体制

① Geraint Parry, *George Moyser and Neil Day*, *Political Participation and Democracy in Britain*, Cambridge: Cambridge University Press, 1992, p. 172.

② David S. Shields, *Civil Tongues and Polite Letters in British America*, Chapel Hill: University of North Carolina Press, 1997.

中加强了政治自信和运用民主程序的习惯与技巧。

第三节　自愿社团的民主参与功能

关于自愿社团的政治参与、构建公共领域以及积累社会资本等民主化功能，是政治哲学家和民主理论家研究的重点。自托克维尔观察到美国民主制度的源泉在于普通公民对社团行动和政治事务的积极参与时起，大量研究认为，自愿社团成员积极参与政治生活有助于巩固民主体制和促进政治平等。虽然自愿社团既不是通过构建公共领域而改变公民和政府关系的唯一形式，也不是培养公民意识和提供公共服务的唯一途径。然而，它们为公民理性批判和讨论共同关心的问题提供了重要的场所，并为公民监督国家行动和政府管理提供了自由安全的港湾。而且，许多社团把自己想象为市民社会的代表，承担着促进社会公正、培养公民美德、积累社会资本的责任。因而，19 世纪英国中产阶级自愿社团的繁荣发展促使我们重新思考和定位公民与政府的关系，以及公民参与政治的方式和领域。对自愿社团的宗旨和行动的考察，使我们对民主化进程的研究视野从选举政治转向了公共舆论和社会运动。社团活动使民主化进程深入基层民众，他们开启了直接参与之门，从而使社会事务和政府管理不再仅仅是政治精英的专利。在此意义上，中产阶级通过自己创立的社团，参与民主政治并扩展了政治文化的范畴。

一　自愿社团与民主政治的内在关联性

从亚里士多德（Aristotle）到布赖斯（Bryce），民主理论家们都曾强调，要保持民主就需要公民积极参与国家事务，需要具有关于公共事务的高水平的情报，以及广泛的公民责任感。[①] 约翰·杰

---

① ［美］加布里埃尔·A. 阿尔蒙德、西德尼·维伯：《公民文化——五国的政治态度和民主制》，徐湘林等译，华夏出版社 1989 年版，第 11 页。

拉德在其著作《英国的民主化》中指出，两个相互联系的特征是成功的民主化的本质：其一，处理社会、政治和经济关系的适度而文明的方式。其二，国家和家庭之间的领域如何被社团组织填充。[①] 19 世纪是英国政治民主化进程的重要发展阶段，也是一个政治体制与社会生活全面改革的时代，几乎在所有城镇都发生了由中产阶级社会精英主导或推动的议会改革和市政改革，以及包括反奴隶制、禁酒、工厂立法、禁止虐待行为、社会风化改革等各项内容的社会运动。这些改革和运动大多具有鲜明的自愿社团广泛参与的特征。中产阶级倡导的公民美德、社会秩序、道德风尚在自愿行动中得到培养和加强，而社团成员身份使中产阶级获得了广泛的政治参与机会，有利于社会联系、社会网络的数量和质量的加强。这些联系和网络有利于政治思想的传播和政治感情的动员。[②] 一方面，自愿社团领导者、政党领袖和政治活动家都积极参与政治事务。他们需要社团成员以选票、时间和金钱来支持他们的事业。另一方面，即使社团活动并不直接与政治相关，政治意义上的契约关系也很可能存在于自愿社团内部的关系中。[③] 即使在对政治不感兴趣的社团中，如体育俱乐部，其成员也会经常受到如关于社团事务、候选人以及政治行为的讨论的影响和刺激。[④] 因此，从英国民主化进程和政治参与的角度分析，自愿社团是促进社会民主的基本形式。

从市民社会理论意义上来看，自愿社团与民主政治是互为导因的。民主政治的基本理念是国家与市民社会相分离，即国家行动的范围一般严格限制于创立一个制度框架，在这个框架中，个人可以

---

① John Garrard, *Democratisation in Britain: Elites, Civil Society and Reform since* 1800, New York: Palgrave, 2002, p. 5.

② Steven J. Rosenstone and John Mark Hansen, *Mobilization, Participation, and Democracy in America*, New York: Macmillan Publish Company, 1993.

③ Robert Huchfeld, E. Beck, R. Dalton and J. Levine, "Political Environment, Cohesive Social Groups, and the Communication of Public Opinion", *American Journal of Political Science* Vol. 39, No. 4, 1995, pp. 1025 – 1054.

④ Bonnie H. Erickson and T. A. Nosanchuk, "How an Apolitical Association Politicizes", *Canadian Review of Sociology and Anthropology*, Vol. 27, No. 2, 1990, pp. 206 – 219.

按照自己的意愿和方式追求自己的生活，并且可以避免国家和社会的不当干涉；同时在法律体系中，民主政治也以基本权利的形式对公民的基本自由——言论、结社、信仰等方面的自由予以规定。[①]这些权利可以充分保障个人选择自己生活方式的自由，从而为自愿社团的发展提供制度保证。自愿社团的发展需要民主社会的宽容机制，同时也正是民主政治的广泛的、有组织的和程序性的参与才为自愿社团进入政治生活领域创造条件。从洛克、伯克、托克维尔到达尔和帕南特，西方的许多政治理论家基本上都认同自愿社团对于现代民主政治的推动作用。如，托克维尔认为自愿社团是民主国家不可或缺的重要构成，他指出："如果一个民主国家的政府到处都代替社团，那么，这个国家的道德和知识方面出现的危险将不会低于它在工商业方面发生的危机。"[②] 换言之，社团组织具有政治国家无法替代的民主功能，一个国家如果没有社团组织参与民主政治，那么这个国家将会出现严重的民主、道德危机。达尔在《多元主义民主的困境》中进一步明确揭示了自愿社团在现代民主政治中的重要意义，"独立的社会组织在一个民主制中是非常值得需要的东西，至少在大型的民主制中是如此。一旦民主的过程在诸如民族—国家这样大的范围内被运用，那么自主的社会组织就必定会出现，不仅仅是民族—国家统治过程民主化的一个直接结果，也是为民主过程本身运作所必需的，其功能在于使政府强制最小化，保障政治自由，改善人的生活。"[③] 因此，民主政治发展促进社团组织的蓬勃发展，而社团组织的存在又能够推动政府减少专制，实现政治民主。

美国政治社会学家李普塞特指出："民主不仅仅是或主要是不同

---

① ［英］戴维·赫尔德：《民主的模式》，燕继荣等译，中央编译出版社 1998 年版，第 126—148 页。

② ［法］托克维尔：《论美国的民主》（下卷），董果良译，商务印书馆 1988 年版，第 638 页。

③ ［美］罗伯特·达尔：《多元主义民主的困境》，尤正明译，求实出版社 1989 年版，第 1 页。

群体可以通过它达到自己目的或建立良好社会的手段，而且在运行时它本身就是良好的社会。”① 这个有着良好民主运行状态的“良好的社会”即是自愿社团网络广为发展的市民社会。对此，德国社会学家拉尔夫·达伦多夫也有类似的观点：“自由的民主只有在这样的社会中方可奏效：平等的公民权利实现了普遍化；各种冲突得到认可并被合理地规制于各种制度化程序之中；精英人物代表了各种各样的社会利益；公共美德成为人们主导性的价值取向。”②“当使公民们全都参加国家的治理工作时，他们必然走出个人利益的小圈子，有时还会放弃自己的观点。”③ 公民通过参与自愿社团的组织与管理，也就易于形成公共参与精神和热情。“一旦人们都去参加公共的工作，每个人都会发现自己不像最初以为的那样可以离开他人而独立，而为了得到他人的帮助，自己就得经常准备帮助他人。当国家由公众治理时，没有人不会感受到公众的互相照顾的好处，谁都要致力于互相照顾，以博得也要同自己一起去治理国家的人们的尊重和好评。”④ 从而，社团成员能够利用他们的人数优势向政治家表达他们的政治观点以及在政策制定过程中体现他们的要求，如商业社团为商人提供重要的私人集会以分享商业信息，协商贸易问题，影响政策制定，并形成特定的商业联盟。⑤

自愿社团有利于培养公民宽容和善于妥协的品质，促进政治参与，锻炼领导能力，并最终有利于健康的民主制度的发展。托克维尔的论述经常被作为这一观点的例证。在《论美国的民主》中，托

---

① ［美］李普塞特：《政治人——政治的社会基础》，刘钢敏等译，商务印书馆1993 年版，第 333 页。

② Ralf Dahrendorf, *Society and Democracy in Germany*, London: Wedenfeld and Nicolson Ltd, 1968, p. 31.

③ ［法］托克维尔：《论美国的民主》（下卷），董果良译，商务印书馆 1988 年版，第 630 页。

④ 同上书，第 630—631 页。

⑤ George Moyser and Geraint Parry, "Voluntary Association and Democratic Participation in Britain", Jan W. van Deth eds., *Private Group and Public Life*, London and New York: Routledge, 2002, pp. 24 - 46.

克维尔对介于国家和家庭之间的自愿社团做了这样的描述：“美国人不论年龄多大，不论处于什么地位，不论志趣是什么，无不时时在组织社团。在美国，不仅有人人都可以组织的工商团体，而且还有其他成千上万的团体。既有宗教团体，又有道德团体；既有十分认真的团体，又有非常无聊的团体；既有非常一般的团体，又有非常特殊的团体；既有规模庞大的团体，又有规模甚小的团体。为了举行庆典，创办神学院，开设旅店，建立教堂，销售图书，向边远地区派遣教士，美国人都要组织一个团体。他们也用这种办法设立医院、监狱和学校。在想传播某一真理或以示范的办法感化人的时候，他们也要组织一个团体。”① 如此众多的社团是“社会的独立之眼”，它们不仅是制约和监督现代的政治国家，避免其转化为专制权力的唯一堡垒，而且还使广大的人民在社团生活中养成了自治和参与政治的习惯。自愿社团将人们纯粹关心个人私有的利益引导到公共事业中，在公共事业中学会了心灵的习性，而心灵的习性有利于民主妥协和对于公共利益的关注。正如托克维尔指出的：“在民主国家，结社的学问是一门主要学问。其余的一切学问的进展，都取决于这门学问的进展。”②

加布里埃尔·A. 阿尔蒙德等学者继承了托克维尔的传统，他们强调自愿社团对公民美德和社会信任形成的促进作用以及对民主体制的影响，认为自愿社团是民主和公民文化的基础。③ 罗伯特·帕特南在其著作《使民主运转起来》中重点研究了意大利不同地区的市民社会传统和社会参与网络结构，其研究结果表明，意大利北部相对于南部在经济发展和政府管理效能方面的突出领先地位，不是源于经济资源和人力资源方面的差距，两个地区在这些方面的条

---

① ［法］托克维尔：《论美国的民主》（下卷），董果良译，商务印书馆 1988 年版，第 635 页。

② 同上书，第 640 页。

③ ［美］加布里埃尔·A. 阿尔蒙德、西德尼·维伯：《公民文化——五国的政治态度和民主制》，徐湘林等译，华夏出版社 1989 年版。

件是差不多的，主要原因是两者的社会参与网络不同。北部地区具有公民积极参与社区生活的传统，而在南部的社区中却弥漫着孤独、敌视、互不信任的气氛，结果同样的资源在这两个地区所发挥的作用差别极大。因而，帕特南认为，公民美德和社会信任能够使个人克服集体行动的缺陷，自愿社团作为“公民美德的温床”或“民主体制的学校”在解决集体行动问题上是奏效的。[①] 所以，从理论和实践上看，自愿社团发展和民主化是密切相关的，而且存在互动关系。

二 自愿社团与公共领域的构建

根据哈贝马斯的“公共领域”理论，所谓“公共领域”是对公共意见形成过程的一个理论抽象和描述，意指介于国家和社会之间的，通过聚会、媒体、社团等形式进行自由对话、主体性交往、公开表达意见的场域和机制。它所形成的公共舆论构成了国家权力运作的合法性基础，进而使得“公众能够对国家活动实施民主控制”[②]，“其最突出的特征，是在阅读日报或周刊、月刊评论的私人当中，形成一个松散但开放和弹性的交往网络。通过私人社团和常常是学术协会、阅读小组、共济会、宗教社团这种机构的核心，他们自发地聚集在一起。剧院、博物馆、音乐厅，以及咖啡馆、茶室、沙龙等对娱乐和对话提供了一种公共空间。这些早期的公共领域逐渐沿着社会的维度延伸，并且在话题方面也越来越无所不包：聚焦点由艺术和文学转到了政治”。[③] 简言之，“公共领域”是由为数众多的自愿社团所构成的社会中间结构，它是将个人自由活动的私人空间和资源与国家政治领域相联系的重要纽带。

① ［英］罗伯特·D. 帕特南：《使民主运转起来——现代意大利的公民传统》，王列、赖海榕译，江西人民出版社 2001 年版。

② ［德］尤尔根·哈贝马斯：《公共领域》，汪晖译，载汪晖等主编《文化与公共性》，生活·读书·新知三联书店 1998 年版，第 126 页。

③ ［德］哈贝马斯：《关于公共领域问题的答问》，《社会学研究》1999 年第 3 期。

19 世纪英国城镇公共空间的发展为自愿社团提供了构建公共领域的重要场所。彼得·博尔塞伊（Peter Borsay）在其关于英国地方城镇研究的著作中认为，1660—1770 年经济增长促进了城市中心的复兴。与此同时，英国的城镇也经历了一次“城市文艺复兴”，它们作为重要的精英文化和风尚流行中心对文雅体面的生活方式和社会交往产生了重大影响。他指出，城市公共空间的发展，如城市建筑和布局的变革，更为便利的公共设施，以及新兴服务和文化休闲等社交空间的出现都吸引了富有阶层在城市中定居，并逐渐转变他们的行为习惯和价值观念。①

酒馆（旅馆）是英国城市中重要的文化休闲和社交场所，曾一度在城市生活中扮演了重要的角色，其数量众多，分布广泛。如，小城镇拉夫伯勒 1770 年人口只有大约 4000 人，却有 43 家酒馆，1783 年又增加了 7 家。规模较大、设施齐全的酒馆（旅馆）称为 Inn，是城市中上层光顾的主要场所。这些酒馆（旅馆）不仅是城市社交中心，还是当时城市政治和社会活动的主要地点。这是因为 19 世纪初的英国，城市公共设施建设还相对落后，许多城市没有专用的市政大厅，市政机构只好选择在当地的一些酒馆（旅馆）开会。一些商业公司、工厂企业以及城市改善委员会也在酒馆（旅馆）召开会议。如，梅德斯通的“星旅馆”里有一间大房间叫“Justice Chamber”，是专门给当地官员开会时预备的。埃克塞特的“新伦敦旅馆”也专门预留一间“County Chamber”作为会议室。②会议参加者开完会后可以就地在酒馆（旅馆）休憩放松。在政党组织形成以前，政治活动不是特别规范，往往以宴会或者社交活动的形式进行，而这些活动一般也安排在酒馆（旅馆）里。在选举季节，候选人的选举总部也大多设在酒馆（旅馆），除了在这里休

① Peter Borsay, *The English Urban Renaissance: Culture and Society in the Provincial Town*, 1660 - 1770, New York: Oxford University Press, 1989, pp. 311 - 312.

② A. Everitt, “The English urban inn 1560 - 1760”, *Perspectives in English Urban History*, Vol. 11, 1973, pp. 91 - 137.

息、开会制定方针以外，还要举行拉票活动，款待来访的投票者。如果有必要的话，选举总部还给其中一些有影响力的重要人物提供食宿，殷勤招待。在选举获胜之后，获胜者还要举行庆祝宴会，这当然也是在酒馆（旅馆）里进行。城市里一些请愿活动也往往在酒馆（旅馆）举行。①

18 世纪中叶以前，咖啡馆主要是城市中上层人士的社交场所。咖啡馆除向客人提供咖啡外，还有一些日报和周报供阅读之用，有些还附带有自己的小型图书阅览室。各类社交团体和俱乐部也在咖啡馆中举行活动，其范围从舞蹈协会到戏剧协会到具有排他性的精英文化沙龙，文学家的、音乐学者的非正式团体，以及各类事务和活动的兴趣爱好者组织的俱乐部等。自 18 世纪后期，特别是 19 世纪开始，城市各中产阶层民众进入咖啡馆的数量日渐增多，并且饮咖啡的风气由英格兰南部逐渐向中北部和苏格兰的工业城市传播。②如，伦敦等地形成了具有不同政治倾向和不同利益关系的咖啡馆聚会场所。辉格党人愿意光顾斯米纳咖啡馆或圣詹姆斯咖啡馆，托利党人则经常聚会于怀特咖啡馆和可可树咖啡馆。经纪人喜欢聚集于乔纳森咖啡馆谈论股票行情，随后乔纳森咖啡馆又逐步演变为今天的伦敦证券交易所。法律界人士集中于骑士团圣殿附近的咖啡馆，而文人以威尔咖啡馆和巴顿咖啡馆为探讨文学的场所。③

哈贝马斯将平等性视为公共领域的首要属性，他认为，咖啡馆等社交场所“首先要求具备一种社会交往方式；这种社会交往方式的前提不是社会地位平等，或者说，它根本就不考虑社会地位问题。……所谓平等，在当时人们的自我理解中即是指‘单纯作为人’的平等，唯有在此基础上，论证权威才能要求和最终做到压倒

---

① Rosemary Sweet, *The English Town 1680 - 1840: Government, Society and Culture*, New York: Pearson Education, 1999, p. 232.

② R. A. Houston, “Frand in the Socttish Linen industry: Edinburgh's charity workhouse”, *Archives*, Vol. 21, 1994.

③ ［美］刘易斯·科塞：《理念人——一项社会学的考察》，郭方等译，中央编译出版社 2001 年版，第 26 页。

社会等级制度的权威”。[①] 在咖啡馆中，“每个人似乎都是平等派，都把自己看成一介平民，完全不论地位和等级。所以你经常可以看到一个愚蠢的纨绔子弟，一个可敬的法官，一个自命不凡的家伙，一个举止得体的市民，一个知名的律师……”[②] 英国著名历史学家乔治·马考莱·屈勒威廉在其著作《英国社会史》中也强调说：“‘英国普遍的言论自由’……是咖啡馆生活的精粹所在。”[③]

城市公共空间为自愿社团展示自己，宣传和实施本社团的目标宗旨和行动计划，以及进行理性辩论提供了重要场所。在此，我们以哈利法克斯技工社团内部的争论为例认识公共领域的特征与功能。如前文所述，哈利法克斯技工社团是城镇的学习性和文化社团之一。19 世纪前半期，此类文化社团禁止讨论政治问题以消除社团内部的宗派矛盾。[④] 哈利法克斯技工社团曾在 1831 年的年度报告中称，之所以在社团图书馆中禁止藏有宗教和政治方面的书籍，原因在于：

> 社团领导者希望利用这个机会来改变社团成员的错误认识，即技工社团是为了某些特殊的政治目的而成立的，如鼓吹特殊的宗教信条和政治思想，揭露议会代表的失职和错误。事实上，社团图书馆中没有一本关于政党政治和宗教信仰的书籍；自社团成立时起，也从未进行过敏感的政治和宗教问题的讨论。[⑤]

---

① ［德］哈贝马斯：《公共领域的结构转型》，曹卫东等译，学林出版社 1999 年版，第 41 页。

② The Character of a Coffee – House, London: Printed for Jonathan Edwin, 1673, p. 3. (http//: eebo. chadwyck. com.)

③ G. M. Trevelyan, *English Social History*: *A Survey of Six Centuries Chaucer to Queen Victoria*, London: Longmans, 1942, p. 324.

④ R. J. Morris, *Class*, *Sect and Party*: *The Making of the British Middle Class*: *Leeds*, 1820 – 1850, Manchester: Manchester University Press, 1990.

⑤ The Halifax Mechanics'institution: 1, 1831, Calderdale District Archives.

然而，在 1833 年的年度会议上，一些激进的社团成员提出了有关政治和宗教的话题。他们在成员中散发传单，宣传学习政治经济学的重要性。这些激进主义成员认为政治经济学是社会文明进步的根本性的思想工具。[①] 他们试图通过政治经济学课程提高工人阶级成员的知识素养，以打破中产阶级精英在技工社团中的主导地位。社团内部因“不涉及政治和宗教问题规定”而发生的争论，是公共领域中人们平等交往、自由讨论的集中体现。在社团的年度会议上，激进主义者虽然没有明确指出学习政治经济学可能带来的影响，但是反对哈利法克斯技工社团对政治和宗教问题的回避。[②] 社团成员普遍认为政治经济学有助于增强政治意识和党派意识。因而大多数中产阶级成员承认开设政治经济学课程可能在社团内部造成政治冲突。而且，更为重要的是，来自中产阶级上层的社会精英们担忧这将会威胁他们与工人阶级的关系。虽然他们对工人阶级学习政治经济学知识不置可否，但是他们反对由此而引发的阶级冲突。

19 世纪 40 年代末，活跃的激进主义成为哈利法克斯城镇的政治基础。首先，来自中产阶级的新教激进主义者参加了哈利法克斯反谷物法同盟，并在“自愿主义”的影响下组织领导了反国教运动和反国家教育运动。[③] 其次，1847 年哈利法克斯城镇议会选举时，在地方活动家如本杰明·拉什和欧内斯特·琼斯的领导下，宪章运动复兴起来。新教激进主义者借助哈利法克斯宪章运动的力量参与了 1847 年的城镇议会选举。[④] 实际上，新教激进主义者和宪章主义者在当地的政治活动中有着长期的影响。[⑤] 根据 1851 年哈利法克斯

---

① The Halifax Mechanics'institution: 1, 1833, Calderdale District Archives.

② Halifax Guardian, 12 Jan. 1833.

③ Halifax Reformer, Aug 1847 – Aug 1848.

④ J. A. Jowitt, *A crossroads in Halifax Politics*: *Election of* 1847, Halifax: Halifax Antiquarian Society, 1975, pp. 17 –36.

⑤ Kate Tiller, “Late Chartism: Halifax 1847 – 1858”, In: James Epstein and Dorothy Thompson eds., *The Chartist experience*: *Studies in working – class radicalism and culture*, 1830 – 1860, London: Macmillan Press, 1982, pp. 311 –344.

技工社团成员名册和 1847 年哈利法克斯城镇议会选举名册，25%的技工社团成员和捐助者投票支持激进主义和宪章主义候选人。部分来自中产阶级的成员或捐助者也支持宪章主义者。在这种政治和社会形势中，19 世纪四五十年代的哈利法克斯技工社团内部重新展开了关于政治和宗教问题的讨论，也就不足为奇了。

这一时期的倡导者是来自中产阶级的新教激进主义者，如亨利·马丁、《哈利法克斯和哈德菲尔德快讯》和《哈利法克斯改革者》的出版商等。新教激进主义者试图促进大众政治运动，如宪章主义运动和哈利法克斯工人阶级自愿社团运动之间的合作。新教激进主义者坚信他们能够加强与工人阶级合作的纽带，如果工人阶级更加关注政治和宗教问题，持续不断地通过实践克服本身的阶级偏见。新教激进主义者的目标是通过帮助工人阅读新闻报纸等方式改变他们的政治和宗教观念，而哈利法克斯技工社团是实现这一目标的最合适的媒介。然而，在技工社团中定期开展政治和宗教讨论也面临一些困难。1849 年，新教激进主义者决定取消“不问政治和宗教问题”的规定，并为更好地展开政治和宗教问题的讨论而专门设立了报刊阅览室。[①] 但是仍有一些成员坚持原来的“不问政治和宗教问题”的规定。这种趋势在 1849 年技工社团与哈利法克斯互助会合并后更为明显。[②] 在 1851 年哈利法克斯技工社团的社交聚会上，约克郡技工社团的积极捐助者瑞宾会长批评哈利法克斯技工社团取消“不问政治和宗教问题”的规定。他认为取消这项规定将导致社团内部冲突不断。与此相反，来自曼彻斯特的 G. L. 班克斯则赞同哈利法克斯技工社团的新举措，并反驳了瑞宾的观点。他质疑道，难道为了社会和谐就意味着不允许各阶层的民众获得知识和表达不同的思想观点吗？他认为，不同阶层民众的政治和宗教观点和立场不同是不可避免的，因而，维护社会稳定的明智之举是在冲突

① The Halifax Mechanics'institution：2, Jan. – July 1849, Calderdale District Archives.

② Halifax Guardian, 19 and 16 Jan., 2, 9 and 16 Feb. 1850.

中寻找各方利益的平衡点。[①]新教激进主义者和支持瑞宾会长的成员之间的争论持续了一段时间。1851 年 5 月，在社团举行的一次专门会议上，废除了 1849 年的新规定，社团恢复了“不问政治和宗教问题”的规定，双方的争论暂时平息[②]。

一种争论刚刚平息，其他问题又凸显出来。例如，在哪里修建社团阅览室成为技工社团成员争论的重要问题。技工社团有两个可供选择的地点：斯旺科平斯（Swan Coppice）和北帕拉迪（North Parade）。斯旺科平斯是约翰·克罗斯利的地产，哈利法克斯技工社团主席与一些来自工人阶级和互助会的领导者赞成以此作为新建筑的地址。因为这块土地比较便宜，地处城镇中心，周围的交通也比较便利，能够吸引更多的工人加入社团。新教激进主义者亨利·马丁也赞同这一意见，他认为斯旺科平斯是最佳的修建阅览室的地点。1853 年 8 月，43 名社团成员和一些领导者则主张以北帕拉迪为新阅览室的修建地址，并要求社团举行专门会议确定这个方案。在此情况下，关于斯旺科平斯的方案被否决了。但是事情并没有就此结束。在接下来的社团领导者会议上，亨利·马丁和他的支持者试图推翻北帕拉迪方案。最终，马丁及其支持者如愿以偿。[③] 由于资金短缺，新阅览室推迟至 1857 年才动工修建。

哈利法克斯技工社团就上述问题而展开的争论，体现了哈贝马斯所强调的公共领域的基本特征。首先，在公共领域里，人们可以对自己关心的问题进行自由的、平等的、理智的讨论，运用理性做出批判性的判断，并可以通过各种传播媒介自由地表达观点和公开发表意见。这种经过自由讨论所形成的公共舆论打破了国家对许多问题解释上的垄断权，指向了一切涉及普遍利益的领域。其次，公

---

① Toshihiko Iwama, “Voluntary Societies And The Urban Local Community: A Case Study of The Halifax Mechanics’ Institution”, *Family & Community History*, Vol. 11, No. 1, 2008, p. 23.

② Halifax Guardian, 1 Feb. 1851.

③ The Halifax Mechanics’ Institution: 2, 1852 – 1853, Calderdale District Archives.

共领域内部对人与人本质上平等的认定。自愿社团成员在公共领域中保持了一种平等的社会交流。公民参与公共领域的讨论，既不是作为商业或专业人士来处理私人事务，也不是作为国家的代表来处理公共事务。所以，公共领域的“平等”不是指社会地位和政治地位上的平等，而是指单纯作为“人”的平等。[①]

正是由于公共领域的这些基本特征，哈贝马斯认为它“实际承担了市民社会从重商主义乃至专制主义控制之下获得政治解放的语境当中的一切功能”。[②] 即，公共领域的基本功能包括两个方面：其一对市民社会和人性的解放；其二为法律、民主和政治统治提供合法性依据。在哈贝马斯看来，人性的解放源于资产阶级公众在公共领域中培养的私人自律，而“这种自律首先似乎是建立在个人自愿的基础之上，坚决反对强制；其次，它似乎是建立在永恒的爱的共同体之中；最后，它似乎保证了受过教育的人能将其一切能力都充分自由地发挥出来。自愿、爱的共同体以及教育这三个因素合在一起就是人性概念，这种人性应当扎根在人自己身上，真正占据统治地位：纯粹人性一词听起来就是要求根据自身规律自行完善的内在世界从任何一种外在目的当中解放出来”[③]。就公共领域内自由平等的对话以及由此而达成的一致和共识为民主法治提供合法性依据而言，哈贝马斯在《公共领域的结构转型》1990年版序言中引用曼宁的话指出：“有必要将自由主义理论和民主思想所共有的视角扭转过来：合法性并不是来源于先定的个人意愿，而是个人意愿的形成过程，亦即话语过程本身……合法的决定并不代表所有人的意愿，而是所有人讨论的结果。赋予结果以合法性的，是意愿的形成过程，而不是已经形成的意愿的总和。讨论的原则既是个人的，也是民主的……哪怕冒着与长久传统相抗的危险，我们也必须肯

---

① ［德］哈贝马斯：《公共领域的结构转型》，曹卫东等译，学林出版社1999年版，第40—123页。

② 同上书，第59页。

③ 同上书，第51页。

定，合法性原则是普遍讨论的结果，而不是普遍意愿的表达。”①

公共领域中的这种“普遍讨论”来源于自愿社团的民主协商精神。这种协商精神不仅反映在社团内部，而且还体现在社团交往之间。从社团内部来看，社团规则的制定等事务的决策，实际上就是一个社团成员根据公认的社团利益和已经达成的共识，对有关问题进行讨论、商议的过程，这种讨论是建立在特定共同利益基础之上的民主协商。通过这种协商，在社团内部差异的个体之间，在不同的利益需求之间寻求到利益的平衡，从而保持社团的稳定。从社团之间的关系来看，协商精神同样重要。不同的社团代表着不同成员集体的利益，各个社团利益的多元化必然带来社团的差异性。正是因为有差异的存在才需要协商，以便在多元的社团组织之间寻求到一定程度的利益制约和平衡，这就构成了市民社会对政治权力在根本意义上的制约。因此，自愿社团成员之间的相互尊重、平等对话和交流、自由讨论和辩论构成了公共领域的存在形式。公共领域的存在沟通了自治的私人领域与国家公共权力之间协商与对话的纽带，国家不仅能从中洞悉公众的政治舆情，更能从中寻求合法性认同与支持。因而，公共领域在合法性供给、民主监督、观念传播等过程中，就蕴含了一定的公民文化孕育功能，从而成为推进政治民主进程的重要社会力量。

三　自愿社团与社会资本积累

20 世纪 90 年代以来，社会资本理论逐渐成为社会学、政治学、经济学等多个学科普遍关注的热点理论，是各国学者用来解释经济增长、社会发展和政治民主的新范式。由于研究领域和视角的不同，学者们对社会资本的认识和界定也不尽相同。如，法国社会学家皮埃尔·布迪厄（P. Bourdien）从社会网络分析的角度，将社会

① ［德］哈贝马斯：《公共领域的结构转型》，曹卫东等译，学林出版社 1999 年版，第 23 页。

资本定义为：实际或潜在资源的集合体，他们与或多或少制度化了的相互认识与认知的持续关系网络联系在一起，[①] 这个关系网络创造了一种解决社会问题的有价值的资源，并向成员提供集体所有的资本，即令成员相互信任的可信度。[②] 美国著名社会学家科尔曼（J. Coleman）从社会结构的角度界定了社会资本，“它不是一个简单的实体，而是由具有两种特征的多种不同实体构成的，这些实体彼此之间有两个共同之处：它们都是由社会结构的某些方面组成，而且有利于处于该结构中的行动者——无论是个人还是集体行动者——的行动。和其他形式的资本一样，社会资本也是生产性的，使某些目的的实现成为可能，而在缺少他的时候，这些目的不会实现，与物质资本和人力资本一样，社会资本也不是某些活动的完全替代物，而只与某些活动具体联系在一起。有些具体的社会资本形式在促进某些活动的同时可能无用甚至有害于其他活动”[③]。科尔曼将社会资本与人力资本概念联系起来，强调了社会资本对积累人力资本的重要性等。罗伯特·帕特南在《使民主运转起来》一书中指出：“社会资本是指社会组织的特征，如信任、规范以及网络，它们通过促进合作行动从而增进社会的效率。”[④] 美国学者弗朗西斯·福山认为，社会资本“是建立在社会或其特定的群体之中，成员之间的信任普及程度，这样的信任也许根植于最小型、最基础的社团里，也就是我们熟知的家庭，也许可以存在于规模最大的国家，或是其他居于两者之间的大大小小的群体中”，“虽然契约和自我利益对群体成员的联系非常重要，可是效能最高的组织却是那

---

① ［法］布迪厄、帕斯隆：《再生产——一种教育理论系统的要点》，邢克超译，商务印书馆 2002 年版。

② P. Bourdieu, “The Forms of Capital”, in Richardson ed., *Handbook of Theory and Research for the Sociology of Education*, CT: Greenwood Press, 1986.

③ ［美］詹姆斯·科尔曼：《社会理论的基础》，邓方译，社会科学文献出版社 1999 年版，第 354 页。

④ ［美］罗伯特·D. 帕特南：《使民主运转起来：现代意大利的公民传统》，王列、赖海榕译，江西人民出版社 2001 年版，第 195 页。

些享有共同伦理价值观的社团，这类社团并不需要严谨的契约和法律条文来规范成员之间的关系，原因是先天的道德共识已经赋予了社团成员互相信任的基础”①。

虽然不同学者对社会资本做出了不同的认识与界定，但是他们都把其定位于以合作、信任和相互期待为基础的社会行动和社会关系，基本上认同信任、规范和社会参与网络作为社会资本内涵的重要性。在现代复杂的社会里，社会信任这种宝贵的社会资本不会凭空产生，它来自两个相互联系的因素：互惠规范和公民参与网络。因而，社会资本的三个内涵也是相互联系，不可分割的。

自愿社团作为市民社会的实体性组织，成员和团体之间的互动形成特定的社会诉求和组织规范，也形成特定的氛围和共同理想，从而有效地影响着整个社会的信任度、互惠规范和社会参与网络的形成。在此意义上，自愿社团与社会资本积累具有密切的内在关联性，具体而言表现在以下几个方面。

首先，信任是自愿社团与社会资本具有内在关联性的基本因素。如，弗朗西斯·福山认为：“所谓信任，是在一个社团之中，成员对彼此常态、诚实、合作行为的预期，基础是社团成员共同拥有的规范，以及个体隶属的那个社团的角色。”② 它是“社会中最主要的凝聚力之一”，“没有社会成员互相之间普遍的信任，社会本身将瓦解”③。信任作为一种在后天社会交往活动中获得的对周围其他人行为表现的期望，“不只是文化价值观，更具体体现在社会结构、团体形式上”。④ 正如福山指出的：“信任可以在一个行为规范、诚实而合作的群体中产生，它依赖于人们共同遵守的规则和群体成员的素

---

① ［美］弗朗西斯·福山：《信任——社会道德与繁荣的创造》，李宛蓉译，远方出版社 1998 年版，第 34—35 页。

② 同上书，第 35 页。

③ Georg Simme, Kurt H. Wolff edt., *The Sociology of Georg Simmel*, Glencoe: Free Press, 1950, pp. 326, 386.

④ ［美］弗朗西斯·福山：《信任——社会道德与繁荣的创造》，李宛蓉译，远方出版社 1998 年版，第 427 页。

质。这些规则不仅包含公正的本质这种深层次的‘价值’问题，而且还包括世俗的实实在在的规则，如职业规则、行为准则等。”[①] 就英国历史情境而言，“自 17 世纪以来，封建制度已基本废除，各个阶级互相渗透，贵族阶级已经消失，贵族政治已经开放，财富成为一种势力，法律面前人人平等，赋税人人平等。出版自由，辩论公开”。[②] 英国开放的社会结构，平等的法律意识，宽容的民族性格，为英国形成普遍信任品性创造了良好的社会环境。由于英国人认为结社是做一番大事业的行动基础，不同阶级的人为了共同的利益合作结成各类社团或同盟。这种自愿团体以平等和自由为基础，为其成员参与公共事务、实现利益诉求提供了组织形式。社团成员之间的联系和交往有助于培养社会信任感。经济社会学家罗纳德·S. 伯特（Ronald S. Burt）把小规模的、稳定的社交网络如自愿社团中的信息交流称为回应假设（the echo hypothesis）。回应假设理论认为，人们得到的实证信息越多就越坚持自己的观点。在成员密集的、封闭的社交网络中，由于新的信息源有限，就造成同一个故事和信息在同一圈子中重复传播。这种回应夸大了信息本身的影响，任何失实信息的传播都会给社会、经济和政治造成不良影响，进而可能导致社团成员以极端的态度对待某人或某事。[③] 因而，社团成员对于流言散布者深恶痛绝。为了维护自己的社会声望和公共形象，人们更加注意自我保护远离流言蜚语，以培养彼此的普遍信任并达成互惠性规范，促使平等协商的合作机制得以形成。

其次，规范是自愿社团与社会资本具有内在关联性的关键因素。规范也被称之为制度，包括正式和非正式规范（制度），是社

---

① ［美］弗朗西斯·福山：《信任——社会道德与繁荣的创造》，李宛蓉译，远方出版社 1998 年版，第 30 页。

② ［法］托克维尔：《旧制度与大革命》，冯棠译，商务印书馆 1992 年版，第 58 页。

③ Ronald S. Burt, “Bandwidth and Echo: Trust, Information, And Gossip in Social Networks,” In: James E. Rauch and Alessandra Casella eds., *Networks and Markets*, New York: Russell Sage Foundation, 2001, pp. 30 – 74.

会资本的重要组成部分。诺斯在《制度、制度变迁与经济绩效》一书中对其做了如下界定："制度是一系列被制定出来的规则、守法程序和行为的道德伦理规范，它旨在约束追求主体福利或效用最大化利益的个人行为。"[①] 换言之，规范（制度）由非正式的行为约束，如禁忌、规则、戒律和正式的法规，如宪法等组成。规范作为社会参与网络中的个体为解决集体行动问题而设计并执行的正式或非正式的规则，它是经过组织成员长期互动后设计的博弈规则，"社会规范是人们有意创造的，创造并维持规范的人认为，如果规范为社会成员所遵守，他们将获益；如果人们违背规范他们将受到伤害。规范的实施常常伴以各种赏罚措施，此种措施或者奖励遵守规范的人，或者惩罚违反规范的人"。[②]

福山关于社会资本的理论明确指出社团组织是社会规范形成的重要载体和场域。他认为社会资本的获取，"所需要的是整个社团具有道德规范，成员需要具备忠诚、诚信、可靠的美德，更甚者，在团体成员对彼此普遍感兴趣之前，社团就必须先采纳一套规范：个人固然可依靠自己的行动去增加人力资本，但是团体却无法单纯依靠个人行动的积累，去增加整体的社会资本；社会资本的基础是成员普遍具有的情操，徒有成员一人的美德并没有作用。与其他人力资本相比较，社交互动的癖好更难建立，因为它根源于伦理习惯，因而很难加以调整或摧毁。"[③] 由此可见，内化于社团成员思想意识之中的价值认同和道德规范是社会资本形成的决定因素，单纯的个人的社会资本增加或减少不会影响整体的社会资本状况。亦即，要增加社会资本总储量，必须依靠社团组织，用集体行动来创造社会资本。福山将社会资本与社团紧密地联系起来，认为社团组

① ［美］道格拉斯·C. 诺斯：《制度、制度变迁与经济绩效》，刘守英译，生活·读书·新知三联书店 1994 年版，第 225—226 页。

② ［美］科尔曼：《社会理论的基础》，邓方译，社会科学文献出版社 1999 年版，第 284 页。

③ ［美］弗朗西斯·福山：《信任——社会道德与繁荣的创造》，李宛蓉译，远方出版社 1998 年版，第 35—36 页。

织能提供和创造信任、规范等社会资本，是社会资本形成的场域。诚如托克维尔所言：“在参加了这样（政治）的结社之后，他们就会知道在这样一大群人中应当遵守什么秩序和采取什么步骤，才能使他们步调一致和首尾一贯地奔向共同的目标。他们要在这个政治社团里学会使自己的意志服从全体的意志，使个人的努力配合共同的行动。这些事情，无论是在一般结社还是在政治结社，都是每个成员所必须知道的。”①

最后，社会参与网络是自愿社团与社会资本具有密切内在关联性的存在场域。关于社会参与网络的形成，帕特南指出：“任何社会，现代的或传统的，专制的或民主的，封建主义的或资本主义的，都是由一系列人际沟通和交换网络构成的，这些网络既有正式的也有非正式的，其中一些以‘横向’为主，把具有相同地位的权利的行为者联系在一起，还有一些则以‘垂直’为主，将不平等的行为者结合到不对称的等级和依附关系之中。”② 帕特南强调那些密切的横向互动的公民参与网络才是社会资本的基本组成部分，在一个共同体中，横向网络越密集，公民就越有可能为了共同利益而合作。这是因为，“公民参与网络增加了人们在任何单独交易中进行欺骗的潜在成本；培育了强大的规范；公民参与网络促进了交往，促进了有关于个人品行的信息；公民参与网络体现的是以往合作的成功，可以把它作为一宗具有文化内涵的模板，未来的合作在此之上进行”。③ 由此可见，自愿社团在这种横向联系与合作的社会关系网络中，起着纽带、中介和桥梁作用。社团行动将各种资源、信息加以整合、加工之后结成一个社会系统和人际网络，在这个系统和网络里，培育出守法、勇气和忠诚、相互协作和开放心

---

① ［法］托克维尔：《论美国的民主》（下卷），董果良译，商务印书馆 1988 年版，第 646—647 页。

② ［英］罗伯特·D. 帕特南：《使民主运转起来——现代意大利的公民传统》，王列、赖海榕译，江西人民出版社 2001 年版，第 203 页。

③ 同上书，第 203—204 页。

态、发现和尊重他人的权利、要求自己更多地关注付出、监督官员履行自己的职责、积极参与公共讨论和献计献策等基本的公民美德。[①] 正如科尔曼所言："团体的结构，以职位而非个人为结构因素，社会设立了这种组织，提供了一种正规的社会关系网络，在面对个人的不稳定时，维持对个人做出要求，要个体为他人、为某事情、而不是自己做出努力，因而产生社会资本。"[②]

因而，长期的自愿社团活动能够产生社会信任和广泛的社会关系网络，具有提供和创造社会资本、丰富社会资本储量的功能。对此，国内学者何增科指出："公民通过参与各种志愿性社团组织所形成的互惠、信任、合作规范，正是维系民主和促进发展都不可或缺的社会资本。"[③] 而社会资本的存量，如信任、规范和网络往往具有自增强性和可累积性，良性循环会产生社会均衡，形成高水准的合作、信任、互惠、公民参与和集体福利。[④] 英国学者肯尼斯·纽顿认为："社会资本着重于那些文化价值和态度，这使得公民有合作、信任、理解和彼此产生共鸣的倾向——互相以公民而不是陌生人、竞争者或潜在的敌人来对待。所以，社会资本非常重要，因为它组成了一种力量，这种力量能提高社会的凝聚力，把人们从缺少社会道德心或共同责任感的利益主义者和以自我为中心的算计者转变为利益共享、责任共担和有社会公益感的社会成员。"[⑤] 因而，自愿社团文化反映着社会资本的内涵，社会资本的积累更是鼓励了社会的信任与合作，促进了以自愿社团为实体性组织的市民社会的发展，二者的有机统一构成了民主政治认同的根基。

---

① William Galston, *Liberal Purposes*, Cambridge and New York: Cambridge University Press, 1991, pp. 221 – 224.

② ［美］科尔曼：《社会理论的基础》，邓方译，社会科学文献出版社 1999 年版，第 320 页。

③ 何增科：《公民社会与第三部门》，社会科学文献出版社 2008 年版，第 14 页。

④ ［英］罗伯特·D. 帕特南：《使民主运转起来——现代意大利的公民传统》，王列、赖海榕译，江西人民出版社 2001 年版，第 208 页。

⑤ ［英］肯尼斯·纽顿：《社会资本与民主》，杨松译，《马克思主义与现实》2000 年第 2 期。

第五章　自愿社团（市民社会）与国家关系分析

当前流行的市民社会理论认为，自治、多元的市民社会是约束与制衡代表公共权威的政治国家的重要力量，是社会“最纯粹的”形式。[①] 市民社会需要政治国家正如政治国家需要市民社会一样，两者之间已经形成了辩证关系。就英国的历史情境而言，市民社会在19世纪的英国受到国家的珍视，国家以政治体制和法律制度保护市民社会，否则它不能以正式的社会结构存在。本章将从理论层面剖析中产阶级自愿社团与国家的关系。分析英国健全和完善的政治权力之间相互制衡的政治架构，与同样健全和完善的以社会制约权力的社会架构之间的关系与互动。从而认为，中产阶级自愿社团是形成市民社会与政治国家在适度分离基础上的融合与互动关系的关键要素，而政治国家与市民社会的适度分离和良性互动是英国政治民主和社会稳定的重要基础。

第一节　市民社会与国家的一般理论关系

市民社会理论的一个基本假设是，整个社会由彼此独立的市民

---

① Paul Hirst, "The state, civil society and the collapse of Soviet communism", *Economy and Society*, Vol. 20, No. 2, 1991, pp. 220 – 231.

社会与政治国家共同构成，它们之间相互冲突、彼此互动，从而形成了整个社会的良性发展。然而，“市民社会与国家相区分的认知或共识，并不能逻辑地导致不同的论者会在市民社会与国家相互关系方面达致共识，换言之，因论者所处的时代、其所在的国家的历史传统及发展阶段的各异，又因论者关注问题的视角不同，他们往往会形成侧重点不相同的‘市民社会与国家关系的学理架构’”。[①]通过考察市民社会理论的历史演进，可以发现，这一理论大体上形成了两种不同的关于市民社会与国家的关系架构：一是以洛克为代表的“市民社会先于或高于国家”的架构；二是黑格尔的“国家高于市民社会”的框架。

一 市民社会先于或高于国家

查尔斯·泰勒在《市民社会的模式》[②]一文中，对以洛克和孟德斯鸠为代表的关于市民社会先于或高于国家的这一关系模式做了详细的梳理（他将其称之为“洛克学派”与“孟德斯鸠学派”）。在此，我们以《市民社会的模式》这篇文献梳理的脉络为基础，对持这一观点的市民社会理论家的论述进行简要介绍。

（一）“洛克学派”

洛克的理论观点对现代市民社会观念影响深远。查尔斯·泰勒认为，尽管洛克仍在“政治社会”的同义语的传统上使用“市民社会”这一术语，但是其为一个世纪之后出现的与“政治社会”相对的市民社会的含义做了铺垫。对此，亚当·塞利格曼表达了相同的看法：“没有洛克，现代市民社会观念的发展是不可能的。洛克常常被当作（很可能是错误地被当作）现代个人主义和市民社会‘自由’版式的最重

① 邓正来：《市民社会与国家——学理上的分野与两种架构》，载邓正来等主编《国家与市民社会——一种社会理论的研究路径》（增订版），上海人民出版社 2006 年版，第 91 页。

② ［加］查尔斯·泰勒：《市民社会的模式》，载邓正来等主编《国家与市民社会——一种社会理论的研究路径》（增订版），上海人民出版社 2006 年版，第 1—31 页。

要的前驱。他受惠于那些为他的市民社会理论提供必要的‘超验’前提的自然法理论家们。如果说到了18世纪洛克式观念中的超验因素已被作为道德秩序渊源的道德情感和自然同情之观念所替代，那么，我们对现代市民社会概念的理解必须从洛克开始。”①

洛克从自然法理论出发，认为人类社会是一种先于国家而存在的共同体，政府和国家只是人民为了达到生活在更加安全的状态下的目的而订立契约的结果，即“政治社会都起源于自愿结合和人们自由地选择他们的统治者和政府形式的相互协议”②。国家存在的目的是维护个人的自然权利，而个人自然权利的至上性设定了国家权力的限度。国家之于市民社会只有工具性作用，是手段而非目的。洛克主张将自然权利部分让渡，保留财产权等权利，强调生命、自由和财产权利相对于国家权力的先在性和独立性，正是基于这种派生关系，市民社会与权利具有了优先性，市民社会不仅在时间上先于国家，而且还决定着国家。对此，洛克阐发了如此经典的论断：“人们在参加社会时放弃他们在自然状态中所享有的平等、自由和执行权，而把它们交给社会，由立法机关按社会的利益所要求的程度加以处理，但是这只是出于各人为了更好地保护自己、他的自由和财产的动机，社会或由他们组成的立法机关的权力绝不容许扩张到超出公众福利的需要之外……所以，谁握有国家的立法权或最高权力，谁就应该以既定的、向全国人民公布周知的、经常有效的法律，而不是以临时的命令来实行统治；应该由公正无私的法官根据这些法律来裁判纠纷：并且只是对内为了执行这些法律，对外为了防止或索偿外国所造成的损害，以及为了保障社会不受入侵和侵略，才得使用社会的力量。而这一切都没有别的目的，只是为

① ［美］亚当·塞利格曼：《近代市民社会概念的缘起》，载邓正来等主编《国家与市民社会——一种社会理论的研究路径》（增订版），上海人民出版社2006年版，第71页。

② ［英］约翰·洛克：《政府论》（下篇），叶启芳、瞿菊农译，商务印书馆1996年版，第63页。

了人民的和平、安全和公众福利。”①

洛克的“社会先于或高于国家”的思想理念是 18 世纪以来市民社会理论关于社会与国家关系模式的直接思想源头。苏格兰启蒙思想家如是，托马斯·潘恩亦然。这样，“市民社会”不同于、独立于、先于或外在于“国家”成为“洛克学派”后继者的主导信念。

苏格兰启蒙思想家在理念上继承了洛克的“社会先于或高于国家”的关系模式。如，休谟在其著作《人性论》中指出：“我不但不像某些哲学家们那样，认为人类离了政府就完全不能组织社会，而且我还主张，政府的最初萌芽不是由同一个社会中的人们的争端而发生，而是由几个不同的社会中的人们的争端而发生的”，“政府对人类虽然是很有利的，甚至在某些条件下还是绝对必需的一种发明；但它并不是在一切条件下都是必需的，而且人类即使不求助于那样一种发明，也不是不可能在某一段时期以内维持社会的”②。在休谟看来，所有合法的政府都产生于人民的同意，“这肯定给予了它们远远超过实际应得的荣誉”。对此，休谟做了这样的论说，“假若所有的人都坚持正义，完全不愿沾手别人的财产，他们就可永远处于绝对自由的状态，不需服从任何行政长官或隶属于任何政治社团。不过，这种完美境界，我们完全有道理认为，不是人性所能企及的。又若所有的人都洞明世事，始终了解自己的利益，那么，除了他们自己同意并经每一社会成员讨论通过的政府之外，他们决不会服从任何别种形式的政府。但这种完美境界也远远超乎人性之上”③。那么，为什么“多数人居然轻易地为少数人所治理，而且人们竟能抑压自己的情绪和爱好，顺从统治者的喜爱”呢？休谟的阐释颇为详尽和富于论辩：“政府是完全建基在公众信念之上的。……公众信念

---

① ［英］约翰·洛克：《政府论》（下篇），叶启芳、瞿菊农译，商务印书馆 1996 年版，第 79—80 页。

② ［英］休谟：《人性论》，关文运译，商务印书馆 1980 年版，第 580、579 页。

③ ［英］休谟：《休谟政治论文选》，张若衡译，商务印书馆 1993 年版，第 129、125 页。

有两类：即关于利益的看法和关于权利的看法。……所有的政府以及少数人赖以统治多数人的权威都是建立在关于公共利益的看法、关于权力之权的看法和关于财产权的看法基础之上的。”[①] 由此可见，苏格兰启蒙思想家们对于社会与国家的关系表述是非常明确的，他们确认市民社会的基础性地位，将国家视为“不可或缺的恶”，将政治权威的合法性建立于市民社会的发育与运行之中，强调国家对源于市民社会的公共政治权力的敬畏与忠诚。

托马斯·潘恩把市民社会看作一个不具有政治因素的，从属于自然状态的社会。潘恩明确指出，市民社会与政治国家是有区别的，市民社会是每个个人根据自己的私人利益而自愿结成的社会经济联合，这些基于人的自然本性的联合体现了自由平等和互利的经济关系。它用积极的方式增进人类的利益；政治国家作为所有个人对立的社会契约，则是人们为了避免社会的邪恶和混乱而不得不建立的组织形式，它以消极的方式增进人类的福利。《人权》一书中，潘恩深刻地阐述了两者之间的关系：市民社会越完善越发达，越能实现自我调节，政治国家就越无足轻重，在真正的民主制中，政治国家最多不过是一种必要的邪恶。因此，必须最大限度地限制政治国家的活动。[②]

（二）“孟德斯鸠学派”

孟德斯鸠与洛克不同，他没有像洛克那样从自然法的角度证明市民社会的先在性，而是首先假设了一个强大的且受制于法律的君主制政府的存在。对此，孟德斯鸠说：“从事物的性质来说，要防止滥用权力，就必须以权力约束权力。我们可以有一种政制，不强迫任何人去做法律所不强制他做的事，也不禁止任何人去做法律所许可的事。”[③] 为了使法律能够起到有效限制政府的功能，孟德斯

---

① ［英］休谟：《休谟政治论文选》，张若衡译，商务印书馆 1993 年版，第 19—20 页。

② 参见袁祖社《权力与自由》，中国社会科学出版社 2003 年版，第 30 页。

③ ［法］孟德斯鸠：《论法的精神》（上册），张雁深译，商务印书馆 1995 年版，第 154 页。

鸠又假设了一种独立实体，即“中介实体”，它在法律中占有一席之地，与法治相互支持，“一个君主国，只有中间阶级是不够的，还应该有一个法律的保卫机构。担当这个保卫机构的，只能是政治团体。这些团体在法律制定时便颁布法律，在法律被忘掉时，则唤起人们的记忆。由于贵族自然的无知、怠惰和轻视民政，所以必定要有一个团体，不断地把法律从将被掩埋的尘土中发掘出来”。[①]因而，在孟德斯鸠的思想理论中，市民社会（主要是“中介实体”）是一种限制政府权力维护法治的制约与均衡机制。

查尔斯·泰勒对孟德斯鸠的这一思想评价甚高，他指出，如果说洛克学派揭示了有关社会具有非政治向度的观念，那么孟德斯鸠的贡献则在于他提出了自己的社会图景，亦即社会是根据其政治组织来界定的，但是这种界定依照国家架构则是多种多样的，因此需要在各个独立的力量之间分配权力。在孟德斯鸠描绘的图景中，还存在着具有同等重要意义的并不是为了政治目的而成立的独立社团。但它们的重要性并不在于它们构成了一个非政治性的社会领域，而毋宁在于它们构成了政治体系中权力分立及多样化的基础。重要的并不是它们外在于政治体系的生命，而是它们被整合入政治体系的方式，以及它们在该体系之中的作用。孟德斯鸠所谓的“中间团体”实质上是“两栖的”实体。它们拥有外在于政治结构的生命，而且，这也的确是它们的主要目的和它们具有力量的基础。但是，为使政治健康发展，它们在政治中发挥作用也就具有了十分重要的意义。[②]

托克维尔在孟德斯鸠思想的基础上，结合法国革命的实践和美国社会民主的发展状况，通过对有利于国家权力分散与制衡的“中间团体”的研究，形成了对“市民社会先于或外于国家”的关系

① ［法］孟德斯鸠：《论法的精神》（上册），张雁深译，商务印书馆 1995 年版，第 17 页。

② ［加］查尔斯·泰勒：《市民社会的模式》，邓正来等主编：《国家与市民社会——一种社会理论的研究路径》（增订版），上海人民出版社 2006 年版，第 15、16、27 页。

模式的解读。托克维尔在《论美国的民主》和《旧制度与大革命》中分析指出，在法国，由于政府限制自由结社，社会缺乏整合与制约的中间团体，公民的自由受到了暴君政治和暴民政治的威胁；在美国，由于结社所形成的公民团体制约了社会层面的无序，也制约了多数人的暴政，使民主和自由相容。托克维尔认为，以自由为前提的平等，不能通过废除国家机构或将它们减少到最低限度的方式而得到保障，积极的、强大的政治机构是民主、自由、平等成为现实可能的必要条件。托克维尔强调，公民行动在国家机构内可能产生的具有民主意义的结果，能够限制国家权力对个人自由和平等的威胁。他指出，市民社会的实体组织——自愿社团是“社会的独立之眼”，是抵抗国家专制的唯一堡垒。托克维尔对中间社会组织的重视，对市民社会制约国家权力作用的肯定，体现了其“市民社会高于国家”的思想理念。由此可见，“孟德斯鸠学派”给市民社会理论注入了很多实际操作层面的因素，尤其对“中间团体”功能和价值的认同与重视，丰富了市民社会的实体形态与理论内涵。

二　国家高于市民社会

“国家高于市民社会”是黑格尔市民社会理论的基本观点。在黑格尔思想体系之中，市民社会虽是一个独立的领域，但非自足的领域，在伦理上它只有通过国家这一更高级的统一体来整合，才能避免毁灭。因而，与洛克式“市民社会先于或外于国家”的架构不同，黑格尔形成了“国家高于市民社会”的关系模式。

黑格尔在《法治学原理》中将家庭、市民社会和国家作为精神哲学部分“伦理”环节中的三个发展阶段。[①] 他指出：“伦理的最初

① 黑格尔把其哲学划分为逻辑学、自然哲学、精神哲学三个组成部分；精神哲学又划分为主观精神、客观精神、绝对精神三大部分。“法哲学”就是对“客观精神”的发展、发挥和补充。在他的体系中，“客观精神”即“法哲学”又被分为法、道德、伦理三个环节，而“伦理”的展开也包含了家庭、市民社会、国家三个阶段。黑格尔的“客观精神”或“法哲学”是关于社会意识的哲学。他认为，社会意识的发展过程，就是“意志自由”的实现过程。参见王新生《市民社会论》，第11页。

定在又是某种自然的东西，它采取爱和感觉的形式：这就是家庭。在这里个人把他冷酷无情的人格扬弃了，他连同他的意识是处于一个整体之中。但在下一阶段，我们看到原来的伦理以及实体性的统一消失了，家庭崩溃了，它的成员都作为独立自主的人来互相对待，因为相需相求成为他们的唯一纽带了。人们往往把这一阶段即市民社会看做国家，其实国家是第三阶段，即个体独立性和普遍实体性在其中完成巨大统一的那种伦理和精神。”① 在黑格尔的思想体系中，“市民社会含有下列三个环节：第一，通过个人的劳动以及通过其他一切人的劳动与需要的满足，使需要得到中介，个人得到满足——即‘需要的体系’。第二，包含在上列体系中的自由这一普遍的现实性——即通过司法对所有权的保护。第三，通过警察和同业公会，来预防遗留在上列两体系中的偶然性，并把特殊利益作为共同利益予以关怀”②。因而，市民社会“是各个成员作为独立的单个人的联合，因而也就是在形式普遍性中的联合，这种是通过成员的需要，通过保障人身和财产的法律制度，和通过维护他们特殊利益和公共利益的外部秩序而建立起来的”。③ 在黑格尔看来，市民社会与政治国家分属不同的阶段和领域。在市民社会内，“一切癖性、一切秉赋、一切有关出生和幸运的偶然性都自由地活跃着”，“伦理性的东西已丧失在它的两极中，家庭的直接统一也已涣散而成为多数”④。由此，市民社会就成了“个人私利的战场，是一切人反对一切人的战场，同样，市民社会也是私人利益跟特殊公共事务冲突的舞台，并且是它们二者共同跟国家的最高观点和制度冲突的舞台”。⑤ 因而，黑格尔认为，市民社会只是一个缺乏普遍与伦理的片面环节，是一个不自足的领域。相反，“由于国家是客观精神，所以

① ［德］黑格尔：《法哲学原理》，范扬、张企泰译，商务印书馆 1961 年版，第 43 页。

② 同上书，第 203 页。

③ 同上书，第 174 页。

④ 同上书，第 197、198 页。

⑤ 同上书，第 309 页。

个人本身只有成为国家成员才具有客观性、真理性和伦理性。结合本身是真实的内容和目的，而人是被规定着过普遍生活的；他们进一步的特殊满足、活动和行动方式，都是以这个实体性的和普遍有效的东西为出发点和结果”。[①]“国家是地上的精神”[②]，是“神（上帝）自身在地上的行进”[③]，所以，市民社会特殊性所造成的缺陷，必须依靠作为普遍性原则体现者的国家来克服和拯救。如此一来，市民社会这个不自足的环节必须过渡到国家这个环节。而且，它的利益也必须最终“集中于国家”[④]，在国家中维系和调节。这样，黑格尔就在他的伦理体系中架构起一种鲜明的关于市民社会与国家的关系模式：国家高于市民社会，国家决定市民社会。

就市民社会理论发展本身而言，黑格尔的贡献在于从理论上论证了市民社会与国家相互分离的重要命题，成为近代市民社会理论发展史上的集大成者。但若从理论付诸实践的层面上评价，黑格尔的“国家高于市民社会”的架构，不仅背离了自由主义精神，甚至可将其视为对自由主义精神的否定。如萨拜因所言：“对国家加以理想化，以及对市民社会给予道德上的低评价，这两者结合在一起都不可避免地要导致政治上的独裁主义。”[⑤] 正因为如此，马克思批评黑格尔将市民社会与国家的关系“头足倒置”[⑥]。而洛克、孟德斯鸠、苏格兰启蒙思想家的市民社会思想对英国的政治民主化具有更直接的影响力，他们坚持认为市民社会高于国家，是保障市民社会中权利和自由的先决条件，无疑为英国市民社会的发育和民主体制的确立提供了关键性的理论支持。

---

① ［德］黑格尔：《法哲学原理》，范扬、张企泰译，商务印书馆 1961 年版，第 254 页。

② 同上书，第 258 页。

③ 同上书，第 259 页。

④ 同上书，第 280 页。

⑤ ［美］乔治·霍兰·萨拜因：《政治学说史》（下），刘山等译，商务印书馆 1986 年版，第 729 页。

⑥ 《马克思恩格斯选集》第 1 卷，人民出版社 1995 年版，第 251 页。

第二节　英国的实践：国家珍视市民社会

就市民社会的历史发展实践而言，英国从“市民社会先于或高于国家”的关系模式出发，通过完善国家政治体制以设定国家行动的界限。这就意味着，市民社会的权利受到国家法律的尊重与保护。英国政治体制对市民社会的珍视表明国家为市民社会的形成提供了法律框架和前提条件以及可持续发展的能力。因为市民社会的发育“需要一种复杂并具有强大贯彻力的政治制度和法律体系，以确保社会的公平底线”。①

一　英国民主政体的确立

约翰·基恩在《民主与市民社会》中详细考察了五种国家权力形态：霍布斯的“安全国家”（the Security State）、洛克的“立宪国家”（the Constitutional State）、潘恩的“最小限度国家”（the Minimum State）、黑格尔的“普遍国家”（the Universal State）、托克维尔的“民主国家”（the Democratic State）。② 如果要从中为 19 世纪英国的国家权力形态选择一种相对应的类型的话，将其排除在“安全国家”“普遍国家”“最小限度国家”之外应无争议，把其对应于洛克式的“立宪国家”也许算是实至名归。而纵观 17 世纪以来英国政治制度的历史演进，诸如君主立宪制、议会制、内阁制、政党制、选举制、文官制和地方政府制度等体制的确立与完善，英国又可称为名副其实的“民主国家”。拉尔夫·密利本德在其《英国资本主义民主制》中就明确指出：“认为英国是个‘民主国家’

---

① E. Gellner, *Conditions of Liberty: Civil Society and its Rivals*, New York: Penguin Press, 1994, p. 98.

② ［英］约翰·基恩：《市民社会与国家权力》，邓正来等主编：《国家与市民社会——一种社会理论的研究路径》（增订版），上海人民出版社 2006 年版，第 101—120 页。

这一概念已被看作一项十分明显的真理，不必多加究诘。”[①]

无论从何种角度认识民主政治，也无论采取什么样的政体，民主国家都有一个共同的目标——用制度和法律来约束政府权力、保障公民权利。民主政体作为一种制度设计，必然以人性为理论基础，而这种目标的形成，便是基于对人性的双重假设。对政府即权力的实际控制者，持人性恶的假设，以防止当权者滥用权力；对民众即权力的受众，持人性善的假设，要尊重他们作为人应有的尊严，去保障他们的自由、财产和权利。而公民权利要得以保障，首先必须实现“以权力约束权力”的政治体制，因为一切“有权力的人都容易滥用权力，这是万古不易的一条经验。有权力的人们使用权力一直到遇有界限的地方才休止”[②]。“权力导致腐败，绝对的权力导致绝对的腐败”。[③] 对权力的欲望和追求的本能是人性“恶”的潜能，当它与现实的权力结合的时候，这种潜能就有可能转变为现实的恶，并最终导致权力本身的异化。[④] 孟德斯鸠还指出：“一个公民的政治自由是一种心境的平安状态。这种心境的平安是从人人都认为他本身是安全的这个看法产生的。要享有这种自由，就必须建立一种政府，在它的统治下一个公民不惧怕另一个公民。”[⑤] 因此，国家必须实行分权，将国家权力分为：“（一）立法权力；（二）有关国际法事项的行政权力；（三）有关民政法规事项的行政权力。”[⑥] 即把国家的立法权、行政权和司法权交由不同的国家机关掌握，通过法律规定的方式，使其相互制约而又相互保持平衡。

---

① ［英］拉尔夫·密利本德：《英国资本主义民主制》，博铨、向东译，商务印书馆1988年版，第2页。

② ［法］孟德斯鸠：《论法的精神》（上册），张雁深译，商务印书馆1995年版，第154页。

③ ［英］阿克顿：《自由与权力——阿克顿勋爵论说文集》，侯建、范亚峰译，商务印书馆2001年版，第342页。

④ 殷啸虎：《感悟宪政》，北京大学出版社2006年版，第21页。

⑤ ［法］孟德斯鸠：《论法的精神》（上册），张雁深译，商务印书馆1995年版，第155—156页。

⑥ 同上书，第155页。

洛克、孟德斯鸠等思想家的“以权力约束权力”的“三权分立”学说在英国民主政治发展中得到了最典型、最鲜明的体现。17 世纪是英国议会体制发展的关键时期，1640 年革命和“光荣革命”两次斗争都是围绕着议会与王权之间的关系展开的，斗争的结果是两次确认了议会的首要地位，使王权在实质上退居次要位置。1640 年革命废除了特权法庭，割断了旧国家机器的大动脉，创立了一个不是对国王负责的，而是对国会里的资产阶级负责的新的财政系统和行政内阁，从而为 1688 年资产阶级代议制立宪政体的最终确立打下了基础。经过共和与帝制、革命与复辟的反复博弈，1688 年“光荣革命”通过把具有资产阶级思想的开明君主威廉三世推上统治地位的形式，建立了代议制君主立宪政府。在这一政体中，国会认可君主制度的存在，国王接受国会权利至高无上的基本原则，实现了“王在法下”和“王在议会”的自由法统，这种宪政模式使英国从根本上确立起议会在国家政体中的地位，现代的两院制议会先河由此而开。从政治体制结构分析，英国在“光荣革命”之后基本实现了三权分立体制，由有限君主制发展为君主立宪的议会制，国家立法权基本转移到了立法机关议会之中，同时也在议会内部展开了两院之间权力的角逐。同时，议会体制为新的政治力量的兴起和政党政治的产生提供了契机与合法的舞台。因为议会体制是与选举制联系在一起的，要使议会代表民意就必须使议员通过选举产生。尽管选民的范围比较有限，但是毕竟有一定的代表性，毕竟能够使议会部分地反映社会的声音。选举制度不仅使得统治阶级内部一直存在着政治竞争，而且使得选举权的范围的扩大成为从精英内部的有限民主发展到大众民主的桥梁。正如迈克尔·曼所指出的：“这不是民主制度，而是稳定制度化的政治竞争。然而……这种制度化的政治竞争具有关键意义，因为它通常是世界各国迈向民主的第一步。英国由此产生了政党民主的基础。”①

---

① Michael Mann, *The Sources of Social Power*, Vol. 2: *The Rise of Classes and Nation States*, 1760 - 1914, Cambridge: Cambridge University Press, 1993, p. 114.

17世纪的英国代议制立宪政体的确立毕竟是在农业社会的范围内进行的，它不能脱离农业社会的社会经济基础和阶级结构所给予它的局限。作为宪政的政治机制的代议制，所代表的是财产而非平等的公民身份。由于受到财产资格的限制，17世纪和18世纪的选民主要是乡绅、市镇中的富裕商人和工匠，议会选举方法长期固定不变，不能反映工业革命以来人口和社会结构的巨大变化。工业界对于政治权利的不平等分配早已心存积怨，他们成立了经济、政治、宗教道德等各种压力集团。[1] 从18世纪后期开始，英国的激进运动开始活跃，把议会改革与消除政府腐败问题联系起来，指出议会改革是消除腐败的根本途径。“激进主义是一种大众化的自由主义呼声，它是人民同未经改革的下院之间一场持续的斗争。”[2] 在议会内部，也有不少政治家认识到改革的必要。

因而，18世纪后期和19世纪英国民主政治发展的主要任务是，满足资产阶级对国家行政权和立法权的日益强烈的要求以及公民大众对平等参与政治权力的选举权的渴望。英国民主政治的重要条件及内容——两党制和内阁制在这一历史时期形成并确立，标志着议会主权和民主法治的胜利。两党制是一种较为公平和稳定的政治体制，在两党势力均衡和彼此制约的状态下易于政府推行温和而适宜的社会政策。同时，由于民众的普遍参与和选民的大力支持，执政党领导的内阁政府的政策也易于推行，有利于社会的稳定和发展。19世纪英国的三次议会改革，也成为政治民主化的重要标志。1832年的议会改革法规定以财产资格取代身份资格，议席的分配倾向于工业市镇，使多数工商企业家、专业人员、知识分子等中产阶级获得了选举权，并为权力由上院向下院转移提供了宪法依据。1867年和1885年的改革法，使被排斥于政治

---

① 参见范成东《工业革命时期的利益集团和议会立法》，东南大学出版社1996年版。

② ［英］E. P. 汤普森：《英国工人阶级的形成》（下），钱乘旦等译，译林出版社2001年版，第704页。

权力之外的工人阶级获得了选举权，至 19 世纪末，英国基本上实现了普选。在工会合法化的同时，在阶级合作与改良主义思想影响下，工人阶级政党即工党开始活跃在英国政治舞台。在议会制度改革和政党制度形成的同时，英国的其他政治改革也在推行。如：以考试和业绩为录用和晋升依据的文官制度的建立，不仅稳定了国家政策和行政过程，也改变了政党政治分赃的劣行，是政治民主化和官僚化的重要一步；司法改革，使统一的司法权在组织和程序上进一步走向规范化和现代化；对地方政府的改革，使原有的自治传统与现代民主制相适宜。在 19 世纪自由主义和功利主义思潮的影响下，英国以渐进改革和自由开放精神，促使一个全新的现代化社会和民主国家诞生了，英国的公平宪政权力模式为欧洲各国的政治民主化提供了榜样参照。

由此可见，英国政治体制的发展与完善宗旨是为权力设立“界限”：不仅以权力为指向，通过分权实现权力各部分之间的制衡，而且还为约束政治权力、保护公民权利提供了常规的、程序性途径，从而达到民主的目标。“以权力约束权力”，其中发挥制约作用的是各种分立的国家权力，制约的目标也是各种国家权力。换言之，“以权力约束权力”是在国家政治生活领域内运作的，其考虑的重点在国家政治生活领域本身。然而，政治活动的范围随着社会动员、政治参与的发展而逐步扩大，政治活动也会突破国家政治生活领域，更多的领域、更多的主体将卷入政治活动。[①] 此时，就更需要国家通过构建公共权力制约框架，尤其是通过法律的制定和执行为市民社会提供良好的发展环境。

二　国家珍视市民社会

在英国的历史进程中，国家“珍视”市民社会，在地方和全国

① ［美］塞缪尔·亨廷顿：《变动社会的政治秩序》，张岱云等译，上海译文出版社 1989 年版，第 37 页。

范围内为市民社会提供空间基础。同时，“珍视”也意味着社会中的个人必须与体制或约定保持某种程度的一致，以便能够获得法律授权，并且它将反过来与公民美德一起完善社会自我维持的结构。这种社会结构不仅包括自愿社团，还包括构成地方政府的行政管理领域。国家“珍视”市民社会的意义是重大的，它是法律行动和政治实践的结果，而不是一种偶然现象。

自愿社团作为市民社会的实体组织和实践模式，它为国家提供了“珍视”的具体对象。自愿社团的思想体系和活动方式，有利于协调英国19世纪城市中的国家民主体制和权力的关系。自愿社团能够非常迅速地建立起来，因为各类社团的规章和惯例非常相似。组织社团委员会，选举合适的工作人员，寻找有头衔的资助人，确定成员身份的等级或明确捐助数额的等级。这些规章制度像社团账目一样公开发布，这是基于公共职责的公开程序。自愿社团的权力来自于其模式化的行动：成员捐助资金，委员会成员享有提议和表决权，并有权巡访和管理社团等。自愿捐助制是塑造和维护自身的社会结构以协调与国家关系的典型智慧行动。[①] 它契合了对于国家权力合法化认同非常重要的“善治政府”的理念。

（一）国家在法律层面为市民社会发育和自愿社团发展提供合法身份与宽松环境

英国是一个社会宽容度和国家包容度较强的国家，人人强调结社自由，公民可以自由地组织起来追求合法的个人目的。在英国普通法体系中，社团是最松散的法律形式，除慈善组织外，其余类型社团的成立不需经过法律程序，也不需要到政府部门登记，一群人为追求共同目的而简单地结合在一起，就可以组成社团。因而，英国关于社团的成文法规范比较少，只有《慈善法案》《公司法》和

① G. Morton, “Scottish rights and ‘centralisation’ in the mid - nineteenth century”, *Nations and Nationalism*, Vol. 2, No. 2, 1996, pp. 258 - 263.

《税法》的部分内容涉及了规范社团的内容。[①] 同时，又由于慈善机构是英国市民社会组织的“主要形式”，它既是自愿组织采用的最普遍的法律形式，也是法律和规制术语中发展程度最高的一个，[②] 在此，我们主要以慈善社团为例，了解 19 世纪英国相关法律对其设立和活动的管理规定。

19 世纪英国适用的对慈善组织进行管理的规制，习惯上可以追溯至 1601 年的《慈善法案》。1601 年法案的目的“意在加强法律对慈善资源滥用的管理，确保慈善资源被用于既定的慈善目的，从而服务于公共利益”。“作为‘政府监护’（parens patriae）负责人的检察总长负责依据信托的慈善目的保护公共利益。议会经常任命巡回慈善委员，对慈善信托进行监督并报告有关信托滥用的情况”。“1601 年法案……是王朝——国家——的一个动议，其目的在于使具有公益心的公民的信念——和财富——服务于公正政策”。[③] 在英国普通法中，慈善资源应该用于公共利益，并且必须为了公共目的而保护慈善资源，这在现代社会仍然是支持慈善机构规制的基本原则。

自 1601 年以来，英国《慈善法案》在 400 年的发展历程中经历了多次改革与调整。1891 年是一个关键的时间点。在这一年，大法官麦克纳顿（McNaghten）勋爵做出了 Pemsel 判决。虽然该判决就其本质来说是一个关于税收的判决，但是麦克纳顿勋爵仍然在其中根据慈善活动数个世纪以来的发展将其划归为四个“标题”：消除贫困、发展教育、促进宗教信仰和有利于社区的其他目的。Pemsel 判决结合了自 1601 年以来慈善法将近三个世纪的发展与工业革命的经济和社会后果，凸显了普遍法的鲜明特点，即慈善机构

---

① ［英］阿米·古特曼等：《结社：理论与实践》，吴玉章等译，生活·读书·新知三联书店 2006 年版，第 416 页；李本公主编：《国外非政府组织法规汇编》，中国社会出版社 2003 年版，第 382 页。

② ［英］阿米·古特曼等：《结社：理论与实践》，吴玉章等译，生活·读书·新知三联书店 2006 年版，第 411 页。

③ 同上书，第 413—421 页。

是国家的天然伙伴。实际上，法律上的慈善机构概念蕴含着公共利益要素，后者同样是国家所追求的目标。慈善机构在英国历史上——及当前的英国——与国家之间都是一种对话关系，也即国家自身通过政府活动直接加以保障的利益与国家留给公民个人或集体慈善活动实现的利益之间的对话关系。这种对话关系除了存在于社会服务领域之外，还总是涉及倡议新政策和批评政府。①

1853 年，英国成立了负责英格兰和威尔士的慈善组织登记和监督管理的主管部门慈善事务署（the Charity Commission）。慈善事务署的基本目标是“维持公众对慈善机构诚实正直品质的信心”。②“通过行使权力维持慈善概念和慈善法的可信性，并提升慈善机构的良好标准”。③ 以确保慈善机构能够在有效的法律、问责和治理框架内最大限度地发挥其潜力。事务署有权决定什么样的组织具有慈善身份，管理有关登记为具有慈善资格组织的各项事务，监督慈善组织并给予必要的协助。事务署还建立了对慈善机构的持续性审查，主要进行年检，调查组织的不法行为，确保组织合法有效运作等。

慈善事务署将英国的慈善组织划分为三种形式，慈善组织申请登记时可以任选其一：（1）非公司慈善社团。这类慈善社团不具有法人资格，属于非法人社团。必要记载事项包括：组织目的、权力结构、账目、银行账户、董事的任命方式、修订条款和解散条款。（2）慈善信托。这类组织提交的治理文件是信托契约，包括组织名称、目的、权力结构、董事及其任命方式、账目、银行账户、无个人利益的理事、对土地或者投资的托管、投资权、修订权和解散权。（3）慈善公司。这种组织是具有法人资格的有限担保责任公司，受慈善法和公司法的规范和调整，但是慈善公司仍然不

① ［英］阿米·古特曼等：《结社：理论与实践》，吴玉章等译，生活·读书·新知三联书店 2006 年版，第 413 页。

② 同上书，第 425 页。

③ 同上书，第 422 页。

能向会员分配利润。[①]

英国公民申请成立慈善社团的程序是：首先，由发起人向慈善事务署递交书面申请，包括申请表格、所有董事的宣誓书和签名、该组织的治理文件以及过去三年的财务记录副本。其中治理文件根据该组织申请登记的形式而有所不同。然后，慈善事务署根据申请对该组织是否具备进行这项活动的能力进行审查。审查要件包括：（1）该组织的宗旨和活动是否具有慈善性质；（2）该组织是否需要登记；（3）组织名称是否合法。[②]

消除贫困和疾病以及提供教育等基本的慈善事务，在现代社会已经变化了的环境中仍然像在 17 世纪初一样重要。英国现代《慈善法案》规定的慈善目的清单反映了目前人们所接受的慈善范围：（1）预防和消除贫困；（2）促进教育；（3）促进宗教信仰；（4）促进健康；（5）促进社会和社群发展；（6）促进科学、文化、艺术和遗产；（7）促进业余体育；（8）促进人权、争端解决和协商；（9）促进环境保护和改善；（10）提升动物福利；（11）提供社会住房；（12）有利于社群的其他目的。[③] 申请登记的慈善组织必须具备上述慈善目的之一，同时必须符合公共利益原则。如果认为该组织具备相应的能力，经过填写表格程序，并经审查同意后即被批准。如果不被批准，该组织可以向慈善事务署之上的五人小组提起申诉，进行申辩。

英国作为普通法国家，社团成文法较少，政府对待社团组织的宽松态度，基于社团活动属于公民的“私人领域”，立法和司法活动不应当干预的认识，因此，国家仅在总体法律框架内为社团发展提供保护。如，1793 年的《罗斯条例》（*Roses Act*）正式承认了

---

① 参见褚松燕《中外非政府组织管理体制比较》，国家行政学院出版社 2008 年版，第二章。

② 李本公主编：《国外非政府组织法规汇编》，第三篇第四章，中国社会出版社 2003 年版。

③ ［英］阿米·古特曼等：《结社：理论与实践》，吴玉章等译，生活·读书·新知三联书店 2006 年版，第 419—420 页。

“友谊社”的法律地位，“鼓励‘友谊社’‘为了互相救济和维持生病、年老和体弱……会员的生活，以自愿捐款，筹措……独立基金’，使它们能以取得社团法人的多种资格，制定有约束力的章程和保有法律上所承认的基金”[①]。1824年，在中产阶级激进派普雷斯和其他议员的努力下，议会通过了废除结社条例的法案。[②] 总之，英国19世纪中产阶级自愿社团发展的法律环境是非常宽松的，除慈善社团外，国家对社团的成立与活动没有特别的法律限制，视社团活动与个人活动无异，由普通法来调整与规范，从而避免了国家按照自己的意志来塑造自愿社团的可能。

（二）地方市政管理模式为自愿社团参与社会事务和政治活动提供了制度支持和有效途径

1835年市政法案（Municipal Corporation Act）确立了现代地方自治的基本原则，即居民自治和团体自治原则。所谓“居民自治”，指地方事务由地方居民及代议机关决定，“团体自治”则指地方的社会治理应排除中央和上级部门的干涉。根据1835年市政法案，178个“封闭的”自治市被178个民选市政当局所取代。市议会议员由缴税达三年以上的成年男子选举产生，任期三年。[③] 市议会必须定期公布市政账簿和年度预算，市政收入必须用于当地居民，接受当地居民的监督。对此，约翰·密尔认为：“由于地方代表机关的主要职责在于地方税的征收和支出，选举权应给予所有对地方捐税做出贡献的人，而不给予未做出贡献的人。”[④] 这种资格限制符合英国的征税习惯——税收及用途必须经过纳税人同意。法案还确定了高级市政官员、市长的职权，废除了市法官、

① ［英］克拉潘：《现代英国经济史》（上卷），姚曾廙译，商务印书馆2011年版，第371页。

② ［英］莫尔顿：《人民的英国史》，谢琏造等译，生活·读书·新知三联书店1962年版，第582页。

③ Philip Harling, *The Modern British State: An Historical Introduction*, Cambridge: Polity Press, 2001, p. 110.

④ ［英］J. S. 密尔：《代议制政府》，汪瑄译，商务印书馆1997年版，第209页。

市法院的职权，由治安法官和郡法院取代，并规定司法管理与行政管理分开。这种市政管理体系赋予了城市中产阶级最基本的参与地方治理的权利，并在与国家权力的讨价还价中加强了市镇的独立性。

以普雷斯顿为例，1835—1850 年，市政议会议员大多数具有中产阶级社会职业身份（见表 5 -1）。其中，有 25 名市镇议员或地方官员的身份可以确认，他们是：棉纺纱工厂主托马斯·米勒、律师詹姆斯·迪克森、谷物商乔治·加德韦尔、工厂主查尔斯·斯温森、律师彼得·海多克、亚麻纺纱工厂主托马斯·杰曼、银行家约翰·劳、棉纺纱工厂主约翰·霍洛克、棉纺纱工厂主威廉·泰勒、棉纺纱工厂主小约翰·佩利、麦芽制造商约翰·诺伯、外科医生托马斯·芒克、棉纺纱工厂主大约翰·佩利、工厂主大塞缪尔·霍洛克斯、工厂主乔治·杰克逊、银行家威廉·克莱顿、棉纺纱工厂主小塞缪尔·霍洛克斯、律师约翰·埃迪森、棉纺纱工厂主小托马斯·米勒、外科医生罗伯特·布朗、律师威廉·肖厄、律师托马斯·伯奇尔、律师詹姆斯·杰曼、银行家爱德华·佩德尔、棉纺纱工厂主约翰·卡特罗尔。此 25 人中有 12 名纺织业工厂主、6 名律师、3 名银行家、2 名外科医生、1 名谷物商和 1 名麦芽制造商。并且在这 25 人中有 15 人曾任市长，他们是米勒、海多克、詹姆斯·杰曼、大佩利、克莱顿、杰克逊、小霍洛克斯、泰勒、埃迪森、小佩利、托马斯·杰曼、小佩利（第二次任职）、伯奇尔、理查德·佩德尔（烟草生产商）和卡特罗尔。[1] 同时，这些中产阶级精英也不乏拥有多重自愿社团成员或领导者身份者，如工厂主查尔斯·斯温森既是 1835 年成立的保守主义者协会北部分会的成员，又是普雷斯顿铁路修筑协会的发起人和领导者，还是普雷斯顿禁酒协会的

---

① *Borough of Preston*, *Council Minutes*, CBP/1/1, Lancashire Record Office; *Preston Municipal Elections*, PRS - DOB (5), Reprinted from the Preston Chronicle, Preston, 1859.

积极倡导者。[1] 由此可见，在19世纪的英国城镇中，事业成功的商人、工厂主和专业人员通常都积极参与地方政治机构。实际上，事业上的成功和自愿社团领导者的身份有助于中产阶级对社会权利和政治权力的要求合法化。[2]

表5-1 **普雷斯顿城镇议会议员的职业状况**（1835—1850）

选区 \ 人数 \ 职业	纺织业工厂主	其他工厂主	乡绅	专业人员	零售业者	其他
圣约翰区	2	6	3	7	17	4
特里尼蒂区	0	11	0	13	13	3
菲什维克区	23	0	5	7	3	2
克莱斯特教区	4	2	12	17	4	1
圣乔治区	9	2	6	1	18	3
圣彼得区	27	2	0	1	6	2

资料来源：Lancashire Record Office, Borough of Preston, Council Minutes, CBP/1/1. 表格内容包括了至1850年的由选举和递补选举产生的城镇议会议员的职业状况，有些人连选连任，其职业也重复记录。参考 Henry N. B. Morgan, "Social and Political Leadership in Preston 1820 - 1860", M. Litt thesis, University of Lancaster, 1980, p. 184。

约翰·杰拉德对博尔顿城镇议会议员的职业状况的研究也表明，工商业阶层在城镇议会中占主导地位，尤为明显的变化是大多数乡绅议员被工厂主取代。1843—1845年，130名城镇议会议员中来自乡绅阶层者有19名，所占比例为14.6%，工厂主议员有66名，占议员总数的50.8%；1846—1850年，181名城镇议会议员中来自乡绅

---

① Preston Chronicle, June 6 1835, p. 3; Catherine Rothwell, *A History of Fleetwood - on - Wyre* 1834 - 1934, Unpubished Fellowship of the Library Association thesis, Fleetwood Public Libraries, 1974; Frank Hodgkinson, The Social Origins of the Teetotal Movement in Preston 1820 - 1835, Unpublished Cert. Ed. *Dissertation*, Chorley College of Education, 1974.

② John Garrard, *Leadership and Power in Victorian Industrial Towns*, 1830 - 1880, Manchester: Manchester University Press, 1983.

阶层者有 14 名，仅占议员总数的 7.7%，工厂主议员有 96 名，占议员总数的 53%（见表 5－2）。拥有大量财富的中产阶级以其不断增长的社会声望为基础，通过参与城市治理和议会政治来分享政府中的部分权力，从而在政治生活中发挥越来越大的作用，对英国传统精英的政治地位和社会影响力造成了强烈的挑战和冲击。

表 5－2　**博尔顿城镇议会议员的职业状况（1843—1850）**

时间 人数/比例 职业	1843—1845		1846—1850	
	人数（人）	比例（%）	人数（人）	比例（%）
工厂主	66	50.8	96	53.0
商人	0	0	3	1.65
小店主/零售商	37	28.5	45	24.9
建筑业从业者	2	1.5	3	1.65
专卖品商人	3	2.3	4	2.2
其他行业经营者	1	0.8	5	2.8
乡绅	19	14.6	14	7.7
专业人员	2	1.5	11	6.1
总计	130	100	181	100

资料来源：John Garrard, *Leadership and Power in Victorian Industrial Towns*, 1830－1880, Manchester: Manchester University Press, 1983, p. 16。

19 世纪的英国城镇不仅是法律机构和地方政府的所在地，也是市民社会组织合法存在的空间与舞台。社团存在于城市统一体中，或作为独立组织，或作为城市管理机构的分支。英国城镇的市政管理模式证实了托克维尔关于地方政府与市民团体或政治社团相互促进与合作的观点。如，19 世纪 30 年代，一些地方统计协会的调查对当地公共健康事业的发展起了很大的促进作用。[①] 在许多工

① E. Chadwick, *Report on the Sanitary Condition of the Labouring Population of Great Britain*, Edinburgh: Edinburgh University Press, 1965; M. J. Cullen, *The Statistical Movement in Early Victorian Britain*, Hassocks: Harvester Press, 1975.

业城镇，19 世纪 20 年代的自愿组织——技工社团为 19 世纪 50 年代当地中等和高等教育的发展打下了良好的基础。在 19 世纪前 30 年间，利兹市政当局的管理权力只向托利党安立甘教徒开放。处于发展壮大中的辉格自由党不信国教者，成立促进委员会参与教区会议以实现其政治抱负。[①] 19 世纪晚期，在许多城镇，一些妇女组织领导者被选入学校和济贫法委员会，[②] 而在一些缺乏社团组织等协调机构的城镇，则比较易于发生冲突和导致社会秩序的混乱。如，1791 年伯明翰的教士骚乱，1819 年曼彻斯特的彼得卢大屠杀，以及 1831 年莫萨尔起义等都发生在市政管理机构力量薄弱的城市中心地区，或者依靠治安法官和约曼农维持法律秩序、协调政治冲突的传统的乡村地区。[③]

因而，有学者认为，市政管理的边界是市民社会范畴的显著标志。在民主体制中自治市是市民社会最明确的体现。例如，托克维尔指出："乡镇组织之于自由，犹如小学之于授课。一方面，乡镇自由及其独立的组织，有利于平衡联邦政府对乡镇的过度干预，也有助于打碎权力的垄断，维护乡镇和人民的自主性和自由的权利；另一方面，由于乡镇组织与人民自身的利益休戚相关，这使得乡镇中的公民积极参与公共事务的管理，自觉关心乡镇建设，形成一种特定的乡镇精神和一套理解权力、自由和秩序的理论。因此，正是乡镇组织将自由带给人民，教导人民安享自由和学会让自由为他们服务。在没有乡镇组织的条件下，一个国家虽可以建立一个自由的政府，但它没有自由的精神。片刻的激情，暂时的利益或偶然的机会可以创造出独立的表面，但潜伏于社会机体内部的专制迟早会重

---

① D. Fraser, "The Leeds churchwardens, 1828 - 1850", *Publications of the Thoresby Society*, Vol. 53, 1970, pp. 1 - 22.

② P. Hollis, *Ladies Elect: Women in English Local Government*, 1865 - 1914, Oxford: Clarendon Press, 1987.

③ L. H. Lees, "The study of social conflict in English industrial towns", *Urban History Yearbook*, Vol. 7, 1980, pp. 34 - 43.

新冒出于社会的表面。”[①] 因而，英国的自治市成为中产阶级自愿社团和各级管理机构共同发挥作用的舞台。一方面，自愿社团活动和地方政府成为不可分割的统一体；另一方面，市政职责向新领域的扩张，城市社会中原来主要依靠自愿行动应对的诸如：城市污染、卫生、犯罪、贫困、下层群众教育以及其他各类问题，逐渐纳入了城市政府管理的职责范围。而市政管理范围得以平稳扩张的关键是由于其权力的获得得到了城镇居民和法律的认可。所以，国家的地方治理和市民社会之间并不是相互对立的关系，而是相互影响、相互促进的。英国的市政管理模式为民众及其自愿社团参与社会事务和政治活动提供了多元途径，尤其在地方和区域的层面上。

国家作为一种“从社会中产生但又自居于社会之上并且日益同社会相脱离的力量”[②]，垄断了公共权力，成为政治权威的代表。市民社会，这个社会成员个体进行经济、社会交往活动的私人领域独立于政治国家而存在。由于市民社会的活跃与存在，国家的政治权力就必须被看作有界限的。因为，政治国家所行使的权力是社会的公共权力，而公共权力的合法性来源于市民社会，并非由政治国家自行认定。在公共领域中形成的公共理性就是政治国家合法性的最终来源。如果没有一个自由开放的公共领域的存在，独立的个人就无法凝聚为公民，公共理性就无从产生，国家权力的合法性基础将被异化，国家权力也就成为不受社会制约的、无限度的权力。因而公共领域的存在和健全与否也是政治国家的存在与活动能否被限定在一个合理的限度的重要条件和标志。可见，国家与市民社会的分离是理论性的而非实践性的。换言之，市民社会与国家的领域分离，并不是指把国家和市民社会在现实存在中分成两个互不相干的独立实体，而是指同一个社会实体在理论研究中被分析为两个不同性质的领域。它们之间的分离只是理论上的抽象。从实践存在意义

---

① ［法］托克维尔：《论美国的民主》（上），董果良译，商务印书馆 1988 年版，第 67 页。

② 《马克思恩格斯选集》第 4 卷，人民出版社 1995 年版，第 166 页。

上讲，社会和国家是合二为一的，它们之间既不存在空间上的分离，也不存在时间上的分离。因为，市民社会的私人生活在国家中进行，而国家的一切政治活动也都在市民社会中进行。也即，国家和社会既是二元的，也是一体的。一个人，当他进行私人的或非政治的公共活动时，他是在市民社会中活动的“市民”。当他进行政治活动的时候，他就是政治国家的“公民”。正如“市民”与“公民”的区分是相对的一样，市民社会与政治国家的区分也是相对的。当然，理论上的市民社会与政治国家、私人自主领域与公共权力领域的关系只是一种理想状态中的关系，两者的良性互动与平衡能否实现取决于具体国家的特定历史情境。在英国社会历史发展进程中，市民社会与国家的双向互动与互利关系相得益彰。英国市民社会的实体组织自愿社团抵消了城市社会潜在的疏离和无组织化，尤其是在社会变革和转型时期。同时，市民社会的健康发育是促进地方政治治理和跨阶级的社会交往良性发展的积极因素。在 19 世纪英国的城市社会生活中，国家对市民社会的“珍视”“授权”以及市民社会的“合法化”，都与英国政治民主化相关，正式国家体制与 19 世纪英国完善的市民社会组织一起对社会事务进行协商治理。市民社会和公民美德为城市治理、社会改革和社团文化提供了内容广泛的思想基础，而这些思想的形成和完善也受到国家对城市治理模式的影响。概言之，英国国家与社会之间适度而理性的关系是英国民主制度安全有效运行的重要基础。

结语：对 19 世纪英国中产阶级自愿社团文化特征的思考

通过对 19 世纪英国中产阶级自愿社团的历史起源、组织类型、组织形态、经济机制、社会功能及其与国家关系等诸方面的考察，笔者认为，自愿社团之所以在 19 世纪受到英国城市中产阶级的钟情和支持，首要原因在于，加入自愿社团意味着一种适度而有限的责任和承诺。这种组织形式适应了英国城市化发展的历史趋势，满足了由非亲属关系和共同利益纽带所形成的相互信任且具有共同价值观的中产阶级之间密切合作的愿望。其次，自愿社团为受到宗教束缚、选举限制和缺乏适当的参与机构而被排斥于国家权力之外的社会阶层提供了表达其不断增长的社会和经济权利的途径。贵族阶层一般很少参加中产阶级的社团组织，也没有建立自己的自愿组织网络，主要是因为他们在议会、法院和教会中有足够代表其阶级利益的组织机构。最后，当政府或利益相关者不能或不愿采取措施时，自愿社团能够采取有益的行动。自愿社团极大的灵活性引起了处于不稳定的和快速社会变革中的人们的兴趣。个人可以自由加入或退出，行动目标应势而变，新的社团数周即可建立等，这些特征有助于避免国家行动进展缓慢和政府资源浪费的现象。19 世纪的英国中产阶级通过自愿社团行动，发展完善了教育、慈善和医疗救助体系等制度，并把通过自愿社团形成的决策方式和价值观念作为影响国家行动的社会舆论力量。

尤为重要的是，19 世纪英国中产阶级自愿社团蕴含并培育了民主、平等、宽容、妥协的政治文化。换言之，英国社会民主、宽容的政治文化的形成是与中产阶级自愿社团自治、自律、开放、民主的文化特征密切相关的。

首先，自治性是市民社会自愿社团的首要特征。自愿社团的自治性体现为社团具有行动自主权，社团内部的治理主要由社团来完成，不需要也不允许国家权力干涉，即社团事务的最终决策权、人员选拔权、经济管理和其他各种资源的管理权都控制在社团手中。这一特征强调自愿组织的自我管理和自我决策能力，自愿社团在整个社会体系中是一种独立于国家正式机构而存在的主体。社团内部治理的自主性并不否定国家可以制定相应的法规对社团活动进行管理的权力，不过，这种管理不应当影响组织的日常事务的决策与运作。而且任何管理社团的法规都应当符合结社自由的基本理念。托克维尔对结社自由有着崇高的评价，他认为："人们把自己的力量同自己的同志的力量联合起来共同活动的自由，是仅次于自己活动自由的最自然的自由。因此，我认为结社权在性质上几乎与个人自由一样是不能转让的。一个立法者要想破坏结社权，他就得损害社会本身。"① 同时，托克维尔又指出："如果立法部门制定法律，规定哪些结社为非法，违法者将受到制裁，则弊端可以少得多，因为法律明文规定的情况下，每个公民在行动之前可以知道自己行为的后果，即自己可以像一个法官那样事先进行判决，避免参加被禁止的结社，而努力去进行法律所准许的结社活动。正是因为如此，所有的自由国家也就总是承认结社权是可以受限制的。但是，如果立法机构指定由某人负责事先判断哪些结社是危险的或有益的，并允许此人可以任意将一切结社消灭于萌芽状态或让它们继续生长，那么任何人都无法事先知道在什么情况下可以结社和在什么情况下应当敬而远之，而结社的精神亦将完全枯萎。前一种法制只禁止某些

---

① ［法］托克维尔：《论美国的民主》（上），董果良译，商务印书馆 1988 年版，第 218 页。

结社，而后一种法制则针对整个社会，使全社会受害。”① 因此，自愿社团的自治性和结社自由原则意味着，“每个人必须不阻止任何人去做他有权做的事情，不得在他行为时进行干涉，不得使他因行为而陷于不利”。②

其次，建立在责任机制上的自律性是社团自治性得以实现的基础。麦金泰尔认为，“我永远不能仅仅作为个体去追寻善或践行美德。……这不仅仅是因为不同的个体生活在不同的社会环境中，而且，我们都是作为特定社会身份的承担者与我们自己的环境打交道的。”③ 在此意义上，人人都隶属于一定的社会网络，通过参与社会组织而寻求自我的实现。而任何社会结构或组织的顺利运转都需要良好的秩序。市民社会和社团都不崇尚权威和强权，内部秩序主要是依靠责任机制进行内部的自我约束，这里的“自我”既包括“个体”自我，也包括“组织”自我。因此，自愿社团为维持自身运转、履行宗旨职责而制定了基本的行为规则，形成了一整套可以规范领导者对自己的决定和行为负责的程序机制。个人通过在社团中的实践活动了解自己、享受自由与权利，将个人自由置于社团的自治中，通过自我约束和自我管理，培养成员之间宽容、友爱、合作、团结的精神，明确个人在社团中的地位和意义，密切社团成员关系，最终实现社团宗旨。

再次，自愿社团的开放性特征是结社自由思想的自然延伸，也是社团透明化管理方式的体现。自愿社团的开放性主要是指：社团会员资格向全体符合条件的公民平等开放，社团成员可自由加入或退出，全体成员平等参与社团管理和活动，社团实行公开化管理以利于国家和社会监督。社团给予符合社团宗旨和条件的任何个人参

---

① ［法］托克维尔：《论美国的民主》（下），董果良译，商务印书馆1988年版，第647—648页。

② ［英］A. J. M. 米尔恩：《人的权利与权利的多样性》，夏勇、张志铭译，中国大百科全书出版社1995年版，第121页。

③ ［美］A. 麦金泰尔：《追寻美德——道德理论研究》，宋继杰译，译林出版社2008年版，第279页。

加社团和脱离社团活动的自由。同时，参与社团的条件也不应当具有性别、种族、宗教等方面的歧视。对于社团成员来说，利他主义和互助主义是他们的价值目标，那种内在驱动他们参与社团活动的不是利润动机，也不是权力诱惑，而是一种强烈的爱、同情和对正义的追求等公民美德的体现。在实践活动中，自愿社团实行公开化管理，即通过举行年度会议、发布年度报告、公布捐助者名册、审查账目等方式与其成员和广大公众保持着密切的联系。社团的账目公开化是社团开放性的主要体现，也是这一时期社团合法化的关键。这种公开制度不仅有助于社团成员之间的相互信任，而且有助于捐助者和社团成员的相互联系。公开账目成为社团的共同特征和评价标准，也利于捐助资金的合理使用，为社团合法性提供依据。

最后，社团内部治理的民主性。19 世纪英国中产阶级自愿社团在制定章程时，十分注意突出民主性的原则。在自愿社团制定的章程中，几乎都明确规定以“会员大会”或“社员大会”“赞助人大会”等为“最高权力机构”，会员大会定期举行，一般是每一年，或每两年召开一次。会员大会有权对该团体的一切重要事项做出决定。在会员大会休会期间，以选举产生的理事会或执行委员会作为该团体处理日常事务的最高权力机构。自愿社团内部管理与活动，以宽容和尊重为基本原则，平等协商，每个成员都有权陈述自己的意见，并且有权针对意见分歧进行辩论和解释，至少要在形式上保证每个成员在最终决策的形成过程中都留下了自己的印记。

具体而言，自愿社团的民主性体现在两个方面：一方面，社团成员具有民主意识和理念。由于自愿社团的成立、运行和解散是组织成员平等和自由意志的结果，内部治理的基础是自愿合作的契约精神，而非强制和权威，因而，民主的意识和理念在自愿社团成员及其内部治理中能得到较为充分的显现。同时，自愿社团的实践又进一步强化了组织成员的民主意识和组织内部的民主治理。因为社团成员在参与和开展活动的过程中，都会认识到民主、平等地关注其他参与者的利益是实现个人利益的前提、基础和途径，从而确保组织内部运行处于一种良性状态之中。另一方面，自愿社团的选举、决策及监督机制等方面具有民主性。在组织管理和实践活动中，社团实行捐助民主制。社团章程一般都根据入会时缴纳的会费或捐助金额而详细规定了社团成员的等级划分及其相应的权利义务。社团的领导者和管理者通常从提供资金较多的成员中选举产生。社团主席一职通常由经济地位和社会声望较高的当地名流担任，社团秘书职务通常由律师担任，财务人员可能是当地的商人或银行家。社团委员会由工作认真负责的社团成员组成。社团经费由委员会分配并用于组织活动，经费的管理者在年度大会上从捐助者中选举产生。基本原则是一名捐助者有一票表决权，不能反对通过正常的选举程序产生的管理者。由于需要资金支持，在许多情况下，正直的有产者成为社团财产的托管人。这样的组织安排，对于在财富和权力不平等的等级社会，为自尊和独立而奋斗的中产阶级来说是一种合理的组织构成。社团组织精心设计捐助等级、领导人、受托人和成员的级别，以确保成员的相互信任和积极参与。自愿社团的重大决策，一般都须广泛征求其成员的意见，以得到成员的认可。

综上所述，19 世纪英国中产阶级自愿社团的自治、自律、开放、民主的文化特征是一种实践中的民主参与文化。在自愿社团的组织机制和内部管理上，展现的是公民的参政能力和互信美德，这样的自我治理体现出较高的民主价值：社团成员之间是平等而不是依附的关系，每一个成员都是有尊严的、政治上独立的个体，他们都以民主的精神参与到团体组织的治理之中。这种平等关系建立于契约和法治原则之上，从领导者到普通成员，相关的权利和义务界限清晰，规则和程序明确，人人都照章办事，信守契约。自愿社团的机构运行遵循民主原则和程序，以民主的方式选举产生领导人，制定组织章程和其他规章制度，并在此基础上实施民主管理、民主决策和民主监督。由此，自愿社团就在其内部建立起了一种平等、民主的组织结构和运行模式，从而为社团成员提供了一个广泛交流、沟通与合作的渠道和平台。这种民主参与文化倡导民主制度下的个人自由，希望把个人自由与公共价值观有机统一起来，使社会联系的纽带得到加强，也使中产阶级的感情联系和责任感得到强化。19世纪英国中产阶级通过社团行动凝聚个人力量，并以社团而非若干分散的个人与国家权力形成一种制衡的张力。因为，在复杂、多元的现代社会，“如果没有一个社会组织，它愿意并且能够为我们所珍视的观念和价值大声疾呼，除非我们正好非常富有，或者非常有名，否则，我们就很难让很多人听到我们的主张，也很难影响政治决策”①。所以，城市居民正是通过社团组织行动，表达他们关于经济、政治、教育、宗教、娱乐或者文化的需求和目标，并培养其个人品质，获得社会声望，而一系列社团活动的参与也有利于民主协商精神的形成和对公共利益的关注。

---

① ［英］阿米·古特曼等：《结社：理论与实践》，吴玉章等译，生活·读书·新知三联书店2006年版，第1页。

参考文献

一　英文原始文献

（一）英国历史文献汇编

1. G. M. Young and W. D. Handcock, edt. , *English Historical Documents*, 1833 – 1874, London, New York : Routledge, 1956.

2. W. D. Handcock, edt. , *English Historical Documents*, 1874 – 1914, London: Eyre and Spottiswoode, 1977.

3. Joel H. Wiener, edt. , *Great Britain: the lion at home: a documentary history of domestic policy*, 1689 – 1973, New York: Chelsea House Publishers, 1974.

4. Sally Mitchell, *Victorian Britain: An Encyclopedia*, Garland Publishing Inc. , 1988.

（二）英国下院相关文件

1. British Parliamentary Papers, 1834 (559), Ⅷ, Select Committee of the House of Commons on Drunkenness.

2. Census of Great Britain, 1851. Population Tables, Division VIII, London, 1852.

3. Census of Great Britain, 1851. Religious Worship, England and Wales, Report and Tables, London, 1853.

4. 1857 – 1858 (170) London Mechanics' Institution.

5. 1868 – 1869 （82） Mechanics' Institutes（grants to elementary classes）.

6. Royal Commission on the Friendly and Benefit Building Societies（RCFS）, Report, Parliamentary Papers 1874 XXXIII（c. 961）.

7. 1888 （232） Registration of clubs, A bill for the registration and regulation of clubs.

8. 1889 （37） Registration of clubs, A bill to provide for the registration of clubs occupying premises liable to be rated.

9. 1890 （124） Registration of clubs, A bill to provide for the registration of clubs.

10. 1893 – 1894 （3） Clubs registration, A bill to provide for the more effectual registration of clubs.

11. 1893 – 1894 （407） Clubs registration, A bill [as amended by the Select Committee.] To provide for the more effectual registration of clubs.

12. 1896 （278） Clubs registration, A bill to amend the law with respect to clubs outside the county of London.

（三）报刊资料

1. The Spectator（1828 – 1900）（《观察者》）

2. The Annual Register（1800 – 1900）（《年度记事》）

3. Leeds Mercury（1807 – 1900）（《利兹信使》）

4. Blackburn Gazette （1832 – 1839）（《布莱克本公报》）

5. Blackburn Mail （1793 – 1829）（《布莱克本邮报》）

6. Blackburn Standard （1835 – 1851）（《布莱克本准则》）

7. Bolton Chronicle （1825 – 1850）（《博尔顿年鉴》）

8. Bolton Free Press （1835 – 1847）（《博尔顿自由通讯》）

9. Preston Chronicle （1812 – 1851）（《普雷斯顿年鉴》）

10. Preston Guardian （1844）（《普雷斯顿卫报》）

11. Preston Pilot（1831 – 1850）（《普雷斯顿向导》）

（四）自愿社团年度报告/会议记录资料

1. *Preston Auxiliary Bible Society, Address and Reports: Report of the Preston Auxiliary Bible Society*, Preston, 1815.

2. *Minutes and Reports of the Proceeding of the Blackburn Association for the Effecting the Abolition of the East India Company's Monopoly of Salt, and Reduction of the Duty on Tea, and of the Commercial Association from Sep. 24, 1846 to Feb.* 9, 1848, Blackburn, 1849.

3. *Report of the Public Meeting of the Leeds Temperance Society held in the Music Hall*, 21 *January* 1836, Leeds, 1836.

4. *At the Commencement of a Course of Lectures to the Society, on Natural and Experimental Philosophy*, Preston, 1811.

5. *Report of the Public Meeting of the Leeds Temperance Society Held in the Music Hall*, Leeds, 1836.

6. *Prospectus of the Proposed Botanical and Zoological Gardens*, Newcastle upon Tyne, 1838.

7. *Report of the Proceedings at the First Anniversary Dinner of the Horwich Operative Conservative Association*, Bolton, 1836.

8. *The First Annual Report of the Bolton Mechanics Institute*, Bolton, 1826.

9. *Reports of the Bolton Mechanics Institute: Report for* 1830 – 1831, Bolton Chronicle, Oct. 8, 1831.

10. *Reports of the Bolton Mechanics Institute: Report for* 1837, Bolton Free Press, Sept. 30, 1837.

11. *Bolton District Provident Society Report*, Bolton, 1840.

12. *Bolton District Provident Society Report*, Bolton, 1842.

13. *Report of the Blackburn Strangers' Friend Society For the Year* 1827, Blackburn Reference Library.

14. *The first Annual Report of the Society for the Suppression of Beggars*, Edinburgh, 1814.

15. *Report of the Society for the Relief of the Destitute Sick*, Edinburgh, 1817.

16. *Report of the Committee for Affording Relief to the Labouring Classes in the City and Suburbs*, Edinburgh, 1817.

17. *Proceedings of the Fifth Meetings of the British Association for the Advancement of Science*, Held in Dublin, Aug. 1835, Dublin: Philip Dixon Hardy, 3, Cecilia - Street, 1835.

18. *Report of the Seventeenth Meeting of the British Association for the Advancement of Science*, Held at Oxford in June 1847, London: John Murray, Albemarle Street, 1848.

19. *Report of the Committee Appointed by the Commissioners of Police to Inquire into the Practicality of Suppressing the Practice of Common Begging and Relieving the Industrious Poor*, Edinburgh, 1812.

20. *Report of the Ordinary Directors of the Edinburgh Lancastrian School Society*, Edinburgh, 1813.

21. *General Minute Book of the Transactions of the Leeds Philosophical and Literary Society*, 19 *May* 1826, Leeds University Library.

22. *Report of the Yorkshire Union of the Mechanics' Institutes*, Yorkshire, 1841.

23. *Glasgow and West of Scotland Temperance Society*, *First Annual Report*, Glasgow, 1830.

24. *Western Scottish Temperance Union*, *Second Annual Report*, Glasgow, 1841.

25. *Report of the ordinary directors of the Edinburgh Lancastrian School Society*, Edinburgh, 1813.

26. *Second Annual Report of the Second Leeds Permanent Building Society*, Leeds, 1851.

27. *Report of the Proceedings at the Meeting of the Bolton Operative Conservative Association*, Bolton, 1836.

28. *At the Commencement of a Course of Lectures to the Society, on Natural and Experimental Philosophy*, Preston, 1811.

29. *Prospectus of the Proposed Botanical and Zoological Gardens*, Newcastle upon Tyne, 1838.

30. *The First Annual Report of the Bolton Mechanics Institute*, Bolton, 1826.

31. *Minutes of the Preston Literary and Philosophical Society*, Harris Reference Library, 1810.

32. *Scottish Temperance Society*, *Fourth Annual Report*, Glasgow, 1834.

33. *Second Annual Report of the Leeds Friendly Loan Society*, Leeds, 1846.

34. *Report of the Seventeenth Meeting of the British Association for the Advancement of Science*, Held at Oxford in June 1847, London: John Murray, Albemarle Street, 1848.

35. *Voluntary Schools, Return for the Years 1869 to 1884, Showing the Following Particulars for Voluntary Schools*, London, 1885.

（五）18、19 世纪相关印刷品资料

1. Benjamin Thomas Barton, *Historical Gleanings of Bolton and District*, Bolton: Bolton Daily chronicle office, 1882 (British Library: Historical Print Editions, 2011).

2. Edward Baines, *The Social, Educational and Religious State of the Manufacturing Districts*, London and Leeds, 1843 (New York: General Books LLC, 2012).

3. Fredric Hill, *National Education: Its Present State and Prospects*, London: C. Knight, 1836.

4. H. O. Horne, *A History of Savings Banks*, Oxford, 1847 (London:

Oxford University Press, 1947).

5. James Clegg, *The Bolton Gas Company, 1818 – 1872: An Historical Retrospect*, Bolton: Daily Chronicle Steam – Printing Works, 1872.

6. James Croston. eds., *The history of the County Palatine and Duchy of Lancaster by the late Edward Baines*, 5 *vols*, Manchester, 1889, Vol. 2.

7. John Dunlop, *On the Extent and Remedy of National Intemperance*, Glasgow: William Collins, 1829.

8. John Dunlop, *The University Tendency to Association in Mankind*, London: Houlston & Stoneman, 1840.

9. John Taylor, *Autobiography of a Lancashire Lawyer*, Bolton: Daily Chronicle Office, 1883.

10. John Timbs, *Clubs and Club Life in London*, London, 1872 (New York: General Books LLC, 2010).

11. Joseph Livesey, *Moral Reformer, and Protestor Against the Vices, Abuses, and Corruptions of the Age*, London: Sherwood, 1831.

12. Joseph Livesey, *A Word to Publicans*, London: S. W. Partridge & Co. 1868.

13. Joseph Livesey, *Autobiography of Joseph Livesey*, London, 1881.

14. J. H. Arrowsmith, *Essay on Mechanics' Institute, with a Particular Relation to the Institute Recently Established in Bolton*, Bolton, 1825.

15. P. Egan, *Tom and Jerry, Life in London*, London, 1869 (Montana: Kessinger Publishing LLC, 2010).

16. P. T. Winskill, *The Temperance Movement and Its Workers: A Record of Social, Moral, Religious and political Progress, vol. I*, London: Blackie&Son, 1893.

17. Rev. William Kirkman, *The Memorials of Mr. Thomas Crouch Hincksman*, London, 1885.

18. Robert Vaughan, *The Age of Great Cities*, London, 1843 (Shannon:

Irish University Press, 1972）.

19. Stevenson Macgill, *On Elementary Education*, Edinburgh: Waugh& Innes, 1819.

20. Thomas Dunham Whitaker, *An History of the Original Parish of Whalley*, *Vol. II*, London: G. Routledge, 1872.

21. T. Chalmers, *The Christian and Civic Economy of Large Towns*, *vol.* 1, Edinburgh, 1826 (Montana: Kessinger Publishing LLC, 2007）.

22. T. Ellwood, *The History of Thomas Ellwood Written by Himself*, London, 1886.

23. William Alexander Abram, *Parish of Blackburn*, *County of Lancaster*: *A History of Blackburn*, *Town and Parish*, Blackburn: Blackburn J. G. & J. Toulmin, 1877 (New York: General Books LLC, 2011）.

24. W. Brimelow, *Political and Parliamentary History of Bolton*, Bolton: Tillotson & Son, 1882.

25. William Cooke Taylor, *Notes of a Tour in the Manufacturing Districts of Lancashire*: *In a Series of Letters to His Grace the Archbishop of Dublin*, London: Duncan and Malcolm, 1842.

26. William Tunnicliff, *A Topographical Survey of the Counties of Stafford*, *Chester and Lancaster*, Nantwich: Printed and Sold by E. Snelson, 1787.

二　英文著作

1. Adam N. Seligman, *The Idea of Civil Society*, Princeton: Princeton University Press, 1995.

2. Amanda Vikery, *The Gentlemen's Dauthter*: *Women's Lives in Georgian England*, New Haven, London: Ylae Untiversity Press, 1988.

3. Anthony Giddens and David Held eds. , *Classes, Power and Conflict: Classical and Contemporary Debates*, Berkeley and Los Angeles: University of California Press, 1982.

4. A. F. Weber, *The Growth of Cities in the Nineteenth Century, A study in statistics*, New York: General Books LLC, 2010.

5. Albert Goodwin, *The Friends of Liberty*, Cambridge: Harvard University Press, 1979.

6. Alan Kidd, *State, Society and the Poor in Nineteenth – Century England*, Hampshire: Macmillan Press, 1999.

7. A. Kidd and D. Nicholls, eds, *The Making of the British Middle Class? Studies of Regional and Cultural Diversity since the Eighteenth Century*, Gloucestershire: Sutton, 1998.

8. Anthony Black, *Guilds and Civil Society in European Political Thought from the Twelfth Century to the Present*, Methuen: Cornell University Press, 1984.

9. A. Giddens, *The Consequences of Modernity*, Cambridge: Cambridge University Press, 1990.

10. Asa Briggs and John Saville, *Essays in Labor History*, Vol. 1, London: Sage Publications, 1960.

11. Anthony Howe, *The Cotton Master*, 1830 – 1860, Oxford: Oxford University Press, 1984.

12. A. L. Lowell, *The Government of England: Two Parts*, New York: Macmillan, 1919.

13. Bernard Aspinwall, *Portable Utopia: Glasgow and the United States, 1820 – 1920*, Aberdeen: Aberdeen University Press, 1984.

14. Brian Harrison, *Drink and the Victorians: The Temperance Question in England 1815 – 1872*, Pittsburgh: University of Pittsburgh Press, 1971.

15. Brian Harrison and Patricia Hollies eds. , *Robert Lowery, Radical and*

Chartist, London: Europa Publications, 1979.

16. Carlos Flick, *The Birmingham Political Union and the Movements for Reform in Britain, 1830 – 1839*, New York: St. Martin's Press, 1999.

17. Charles S. Sydnor, *American Revolutionaries in the Making: Political Practices in Washington ' s Virginia*, New York: The Free Press, 1952.

18. Chambers and Kymlicka, eds, *Alternative Conceptions of Civil Society*, Princeton: Princeton University Press, 2002.

19. Chris Patten, *Respect for the Earth: Sustainable Development*, London: Profile, 2000.

20. Clive Behagg, *Politics and Production in the Early Nineteenth Century*, London: Routledge, 1990.

21. Clinton Rossiter, ed. , *The Federalist Papers*, New York: New American Library, 2003.

22. Craig Calhoun, ed. , *Habermas and the Public Sphere*, Mass. : MIT Press, 1992.

23. C. Birchenough, *History of Elementary Education in England and Wales from 1800 to the Present Day*, London: W. B. Clive, 1920.

24. David Blackbourn and Richard J. Evans, eds. , *The German Bourgeoisie: Essays on the Social History of the German Middle Class from the Late Eighteenth to the Early Twentieth Century*, London, New York: Routledge, 1991.

25. David Blunkett, *Politics and Progress: Renewing Democracy and Civil Society*, Politico's: Demos, 2001.

26. David Cannadine, ed. , *Patricians, Power and Politics in Nineteenth – Century Towns*, Leicester: Leicester University Press, 1982.

27. David Keir, *The House of Collins: the Story of a Family of Publishers from 1789 to the Present Day*, London: Collins, 1952.

28. David Owen, *English Philanthropy, 1660 – 1960*, Cambridge: Harvard University Press, 1964.

29. David John Rowe, London Radicalism 1830 – 1843: A selection of the papers of Francis Place, London: London Record Society, 1970.

30. David S. Shields, *Civil Tongues and Polite Letters in British America*, Chapel Hill: University of North Carolina Press, 1997.

31. D. McElroy, *Scotland's Age of Improvement: A Survey of 18th Century Literary Clubs and Societies*, Washington: Washington State University Press, 1969.

32. D. Spitz, *The Real World of Liberalism*, Chicago: University of Chicago Press, 1982.

33. D. V. Glass ed. , *Social Mobility in Britain*, Routledge Taylor & Francis, Incorporated [Distributor], 2003.

34. D. W. R. Bahlman, *The Moral Revolution of 1688*, New Haven: Yale University Press, 1957.

35. D. G. Green, *Reinventing Civil Society: The Rediscovery of Welfare Without Politics*, London: IEA Health and Welfare Unit, 1993.

36. D. G. Green, *Working Class Patients and the Medical Establishment: Self – help in Britain from the Mid – nineteenth Century to* 1948, Aldershot: Gower, 1985.

37. Donald Read, *Peterloo: The Massacre and its Background*, Manchester: Manchester University Press, 1958.

38. Edward Royle, *Modern Britain: A Social History, 1750 – 1985*, London: Edward Arnold, 1987.

39. Eric J. Evans, *The Forging of the Modern State: Early Industrial Britain, 1783 – 1870*, London and New York: Longman, 1996.

40. E. G. West, *Education and the Industrial Revolution*, New York: Bames & Noble, 1975.

41. Ellwood P. Cubberley, *The History of Education: Educational Prac-*

tice and Progress Considered as a Phase of the Development and Spread of Western Civilization, New York: Houghton Mifflin Company, 1920.

42. Eleanor Gordon and Nair Gwyneth, *Public Lives: Women, Family, and Society in Victorian Britain*, New Haven: Yale University Press, 2003.

43. Eugenion F. Biagini and Alastair J. Reid, eds., *Currents of Radicalism: Popular Radicalism, Organized Labour and Party Politics in Britain, 1850 – 1914*, Cambridge: Cambridge University Press, 1991.

44. Eric Hopkins, *A Social History of the English Working Class, 1815 – 1945*, London: Edward Arnold, 1979.

45. Frank Hodgkinson, The Social Origins of the Teetotal Movement in Preston 1820 – 1835, Unpublished Cert. ed. dissertation, Chorley College of Education, 1974.

46. F. O' Gorman, *The Emergence of the British Two – Party System* 1760 – 1832, London: Edward Arnold, 1982.

47. F. M. L. Thompson, ed., *The Cambridge Social History of Britain*, 1750-1950, Vol. III, Cambridge: Cambridge University Press, 1990.

48. F. M. L. Thompson, *The Rise of Respectable Society: a Social History of Victorian Britain*, 1830 – 1900, Mass.: Harvard University Press, 1988.

49. Georg Simme, Kurt H. Wolff, ed., *The Sociology of Georg Simmel*, Glencoe: Free Press, 1950.

50. Geraint Parry, *George Moyser and Neil Day*, *Political Participation and Democracy in Britain*, Cambridge: Cambridge University Press, 1992.

51. Gordon Donaldson, ed., *Four Centuries: Edinburgh University Life*, 1583 – 1983, Edinburgh: University of Edinburgh, 1983.

52. Graeme Morton and R. J. Morris, eds., *Civil Society, Associations*

and Urban Places: Class, Nation and Culture in Nineteenth - Century Europe, Burlington: Ashgate, 2005.

53. Gunther Paul Barth, *City People: The Rise of Modern City Culture in Nineteenth Century America*, Oxford: Oxford University Press, 1980.

54. G. M. Trevelyan, *English Social History: A Survey of Six Centuries Chaucer to Queen Victoria*, London: Longmans, 1942.

55. George B. Wilson, *Alcohol and the Nation: A Contribution to the Study of the Liquor Problem in the United Kingdom from* 1800 *to* 1935, London: Nicholson & Watson, 1940.

56. Gordon S. Wood, *The Radicalism of the American Revolution*, New York: Vintage Books, 1991.

57. Hannah Barker and Elaine Chalus, *Gender in Eighteenth - Century England, Role, Representations and Responsibilities*, London: Longman, 1997.

58. Harold L. Smith, *Suffrage Campaign 1866 - 1928*, London: Longman, 1998.

59. Henry Whittaker, *The Union Club, Blackburn 1849 - 1949: A Short History*, Blackburn: Pr. by Dickinson, 1950.

60. Hyppolyte A. Taine, *Notes on England*, Translated by Edward Hyams, London, 1957.

61. James Bowen, *A History of Western Education*, Vol. 3, London: Methuen & Co. Ltd., 1981.

62. James Epstein and Dorothy Thompson eds., *The Chartist Experience: Studies in Working - class Radicalism and Culture*, 1830 - 1860, London: Macmillan Press, 1982.

63. J. Gordon Brown, *Civic Society in Modern Britain*, Amersham: Smith Institute, 2001.

64. James E. Rauch and Alessandra Casella eds., *Networks and Markets*, New York: Russell Sage Foundation, 2001.

65. Jane Randall, *The Origins of Modern Feminism, Women in Britain, France and the U S. , 1790 – 1880*, London: Macmillian, 1985.

66. Jane Randall, *Equal or Different Women's Politcis* 1800 – 1914, Oxford: Basil Blackwell, 1987.

67. Janet Wolffe and John Seed, eds. , *The Culture of Capital: Art, Power and the Nineteenth – Century Middle Class*, Manchester: Manchester University Press, 1988.

68. Joshua Cohen and Joel Rogers, *Associations and Democracy*, London: Verso W. W. Norton & Company, 1995.

69. J. L. Cohen and A. Arato, *Civil Society and Political Theory*, Cambridge, Mass: The MIT Press, 1992.

70. John Ehrenberg, *Civil Society: The Critical History of an Idea*, New York: New York University Press, 1999.

71. John Garrard, ed. , *The Middle Class in Politics*, Farnborough: Saxon House, 1978.

72. John Garrard, *Leadership and Power in Victorian Industrial Towns*, 1830 – 1880, Manchester: Manchester University Press, 1983.

73. John Garrard, *Democratisation in Britain: Elites, Civil Society and Reform since* 1800, New York: Palgrave, 2002.

74. John Marshall, *The Lancashire and Yorkshire Railway*, Newton Abbot: David & Charles, 1977.

75. John Money, *Experience and Identity: Birmingham and the West Midlands, 1760 – 1800*, Manchester: Manchester University Press, 1977.

76. John A. Phillips, *The Great Reform Bill in the Boroughs: English Electoral Behaviour, 1818-1841*, Oxford: Oxford University Press, 1992.

77. John V. Pickstone, *Medicine and Industrial Society: A History of Hospital Development in Manchester and its Region, 1752 – 1946*, Manchester: Manchester University Press, 1985.

78. John Raynor, *The Middle Class*, London: Longmans, 1969.

79. John K. Walton, *The English Seaside Resort: A Social History 1750 - 1914*, Leicester: Leicester University Press, 1983.

80. Jose Harris, ed. , *Civil Society in British History: Ideas, Identities, Institutions*, Oxford: Oxford University Press, 2003.

81. J. F. C. Harrison, *Learning and Living, 1790 - 1960: A Study in the History of the English Adult Education Movement*, London: Routledge and Kegan Paul, 1961.

82. Katrina Honeyman, *Origins of Enterprise: Business Leadership in the Industrial Revolution*, Manchester: Manchester University Press, 1982.

83. Lawrence Stone, ed. , *The University in Society*, Princeton: Princeton University Press, 1974.

84. Leonore Davidoff and Catherine Hall, *Family Fortunes: Men and Women of the English Middle Class 1780 - 1850*, London, New York: Routledge, 2002.

85. Linda Colley, *Britons: Forging the Nation 1707 - 1837*, New Haven: Yale University Press, 1992.

86. Louis Wirth, *Louis Wirth On Cities and Social Life*, Chicago: University of Chicago Press, 1981.

87. Mark Girouard, *The English Town: A History of Urban Life*, New Haven and London: Yale University Press, 1990.

88. Mark E. Warren, *Democracy and Association*, Princeton: Princeton University Press, 2001.

89. Michael Anderson, *Family Structure in Nineteenth Century Lancashire*, Cambridge: Cambridge University Press, 1971.

90. M. Berman, *All That Is Solid Melts into Air: the Experience of Modernity*, New York: Simon and Schuster, 1982.

91. M. J. Daunton, ed. , *The Cambridge Urban History of Britain*,

Vol. 3, Cambridge: Cambridge University Press, 2000.

92. M. Dobb, *Studies in the Development of Capitalism*, London: Routledge & Kegan Paul, 1972.

93. M. B. Simey, *Charitable Effort in Liverpool in the Nineteenth Century*, Liverpool: The Liverpool University Press, 1951.

94. M. J. Cullen, *The Statistical Movement in Early Victorian Britain: the Foundations of Empirical Social Research*, New York: Barnes & Noble Brighton, 1975.

95. Martin Gorsky, *Patterns of Philanthropy: Charity and Society in Nineteenth - Century Bristol*, The Boydell Press, 1999.

96. M. J. D. Roberts, *Making English Morals: Voluntary Association and Moral Reform in England*, 1787 - 1886, Cambridge: Cambridge University Press, 2004.

97. Marian Roberts, *The Story of Winckley Square*, Preston: M. Roberts, 1988.

98. Michael Mann, *The Sources of Social Power*, Vol. 2: *The Rise of Classes and Nation States*, 1760 - 1914, Cambridge: Cambridge University Press, 1993.

99. M. Savage and Alan Warde, *Urban Sociology, Capitalism and Modernity*, New York: Palgrave Macmillan, 2003.

100. M. Tylecote, *The mechanics Institutions of Lancashire and Yorkshire before* 1851, Manchester: Manchester University Press, 1957.

101. Nancy Burns, *The Formation of American Local Government*, Oxford: Oxford University Press, 1994.

102. Neil Mckendrick, John Brewer and J. H. Plumb, *The Birth of a Consumer Society*, London: Europa Publications Limited, 1982.

103. N. Parker, *The Preston and Longridge Railway*, Lingfield: Oakwood Press, 1972.

104. Pamela Horn, *Victorian Countrywomen*, Oxford: Basil

Blackwell, 1991.

105. Paul Langford, *Public Life and the Propertied Englishman 1689 - 1798*, New York: Oxford University Press, 1991.

106. Paul Langford, *A Polite and Commercial People*: *England 1727 - 1783*, Oxford: Oxford University Press, 1989.

107. Penelope J. Corfield, *The Impact of English Towns*, *1700 - 1800*, Oxford: Oxford University Press, 1982.

108. Peter Borsay, *The English Urban Renaissance*: *Culture and Society in the Provincial Town*, 1660 - 1770, New York: Oxford University Press, 1989.

109. Peter Borsay, *The English Urban Renaissance*: *Culture and Society in the Provincial Town*, *1660 - 1770*, New York: Oxford University Press, 1989.

110. Peter Clark, *British Clubs and Societies 1580 - 1800*: *The Origins of an Associational World*, Oxford: Oxford University Press, 2000.

111. Peter Clark, ed. , *The Cambridge Urban History of Britain*, *Vol. II* (*1540 - 1840*), Cambridge: Cambridge University Press, 2000.

112. Peter Earle, *The Making of the English Middle Class. Business*, *Society and Family Life in London*, 1660 - 1730, Berkeley: University of California Press, 1989.

113. P. H. J. H. Gosden, *Self - Help. Voluntary Associations in Nineteenth Century Britain*, London: Batsford, 1973.

114. P. H. J. H. Gosden, *The Friendly Societies in England*, *1815 - 1875*, New York: Augusus M. Kelley, 1967.

115. Phillip McCann, *Popular Education and Socialization in the Nineteenth Century*, London: Methuen & Co Ltd. , 1977.

116. Ralf Dahrendorf, *Society and Democracy in Germany*, London: Wedenfeld and Nicolson Ltd, 1968.

117. R. J. Allen, *The Clubs of Augustan Landon*, Cambridge: Cam-

bridge University Press, 1933.

118. Rhodes Boyson, *The Ashworth Cotton Enterprise*, Oxford: Oxford Clarendon Press, 1970.

119. R. S. Crossley, *Accrington Captains of Industry*, Accrington: Wardleworth, 1930.

120. Robert Allan Houston, *Social Change in the Age of Enlightenment: Edinburgh, 1660 - 1760*, Oxford: Clarendon Press, 1994.

121. Roderick Floud and Donald McCloskey, eds., *The Economic History of Britain Since* 1700, Vol. 1, Cambridge: Cambridge University Press, 1981.

122. Rudolph Kenny and Anthony Mooney, *People's Palace: Victorian and Edwardian Pubs of Scotland*, Edinburgh: Paul Harris, 1983.

123. R. J. Morris, *Class, Sect and Party: The Making of the British Middle Class: Leeds, 1820 - 1850*, Manchester: Manchester University Press, 1990.

124. R. J. Morris, *Class and Class Consciousness in the Industrial Revolution 1780 - 1850*, London: Macmillan, 1979.

125. R. Stewart, *The Foundation of the Conservative Party 1830 - 1867*, London: Longman, 1978.

126. Sandra Burmand, *Fit Work for Women*, London: Croom Helm, 1979.

127. Steven J. Rosenstone and John Mark Hansen, *Mobilization, Participation, and Democracy in America*, New York: Macmillan Publish Company, 1993.

128. S. Yeo, *Religion and Voluntary Organisations in Crisis*, London: Croom Helm, 1976.

129. S. Gunn, *The Public Culture of the Victorian Middle Class: Ritual and Authority and the English Industrial City, 1840 - 1914*, Manchester: Manchester University Press, 2000.

130. Sue Morgan, *Women, Religion and Feminism in Britain*, 1750 - 1900, *London: Macmillan*, 2002.

131. T. C. Smout, ed. , *Victorian Values: A Joint Symposium of the Royal Society of Edinburgh and the British Academy*, Oxford: Oxford University Press, 1992.

132. Theodore Koditschek, *Class Formation and urban Industrial Society: Bradford*, 1750-1850, Cambridge: Cambridge University Press, 1990.

133. T. W. Laqueur, *Religion and respectability, Sunday Schools and Working Class Culture*, 1780-1850, Yale: Yale University Press, 1976.

134. W. van Deth ed. , *Private Group and Public Life*, London and New York: Routledge, 2002.

135. W. D. Rubinstein, *Britain's Century: A Political and Social History 1815 - 1905*, London and New York: Arnold, 1998.

136. William Galston, *Liberal Purposes*, Cambridge and New York: Cambridge University Press, 1991.

137. William M. Reddy, *Money and Liberty in Modern Europe: A Critique of Historical Understanding*, Cambridge: Cambridge University Press, 1987.

138. William Gordon Rimmer, *Marshalls of Leeds, Flax Spinners, 1778 - 1886*, Cambridge: Cambridge University Press, 1960.

139. Yaffa Clair Drazanin, *Victorian London' s Midddle - Class Housewige*, London: Grennwood Press, 2000.

三 英文期刊论文

1. Arnold Thackray, "Natural Knowledge in Cultural Context: The Manchester Model", *American Historical Review* Vol. 79, No. 3, 1974.

2. A. Everitt, "The English urban inn 1560 – 1760", *Perspectives in English Urban History*, Vol. 11, 1973.

3. Asa Briggs, "Samuel Smiles, The Gospel of Self – Help", *History Today*, Vol. 37, No. 5, 1987.

4. Bonnie H. Erickson and T. A. Nosanchuk, "How an Apolitical Association Politicizes", *Canadian Review of Sociology and Anthropology*, Vol. 27, No. 2, 1990.

5. C. M. Law, "The Growth of Urban Population in England and Wales 1801 – 1911", *Transactions of the Institute of British Geographers*, No. 41, 1967.

6. C. Lehman and T. Tinker, "The 'real' cultural significance of accounts", *Accounts, Organizations and Society*, Vol. 12, No. 5, 1987.

7. David Barrie, "Police in civil society: Police, Enlightenment and civic virtue in urban Scotland, c. 1780 – 1833", *Urban History*, Vol. 37, No. 1, 2010.

8. Eric Uslaner and Richard S. Conley, "Civic Engagement and Particularized Trust: The Ties that Bind People to their Ethnic Communities", *American Politics Research*, Vol. 31, No. 4, 2003.

9. G. Crossick, "The labour aristocracy and its values: a study of mid – Victorian Kentish London", *Victorian Studies*, Vol. 19, No. 3, 1976.

10. Graeme Morton, "Civil Society, municipal government and the state: enshrinement, empowerment and legitimacy. Scotland, 1800 – 1929", *Urban History*, Vol. 25, No. 3, 1998.

11. Graeme Morton, "Scottish rights and 'centralisation' in the mid – nineteenth century", *Nations and Nationalism*, Vol. 2, No. 2, 1996.

12. Gordon White, "Civil Society, Democratization and Development", *Democratization*, No. 3, 1994.

13. James S. Coleman, "Social Capital in the Creation of Human Capital", *American Journal of Sociology*, Vol. 94, Suppl., 1988.

14. James Curtis, "Voluntary association joining: a cross national comparative note", *American Sociological Review*, Vol. 36, No. 5, 1971.

15. John Langton, "The Industrial Revolution and the Regional Geography of England", *Transactions of the Institute of British Geographers*, Vol. 9, No. 2, 1984.

16. John Seed, "Unitarianism, Political Economy, and the Antinomies of Libra Culture in Manchester, 1830 - 1850", *Social History*, Vol. 7, 1982.

17. John Wilson, "Voluntary Association and Civil Religion: The Case of Freemasonry", *Review of Religious Research*, Vol. 22, No. 2, 1980.

18. Jurgen Kocka, "The Middle Classes in Europe", *The Journal of Modern History*, Vol. 67, No. 4, 1995.

19. K. G Davies, "The Mess of the Middle Class", *Past and Present*, Vol. 22, No. 1, 1962.

20. M. J. Daunton, "'Gentlemanly Capitalism' and British Industry 1820 - 1914", *Past and Present*, No. 122, 1989.

21. Martin Gorsky, "Mutual aid and civil society: friendly societies in nineteenth - century Bristol", *Urban History*, Vol. 25, No. 3, 1998.

22. Norman McCord, "Review: Adding a Touch of Class", *History*, Vol. 70, No. 230, 1985.

23. N. Babchuck and Alan Booth, "Voluntary association membership: a longitudinal analysis", *American Sociological Review*, Vol. 34, No. 1, 1969.

24. Philip Hills, "Division and Cohesion in the Nineteenth - Century Middle Class: the Case of Ipswich 1830 - 1870", *Urban History Yearbook*, Vol. 14, 1987.

25. Peter Miller and Ted O' Lear, "Accounts and the construction of the governable person", *Accounts, Organizations and Society*, Vol. 12, No. 3, 1987.

26. Pamela Paxton, "Social Capital and Democracy: an Interdependent Relationship", *American Sociological Review*, Vol. 67, No. 2, 2002.

27. P. Hirst, "The state, civil society and the collapse of Soviet communism", *Economy and Society*, Vol. 20, No. 2, 1991.

28. P. Jones, Perspective, "Sources and Methodology in a Comparative Study of the Middle Class in Nineteenth – Century Leicester and Peterborough", *Urban History Yearbook*, Vol. 14, 1987.

29. R. A. Houston, "Frand in the Socttish Linen industry: Edinburgh's charity workhouse", *Archives*, Vol. 21, 1994.

30. Robert Huchfeld, E. Beck, R. Dalton and J. Levine, "Political Environment, Cohesive Social Groups, and the Communication of Public Opinion", *American Journal of Political Science* Vol. 39, No. 4, 1995.

31. Roger L. Emerson, "The Social Composition of Enlightened Scotland: The Select Society of Edinburgh, 1754 – 1764", *Studies on Voltaire and the Eighteenth Century*, Vol. 114, 1973.

32. Roy S. Porter, "Science, Provincial Culture and Public Opinion in Enlightenment England", *British Journal of Eighteenth – Century Studies*, Vol. 3, No. 1, 1980.

33. R. J. Morris, "Voluntary societies and British urban elites, 1780 – 1850: an analysis", *Historical Journal*, Vol. 26, No. 1, 1983.

34. R. J. Morris, "Civil Society and the Nature of Urbanism: Britain, 1750 – 1850", *Urban History*, Vol. 25, No. 3, 1998.

35. R. J. Morris, "Samuel Smiles and the Genesis of Self – Help; the Retreat to a Petit Bourgeois Utopia", *Historical Journal*, Vol. 24, No. 1, 1981.

36. Toshihiko Iwama, "Voluntary Societies And The Urban Local Community: A Case Study of The Halifax Mechanics' Institution", *Family & Community History*, Vol. 11, No. 1, 2008.

四 英文学位论文

1. Henry N. B. Morgan, "Social and Political Leadership in Preston 1820 – 1860", M. Litt thesis, University of Lancaster, 1980.
2. Alison Andrew, "The Working Class and Education in Preston 1830 – 1870. A Study of Social Relations", Ph. D. thesis, University of Leicester, 1987.
3. Brian David Ashford Lewis, "Bourgeois ideology and order: Middle – class culture and politics in Lancashire, 1789 – 1851", Ph. D. thesis, Harvard University, 1994.
4. Christopher J. Prom, "For The Glorious Privilege of Being Independent: Friendly Societies And Mutual Aid In Great Britain, 1870 – 1910", PhD, University of Illinois at Urban – Champaign Graduate College, 2004.
5. Daniel C. Paton, "Drink and the Temperance Movement in Nineteenth-Century Scotland", Ph. Dthesis, Edinburgh University, 1976.
6. John L. Field, "Bourgeois Portsmouth: Social Relations in a Victorian Dockyard Town, 1815 – 1875", Ph. D. thesis, Warwick University, 1979.
7. Meg Whittle, "Philanthropy in Preston: The Changing Face of Charity in a 19th Century Provincial Town", Ph. D. thesis, University of Lancaster, 1990.
8. M. Gorsky, "Charity, mutuality and philanthropy: voluntary provision in Bristol 1800 – 1870", Ph. D. thesis, University of Bristol, 1995.
9. R. J. Morris, "Organization and Aims of the Principal Secular Voluntary Organizations of the Leeds Middle Class, 1830 – 1851", Ph. D. thesis, University of Oxford, 1970.
10. Richard H. Trainor, "Authority and Social Structure in an Industrial-

ized Area: A Study of Three Black Country Towns, 1840 – 1890", Ph. D. thesis, University of Oxford, 1981.

11. Seokho Kim, "Voluntary Associations, Social Inequality, And Participatory Democracy From A Comparative Perspective", Ph. D. thesis, The University of Chicago, 2008.

12. Tom Dunne, "A History of Public Libraries in Bolton from the Beginnings to 1974", Ph. D. thesis, University of Strathclyde, 1981.

五　中文著作

1. 《马克思恩格斯选集》第 1 卷，人民出版社 1995 年版。

2. 《马克思恩格斯选集》第 2 卷，人民出版社 1995 年版。

3. 《马克思恩格斯选集》第 4 卷，人民出版社 1995 年版。

4. ［古希腊］亚里士多德：《政治学》，吴寿彭译，商务印书馆 1983 年版。

5. ［英］约翰·洛克：《政府论》（下篇），叶启芳、瞿菊农译，商务印书馆 1996 年版。

6. ［英］约翰·密尔：《论自由》，许宝骙译，商务印书馆 1998 年版。

7. ［英］亚当·弗格森：《文明社会史论》，林本椿、王绍祥译，辽宁教育出版社 1999 年版。

8. ［英］霍布斯：《利维坦》，黎思复、黎廷弼译，商务印书馆 1985 年版。

9. ［英］霍布斯：《论公民》，应星、冯克利译，贵州人民出版社 2002 年版。

10. ［法］孟德斯鸠：《论法的精神》（上册），张雁深译，商务印书馆 1995 年版。

11. ［英］休谟：《道德原则研究》，曾晓平译，商务印书馆 2001 年版。

12. ［英］亚当·斯密：《道德情操论》，蒋自强等译，商务印书馆 2003 年版。

13. ［英］塞缪尔·斯迈尔斯：《自己拯救自己》，刘曙光等译，北京燕山出版社 1999 年版。

14. ［法］托克维尔：《论美国的民主》（上卷），董果良译，商务印书馆 1988 年版。

15. ［法］托克维尔：《论美国的民主》（下卷），董果良译，商务印书馆 1988 年版

16. ［德］黑格尔：《法哲学原理》，范扬、张企泰译，商务印书馆 1982 年版。

17. ［德］马克斯·韦伯：《新教伦理与资本主义精神》，于晓、陈维纲译，三联书店 1987 年版。

18. ［英］劳伦斯·詹姆斯：《中产阶级史》，李春玲、杨典译，中国社会科学出版社 2015 年版。

19. ［美］约翰·罗尔斯：《政治自由主义》，万俊人译，译林出版社 2000 年版。

20. ［英］莫尔顿：《人民的英国史》，谢琏造等译，三联书店 1962 年版。

21. ［英］J. S. 密尔：《代议制政府》，汪瑄译，商务印书馆 1997 年版。

22. ［英］E. H. 卡尔：《历史是什么》，陈恒译，商务印书馆 2007 年版。

23. ［英］M. M. 波斯坦主编：《剑桥欧洲经济史》第五、六卷，郎立华等译，经济科学出版社 2002 年版。

24. ［英］克拉潘：《现代英国经济史》（上卷），姚曾廙译，商务印书馆 2011 年版。

25. ［意］C. M. 奇波拉主编：《欧洲经济史》第四卷，王铁生等译，商务印书馆 1989 年版。

26. ［法］米歇尔·博德：《资本主义史：1500—1980》，吴艾美等

译，东方出版社 1986 年版。
27. ［英］肯尼斯·摩根：《牛津英国通史》，王觉非等译，商务印书馆 1993 年版。
28. ［英］拉尔夫·密利本德：《英国资本主义民主制》，博铨、向东译，商务印书馆 1988 年版。
29. ［英］阿克顿：《自由与权力——阿克顿勋爵论说文集》，侯建、范亚峰译，商务印书馆 2001 年版。
30. ［英］阿萨·勃里格斯：《英国社会史》，陈叔平译，中国人民大学出版社 1991 年版。
31. ［英］艾瑞克·霍布斯鲍姆：《革命的年代：1789—1848》，王章辉等译，江苏人民出版社 1999 年版。
32. ［英］艾瑞克·霍布斯鲍姆：《资本的年代：1848—1875》，张晓华等译，江苏人民出版社 1999 年版。
33. ［英］艾瑞克·霍布斯鲍姆：《帝国的年代：1875—1914》，贾士蘅译，江苏人民出版社 1999 年版。
34. ［英］阿米·古特曼等：《结社：理论与实践》，吴玉章等译，三联书店 2006 年版。
35. ［美］塞缪尔·亨廷顿：《变动社会的政治秩序》，张岱云等译，上海译文出版社 1989 年版。
36. ［美］西摩·马丁·李普塞特：《政治人——政治的社会基础》，商务印书馆 1993 年版。
37. ［德］哈贝马斯：《公共领域的结构转型》，曹卫东等译，学林出版社 1999 年版。
38. ［美］巴林顿·摩尔：《民主和专制的社会起源》，拓夫等译，华夏出版社 1987 年版。
39. ［美］加布里埃尔·A. 阿尔蒙德、西德尼·维伯：《公民文化——五国的政治态度和民主制》，徐湘林等译，华夏出版社 1989 年版。
40. ［法］费尔南·布罗代尔：《15—18 世纪的物质文明、经济和资本主义》，顾良等译，三联书店 1992 年版。

41. ［美］道格拉斯 · C. 诺斯：《制度、制度变迁与经济绩效》，刘守英译，三联书店 1994 年版。

42. ［美］莱斯特 · M. 萨拉蒙等：《全球公民社会——非营利部门视界》，贾西津、魏玉等译，社会科学文献出版社 2002 年版。

43. ［美］C. 莱特 · 米尔斯：《白领：美国的中产阶级》，周晓虹译，南京大学出版社 2006 年版。

44. ［美］格尔哈斯 · 伦斯基：《权力与特权：社会分层的理论》，关信平等译，浙江人民出版社 1987 年版。

45. ［美］丹尼斯 · 吉尔伯特、约瑟夫 · A. 卡尔：《美国阶级结构》，彭华民等译，中国社会科学出版社 1992 年版。

46. ［美］丹尼尔 · 贝尔：《后工业社会的来临——对社会预测的一项探索》，高铦等译，新华出版社 1997 年版。

47. ［英］罗伯特 · D. 帕特南：《使民主运转起来——现代意大利的公民传统》，王列、赖海榕译，江西人民出版社 2001 年版。

48. ［德］汉娜 · 阿伦特：《极权主义》，蔡英文译，联经出版事业公司 1982 年版。

49. ［德］于尔根 · 科卡：《社会史：理论与实践》，景德祥译，上海人民出版社 2006 年版。

50. ［英］雷蒙德 · 威廉斯：《关键词：文化与社会的词汇》，刘建基译，三联书店 2005 年版。

51. ［美］彼得 · 盖伊：《施尼兹勒的世纪：中产阶级文化的形成，1815—1914》，梁永安译，北京大学出版社 2006 年版。

52. ［英］戴维 · 罗伯兹：《英国史：1688 年至今》，鲁光恒译，中山大学出版社 1990 年版。

53. ［美］约翰 · 斯梅尔：《中产阶级文化的起源》，陈勇译，上海人民出版社 2006 年版。

54. ［英］R. G. 甘米奇：《宪章运动史》，苏公隽译，商务印书馆 1996 年版。

55. ［英］E. P. 汤普森：《英国工人阶级的形成》（上册），钱乘旦等译，译林出版社 2001 年版。
56. ［英］E. P. 汤普森：《英国工人阶级的形成》（下册），钱乘旦等译，译林出版社 2001 年版。
57. ［法］勒内·达维德：《当代主要法律体系》，上海译文出版社 1984 年版。
58. ［美］约翰·基恩：《市民社会：旧形象、新观察》，王令愉等译，上海远东出版社 2006 年版。
59. ［法］布瓦松纳：《中世纪欧洲生活和劳动》，潘源来译，商务印书馆 1985 年版。
60. ［法］皮埃尔·罗桑瓦隆：《乌托邦资本主义—市场观念史》，杨祖功等译，社会科学文献出版社 2004 年版。
61. ［英］伦纳德·特里劳尼·霍布豪斯：《自由主义》，朱曾汶译，商务印书馆 1996 年版。
62. ［英］戴维·赫尔德：《民主的模式》，燕继荣等译，中央编译出版社 1998 年版。
63. ［美］罗伯特·达尔：《多元主义民主的困境》，尤正明译，求实出版社 1989 年版。
64. ［德］马克斯·比尔：《英国社会主义史》（下卷），何新舜译，商务印书馆 1959 年版。
65. ［英］布赖恩·特纳编：《公民身份与社会理论》，郭忠华、蒋红军译，吉林出版集团有限责任公司 2007 年版。
66. ［英］A. J. M. 米尔恩：《人的权利与权利的多样性》，夏勇、张志铭译，中国大百科全书出版社 1995 年版。
67. ［美］詹姆斯·W. 汤普逊：《中世纪晚期欧洲经济社会史》，徐家玲等译，商务印书馆 1992 年版。
68. ［美］詹姆斯·W. 汤普逊：《中世纪经济社会史》（下册），耿淡如译，商务印书馆 1963 年版。
69. ［英］约翰·巴顿：《论影响社会上劳动阶级状况的环境》，薛潘康译，商务印书馆 1990 年版。
70. ［英］迈克尔·曼：《社会权力的来源》（第二卷·上），陈海宏等译，上海人民出版社 2007 年版。
71. ［美］刘易斯·科塞：《理念人——一项社会学的考察》，郭方等译，中央编译出版社 2001 年版。
72. ［美］詹姆斯·P. 盖拉特：《21 世纪非营利组织管理》，邓国胜等译，中国人民大学出版社 2003 年版。
73. ［法］布迪厄、帕斯隆：《再生产——一种教育理论系统的要点》，邢克超译，商务印书馆 2002 年版。
74. ［美］詹姆斯·科尔曼：《社会理论的基础》，邓方译，社会科学文献出版社 1999 年版。
75. ［美］弗朗西斯·福山：《信任——社会道德与繁荣的创造》，李宛蓉译，远方出版社 1998 年版。
76. ［英］戴维·米勒、邓正来主编：《布莱克维尔政治学百科全书》，中国政法大学出版社 1992 年版。
77. 金志霖：《英国行会史》，上海社会科学院出版社 1996 年版。
78. 钱乘旦、陈晓律：《在传统与变革之间——英国文化模式溯源》，浙江人民出版社 1991 年版。
79. 阎照祥：《英国政党政治史》，中国社会科学出版社 1993 年版。
80. 阎照祥：《英国政治制度史》，人民出版社 1999 年版。
81. 阎照祥：《英国史》，人民出版社 2003 年版。
82. 王觉非编：《英国政治经济和社会现代化》，南京大学出版社 1989 年版。
83. 王觉非：《近代英国史》，南京大学出版社 1997 年版。
84. 何增科：《公民社会与第三部门》，社会科学文献出版社 2008 年版。
85. 邓正来等主编《国家与市民社会——一种社会理论的研究路径》（增订版），上海人民出版社 2006 年版。
86. 李本公主编：《国外非政府组织法规汇编》，中国社会出版社

2003 年版。
87. 褚松燕：《中外非政府组织管理体制比较》，国家行政学院出版社 2008 年版。
88. 王名：《民间组织通论》，时事出版社 2004 年版。
89. 汪晖等主编：《文化与公共性》，三联书店 1998 年版。
90. 殷啸虎：《感悟宪政》，北京大学出版社 2006 年版。
91. 范成东：《工业革命时期的利益集团和议会立法》，东南大学出版社 1996 年版。
92. 张世鹏、殷叙彝《全球化时代的资本主义》，中央编译出版社 1998 年版。
93. 马长山：《国家、市民社会与法治》，商务印书馆 2002 年版。
94. 王新生：《市民社会论》，广西人民出版社 2003 年版。
95. 李佃来：《公共领域与生活世界：哈贝马斯市民社会理论研究》，人民出版社 2006 年版。
96. 刘培峰：《结社自由及其限制》，社会科学文献出版社 2007 年版。
97. 孙关宏、胡春雨、任军锋主编：《政治学概论》，复旦大学出版社 2008 年版。
98. 俞吾金、陈学明：《国外马克思主义哲学流派：西方马克思主义卷》，复旦大学出版社 2002 年版。
99. 袁祖社：《权力与自由》，中国社会科学出版社 2003 年版。
100. 刘燕生：《社会保障的起源、发展与道路选择》，法律出版社 2000 年版。
101. 林玉体：《西洋教育史》，文景出版社 1985 年版。
102. 邢维琳、张燕玲等编：《国地名录》，中国地图出版社 1990 年版。

六　中文期刊论文和学位论文

1. ［德］哈贝马斯：《关于公共领域问题的答问》，《社会学研究》

1999 年第 3 期。
2. ［英］肯尼斯·纽顿：《社会资本与民主》，杨松译，《马克思主义与现实》2000 年第 2 期。
3. 陈勇：《咖啡馆与近代早期英国的公共领域——哈贝马斯话题的历史管窥》，《浙江学刊》2008 年第 6 期。
4. 徐奉臻：《英国政治现代化的进程及其特点——读阎照祥关于英国政治制度史的几本论著》，《史学月刊》2004 年第 10 期。
5. 李强：《关于中产阶级的理论与现状》，《社会》2005 年第 1 期。
6. 陆伟芳：《中产阶级与近代英国城市郊区扩展》，《史学理论研究》2007 年第 4 期。
7. 陆伟芳：《英国中产阶级与 19 世纪城市发展》，《扬州大学学报》（社会科学版）2007 年第 3 期。
8. 俞可平：《中国公民社会：概念、分类与制度环境》，《中国社会科学》2006 年第 1 期。
9. 邓正来：《台湾民间社会语式的研究》，《中国社会科学季刊》1993 年第 5 期。
10. 邓正来：《中国发展研究的检视——兼论中国市民社会研究》，《中国社会科学季刊》1994 年第 8 期。
11. 何增科：《市民社会概念的历史演变》，《中国社会科学》1994 年第 5 期。
12. 刘旺洪：《国家与市民社会：法哲学范式的批判与重建》，《法学研究》2002 年第 6 期。
13. 杨仁忠：《论政治哲学视域中的市民社会》，《社会科学辑刊》2005 年第 6 期。
14. 魏建国：《自由与法治——近代英国市民社会形成的历史透视》，博士学位论文，东北师范大学，2004 年。
15. 高峰：《当代视野中的市民社会研究》，博士学位论文，苏州大学，2006 年。
16. 李宝芳：《维多利亚时期英国中产阶级婚姻家庭生活研究》，博